国家社会科学基金项目"金代儒家思想研究"最终成果（项目编号：08BZX042；鉴定等级：优秀）

刘辉 著

金代儒学研究

中国社会科学出版社

图书在版编目（CIP）数据

金代儒学研究／刘辉著.—北京：中国社会科学出版社，2017.10
ISBN 978 – 7 – 5203 – 1157 – 1

Ⅰ.①金… Ⅱ.①刘… Ⅲ.①儒学—研究—中国—金代 Ⅳ.①B222.05

中国版本图书馆 CIP 数据核字（2017）第 244787 号

出 版 人	赵剑英
责任编辑	刘志兵
特约编辑	张翠萍等
责任校对	李　莉
责任印制	李寡寡

出　　版	中国社会科学出版社
社　　址	北京鼓楼西大街甲 158 号
邮　　编	100720
网　　址	http://www.csspw.cn
发 行 部	010 – 84083685
门 市 部	010 – 84029450
经　　销	新华书店及其他书店

印刷装订	北京明恒达印务有限公司
版　　次	2017 年 10 月第 1 版
印　　次	2017 年 10 月第 1 次印刷

开　　本	710 × 1000　1/16
印　　张	16.5
插　　页	2
字　　数	234 千字
定　　价	68.00 元

目　录

绪　论

　　女真族建立的金朝（1115—1234）是中国古代历史上一个重要朝代，它绌辽克宋，雄踞中国北部达120年之久，是中国历史上继南北朝之后又一次出现的与南宋长期对峙的一个王朝，在政治、经济、文化、军事上都取得了令人瞩目的成就。史臣在《金史·文艺传序》中对金代的文治是这样评论的："金代用武得国，无异于辽，而一代制作，能自列于唐、宋之间，有非辽所及者，以文不以武也。"① 金建国伊始，即确定儒学为国家意识形态，以儒学作为他们在政治、经济、文化、社会生活等领域的指导思想，以儒术治国在金代贯彻始终。然而目前关于金代儒学的专门研究可谓少之又少，金代儒学的这种研究现状，与儒学在金代历史上的地位和作用是不相符的，这是金史研究中的一个缺憾。同时，金代儒学在中国儒学史上的地位，与先秦、两汉、宋代、元明清儒学固然不可同日而语，但金代在中国历史上长达120年的时间里，接续了儒学在北方的微弱命脉，使之衰而不绝，并在后期有所发展，形成了金代的儒学基本精神，是中国儒学发展史上的一道风景线。它所具有的尚中意识、务实精神，所做的三教合一、折中汉宋的努力，都是值得我们认真思考的。赵秉文、王若虚、李纯甫等主要代表人物文史哲兼治，蔚然成为一代大家，也是值得我们深入研究的。从哲学的角度，就理论的层面，对金代儒学展开

① 《金史》卷125《文艺传》，中华书局1975年版，第2713页。

深入全面的研究，在中国儒学发展史上，对金代儒学进行合理的定位，是中国儒学史研究的必要补充，也将有助于金代历史研究的进一步拓展和深化。

一　研究现状述评

无论是在中国儒学史研究领域，还是在中国古代思想史、文化史研究领域，金代儒学研究都属于非常薄弱的环节。迄今为止，国内尚无一部金代儒学研究专著出版，现有的中国古代思想史、文化史、中国儒学史研究，多对金代儒学略而不谈。汤一介、李中华主编的《中国儒学史》①、姜林祥主编的《中国儒学史》②、赵吉惠等主编的《中国儒学史》③、庞朴等主编的《中国儒学》④ 等虽然对金代儒学有所关注，但都浅尝辄止。国内最早公开发表的关于金代儒学研究的学术论文是东梁先生的《李纯甫的"三教合一"论》⑤。20 世纪末 21 世纪初，随着儒学研究领域的不断拓展，以及学术界对金代儒家思想研究的逐渐重视，国内金代儒家思想研究取得了很大的进展。具体内容主要集中于以下六个方面：

（一）发展脉络研究

魏崇武在《金代儒学发展略谈》⑥ 一文中，将金代儒学的发展分为三个阶段，金建国之初至金熙宗统治时期为第一阶段，金熙宗至宣宗南渡为第二阶段，宣宗南渡以后为第三个发展阶段。他指出在第一个阶段，金初儒士"忙于参与制定礼仪制度、修史定诏、充任外交使节等"，或"向女真人传授汉族文化知识、做普及工作"，"无暇顾及儒学内部的提高"。第二阶段，"金代儒学是辽、北宋新儒学在新

---

① 参见汤一介、李中华主编《中国儒学史》九卷本，北京大学出版社 2011 年版。
② 参见姜林祥主编《中国儒学史》七卷本，广东教育出版社 1998 年版。
③ 参见赵吉惠等主编《中国儒学史》，中州古籍出版社 1991 年版。
④ 参见庞朴等主编《中国儒学》，东方出版中心 1997 年版。
⑤ 参见东梁《李纯甫的"三教合一"论》，《辽金契丹女真史研究动态》1984 年第 3、4 期合刊。
⑥ 参见魏崇武《金代儒学发展略谈》，《赣南师范学院学报》1995 年第 5 期。

环境新条件下的继续和发展，它折衷汉学和宋学的特色在科举制度的魔杖下一直保持至金代末"。"政策的失误和统治者的偏好（重词赋）造成了金代儒学表面上的虚假繁荣和实际上的衰落"。第三阶段"金政权南迁汴京，国势日衰，但金代学术却翻开了新的一页"。晏选军先生在《金代儒学发展路向考论》① 一文中，从金元之际的史料分析入手，对金代士人对理学的自发研习进行了较为详细的考论，他认为"虽然程朱理学在北方流传不广，在士子中的影响也相对有限，但犹如一股潜流，始终在北方流淌"。魏崇武先生也认为"除以名位俱全、足以影响一代学风的名士大夫为代表"的"金代儒学发展的主线"，"金代儒学发展还有一条暗流，以隐居一地，私相授受求学不求位者以及家学渊源者为主体，接续着程学在北方的微弱命脉"。② 魏先生具体从家学传统、未入元的理学传习者、兼跨金元二代的理学传习者、金遗民与理学等几个方面梳理出非官方的金代理学面貌。③ 两位先生之论可谓相得益彰，使金代儒学一明一暗两股力量的发展基本呈现在读者面前。关于金代儒学的发展形态，刘达科先生《金朝儒学与文学》④ 一文虽然角度有所不同，但对金代儒学的基本发展脉络把握很到位。"金朝儒学驳杂而不统一，流播着许多派别。新、旧儒学并存的格局是构成金朝文学的文化生态环境的重要元素之一。金朝境内旧儒学思想的回升，是整个古代儒学发展过程中的特殊运动形式。北宋理学诸流派起初潜存于民间，后来随着南宋理学逐渐北传以及文人纷纷涉足，新儒学终于在金末元初蔚为大观。终金一朝，盛行于士林、文坛并对创作产生决定性影响的理学派别被认为是非正宗的蜀学。文人对儒学的态度大致可分为两大类型：一种类型专门致力于研习和传播新、旧儒学，以纯儒自居；另一种类型博采杂取，兼容众说，于儒学之外又濡染释、老。"

---

① 参见晏选军《金代儒学发展路向考论》，《北京师范大学学报》2004 年第 6 期。

② 魏崇武：《金代儒学发展略谈》，《赣南师范学院学报》1995 年第 5 期。

③ 参见魏崇武《金代理学发展初探》，《历史研究》2000 年第 5 期。

④ 参见刘达科《金朝儒学与文学》，《江苏大学学报》2008 年第 5 期。

（二）主要代表人物研究

1. 赵秉文研究

赵秉文是金代著名的文学家，金代儒学最主要的代表人物，官至翰林学士、礼部尚书，在金代士人中有很高的威望，所以学术界比较重视对赵秉文的研究，已发表的论文主要有：孟繁清的《赵秉文著〈道德真经集解〉与金后期的三教融合趋势》①、吴凤霞的《赵秉文治国论评析》②、夏宇旭的《试论赵秉文三教兼容的用人思想》③、《试论赵秉文的治世思想》④、《试论赵秉文的儒家思想及实践》⑤、《简论赵秉文的天道性命观》⑥，黑龙江大学王昕博士论文《赵秉文研究》⑦、王昕的《金儒赵秉文与宋儒叶适的比较研究》⑧、许满贵的《金代礼部尚书赵秉文书般若波罗密多心经》⑨ 等。

总的看来，学界普遍认同赵秉文在金代文坛的宗主地位，认为赵秉文思想"代表了金代儒学发展所达到的最高水平"⑩。吴凤霞先生提出，赵秉文的哲学思想源于韩愈，出自二程的理学。"对理学在北方的传播起了重要作用，他一生'志于道'的努力，促进了中原文化的北移，使金代许多士人归于儒学正宗。"⑪ 赵吉惠等主编的《中国儒学史》⑫ 认为赵秉文继承了儒家民本主义思想的传统，并以儒家

① 参见孟繁清《赵秉文著〈道德真经集解〉与金后期的三教融合趋势》，《河北师范大学学报》2003 年第 11 期。

② 参见吴凤霞《赵秉文治国论评析》，载韩世明主编《辽金史论集》第 10 辑，中国社会科学出版社 2007 年版。

③ 参见夏宇旭《试论赵秉文三教兼容的用人思想》，《绥化师专学报》第 23 卷第 4 期。

④ 参见夏宇旭《试论赵秉文的治世思想》，《北方文物》2003 年第 4 期。

⑤ 参见夏宇旭《试论赵秉文的儒家思想及实践》，《松辽学刊》2002 年第 1 期。

⑥ 参见夏宇旭《简论赵秉文的天道性命观》，《东北史地》2007 年第 2 期。

⑦ 参见王昕《赵秉文研究》，博士学位论文，黑龙江大学，2011 年。

⑧ 参见王昕《金儒赵秉文与宋儒叶适的比较研究》，《文艺评论》2011 年第 1 期。

⑨ 参见许满贵《金代礼部尚书赵秉文书般若波罗密多心经》，《东方收藏》2010 第 6 期。

⑩ 宋德金：《金代儒学述略》，载徐振清主编《金史国际学术研讨会专集》，中州古籍出版社 1996 年版。

⑪ 吴凤霞：《金士巨擘——赵秉文》，《社会科学辑刊》1991 年第 2 期。

⑫ 参见赵吉惠等主编《中国儒学史》，中州古籍出版社 1991 年版。

"仁义"说作为解释历史的理论基础，颇多独特见解。韩钟文先生认为，赵秉文之推崇欧阳修、苏轼，宗仰道学，恰与李纯甫援儒人释、推释附儒相对抗，成为金朝思想界的宗主，有助于新儒学在北方的传播与拓展。① 《中国通史》认为，赵秉文"批评汉以来的传注之学，充分肯定北宋周、程理学"。"他对北宋之学也加以批评，出入于佛、老，但没有使三道合一把理学向前推进一步，终以卫道统名于金。"② 晏选军先生认为，赵秉文除了对二程特别推崇之外，还可以明显看到受南宋理学思想影响的痕迹。《滏水文集》卷一三《叶县学记》一文较为全面地翻印了赵秉文对理学的基本理解，"但平心而论，他的这些看法并不新鲜，基本上未出洛学的思想范畴，谈不上多大建树"。③ 孟繁清先生认为，赵秉文著《道德真经集解》的突出特点是以儒释道、援佛人老。"《集解》所反映的儒道释互相融合的趋势，在金后期的文化界亦表现得十分明显。尽管儒学的统治地位并未动摇，儒、道、释之间此疆彼界泾渭分明，但并不妨碍一些儒家出身的文化人热衷于佛老，甚至直接皈依道家佛门。"④ 可见学者多数将赵秉文之学术渊源归于二程洛学，认为赵秉文以理学正宗自居，但深受道、佛的影响。学者们虽然承认其在金代"领袖群儒"的地位，但是对赵秉文的学术思想本身评价并不高。关于金代学者赵秉文的思想属性，现知主要有两种看法：一说其阳儒阴释，始作俑者为刘祁，《金史》及《宋元学案》皆受其影响；一说推其为金季儒宗，时人杨云翼、元好问力主之。孰是孰非，此一问题不仅关系对赵氏本人思想的定位，也影响到对整个金代儒学面貌的认识。方旭东先生《儒耶佛耶：赵秉文思想考论》⑤ 一文认为，赵秉文在《滏水集》中的确不以出现与佛老有关的文字为忌。推其缘由，乃是因为他并不觉得语涉佛老就一定

① 参见韩钟文《中国儒学史》宋元卷，广东教育出版社 1998 年版，第 602 页。
② 白寿彝总主编：《中国通史》第 11 卷，商务印书馆 1999 年版，第 971 页。
③ 晏选军：《金代理学发展路向考论》，《北京师范大学学报》2004 年第 6 期。
④ 孟繁清：《赵秉文著〈道德真经集解〉与金后期的三教融合趋势》，《河北师范大学学报》2003 年第 11 期。
⑤ 参见方旭东《儒耶佛耶：赵秉文思想考论》，《学术月刊》2008 年第 6 期。

有违儒家立场。赵秉文对佛老的批评、对儒家的认同大量体现在他的论说中，按其文集可知。无视这些文字，而只盯住他的若干言行，就无法对其思想属性作出准确的判断。事实上，大多数金代士人并不斤斤计较于儒佛异同，在某种意义上，这也正是金代儒学的特色。对赵秉文这一个案的考察也使我们看到理学发展的另一面相，与两宋道学相比，这一面相也许更接近于"原始"理学。

2. 李纯甫研究

学者们普遍关注到倡导三教合一是李纯甫儒学思想的突出特色。《中国儒学史》宋元卷认为，李纯甫提倡儒、道、释合一之说最有影响，以佛为主，汇通儒、道，三教归一，是李纯甫思想的主旨，他的"三教归一"思想可谓上承唐代、下启元代。由于它以佛为主吸纳儒道，又大力抨击唐宋以来辟佛的儒家，所以大为诸儒攻击。① 东梁先生在《李纯甫的"三教合一"论》一文中对李纯甫的"三教合一"思想进行了专门阐述。他评价说李纯甫在"三教合一"论的发展上达到了一个新的起点。李纯甫本人的学术发展历程，是由词赋、经义，再经由老庄而走向以佛教为中心的"三教合一"论的。② 近年来，陆续有刘洁先生的《李纯甫的诗学观念及其禅学渊源》③、封树礼的《李纯甫佛学思想初探》④ 对李纯甫的佛学思想予以阐述。胡传志先生的《李纯甫考论》⑤、王庆生先生的《李纯甫生平事迹考略》⑥ 对李纯甫的生平作了较为详尽的考证，为我们研究李纯甫的生平、儒学思想和发展历程提供了重要依据。同时王庆生先生的专著《金代文学家年谱》⑦，也为我们研究金代儒学提供了文献帮助。复旦大学

① 参见韩钟文《中国儒学史》宋元卷，广东教育出版社 1998 年版，第 598 页。

② 参见东梁《李纯甫的"三教合一"论》，《辽金契丹女真史研究动态》1984 年 3、4 合刊。

③ 参见刘洁《李纯甫的诗学观念及其禅学渊源》，《北方论丛》2010 年第 4 期。

④ 参见封树礼《李纯甫佛学思想初探》，《辽宁工程技术大学学报》2009 年第 5 期。

⑤ 参见胡传志《李纯甫考论》，《社会科学战线》2000 年第 3 期。

⑥ 参见王庆生《李纯甫生平事迹考略》，《晋阳学刊》2001 年第 4 期。

⑦ 参见王庆生《金代文学家年谱》，凤凰出版社 2005 年版。

符云辉博士论文《〈诸儒鸣道集〉述评》① 对李纯甫的著作做了可贵的专门研究。

3. 王若虚研究

王若虚作为一名史学家和文学家的地位是公认的，学界对于其史学和文学成就研究得比较充分，近年来对王若虚的经学成就学界给予了较多的关注。《中国通史》认为，王若虚批评传注之学，其弊不可胜言，肯定宋学，同时批评宋学，"曾下功夫对两宋理学注释加以评论和褒贬，但未成一家之言"。② 韩钟文《中国儒学史》宋元卷中提出，王若虚对"洛学、朱学多有褒贬，颇多创发之处"。"精通经、史、文学，其《五经辨惑》、《论语辨惑》、《孟子辨惑》、《史记辨惑》、《谬误杂辨》等书，对汉、宋儒者解经之附会迂谬处有批评订正，在金、元之际的学术界独步一时"，"是继李纯甫、赵秉文、杨云翼之后较有影响的人物"。③ 上海师范大学王颖硕士论文《王若虚〈论语辨惑〉研究》④、王其秀《王若虚校勘方法论析》⑤、王其秀《王若虚校勘失误例析》⑥、陈良中《论王若虚〈尚书义粹〉的解经特色》⑦、王其秀《论王若虚的校勘实践》⑧、胡蓉《论金代王若虚之批评观》⑨、苏利国《不事雕篆取法自然——论王若虚文论中的"理"》⑩、王颖《金代儒学的传统复归——以王若虚及其〈滹南遗老

① 参见符云辉《〈诸儒鸣道集〉述评》，博士学位论文，复旦大学，2007 年。

② 白寿彝总主编：《中国通史》第 11 卷，商务印书馆 1999 年版，第 971 页。

③ 韩钟文：《中国儒学史》宋元卷，广东教育出版社 1998 年版，第 600 页。

④ 参见王颖《王若虚〈论语辨惑〉研究》，硕士学位论文，上海师范大学，2010 年。

⑤ 参见王其秀《王若虚校勘方法论析》，《东岳论丛》2011 年第 6 期。

⑥ 参见王其秀《王若虚校勘失误例析》，《安徽工业大学学报》2011 年第 5 期。

⑦ 参见陈良中《论王若虚〈尚书义粹〉的解经特色》，《重庆师范大学学报》2011 年第 1 期。

⑧ 参见王其秀《论王若虚的校勘实践》，《安徽工业大学学报》2010 年第 5 期。

⑨ 参见胡蓉《论金代王若虚之批评观》，《大众文艺》2012 年第 1 期。

⑩ 参见苏利国《不事雕篆取法自然——论王若虚文论中的"理"》，《赤峰学院学报》2009 年第 3 期。

集〉为例》① 等就王若虚的经学研究，诸如解经原则与特色等进行了研究。陈良中《张金吾辑录王若虚〈尚书义粹〉校读记》②、李定乾《王若虚著述考》③、王永《〈滹南遗老集〉版本源流考》④ 对王若虚的著作进行了必要的考证。

（三）理学研究

理学是儒学发展到宋朝，回应释道的冲击，融摄儒释道，重塑自我而形成的重要理论形态，金朝与南宋南北对峙同时代而并存，金代儒者对理学的研究程度是衡量金代儒学是否融入同时代的重要标准，也是金代儒学研究的重要内容，所以学术界对于金代理学给予了一定的重视。目前国内关于金代理学研究的主要论文有，徐远和的《金元之际北方理学发展的特点及社会作用》⑤、许总《理学弛张与文学盛衰》⑥、魏崇武《金代理学发展初探》⑦、晏选军《金代理学发展路向考论》⑧、姚大力《金末元初理学在北方的传播》⑨、刘辉《赵秉文理学研究略论》⑩ 等。其内容主要集中于以下几个方面：

理学传入北方的时间考证。《元史·赵复传》云："北方知有程朱理学，自复始。"《宋元学案》也因袭《元史》的看法，这一说法一直流传下来，影响很大，直至 20 世纪 80 年代，陆续有学者对此提出质疑，并对理学传入北方的时间进行了考证。田浩先生认为"道

---

① 参见王颖《金代儒学的传统复归——以王若虚及其〈滹南遗老集〉为例》，《保定学院学报》2009 年第 6 期。

② 参见陈良中《张金吾辑录王若虚〈尚书义粹〉校读记》，《图书情报工作》2010 年第 4 期。

③ 参见李定乾《王若虚著述考》，《文献》2007 年第 1 期。

④ 参见王永《〈滹南遗老集〉版本源流考》，《古籍整理研究学刊》2010 年第 1 期。

⑤ 参见徐远和《金元之际北方理学发展的特点及社会作用》，《晋阳学刊》1986 年第 4 期。

⑥ 参见许总《理学弛张与文学盛衰》，《天津社会科学》1999 年第 5 期。

⑦ 参见魏崇武《金代理学发展初探》，《历史研究》2000 年第 3 期。

⑧ 参见晏选军《金代理学发展路向考论》，《北京师范大学学报》2004 年第 6 期。

⑨ 参见姚大力《金末元初理学在北方的传播》，载《元史论丛》第 2 辑，中华书局1983 年版。

⑩ 参见刘辉《赵秉文理学研究略论》，《社会科学战线》2009 年第 3 期。

学在中国北部开始兴盛甚至要比赵复出生早十年，比旧说他把程朱道
学带到北方的年代要早四十多年"。① 魏崇武先生通过对郝经《太极
书院记》、王若虚《道学发源后序》、李纯甫《鸣道集说》中有关论
述的详细考证，也得出了与田浩先生相同的结论，认为理学传入北方
的时间在 12 世纪 90 年代。② 应该说，南宋理学开始北传的时间在 12
世纪末，是学术界普遍所持的观点，并无太多争议。但是在考证这一
时间时，学者们大多提到《道学发源》一书，对于《道学发源》的
有关问题，诸如《道学发源》的作者、《道学发源》的主要内容、《道
学发源》的刊刻时间等，学者们意见不一。韩钟文先生认为"金尚
书省诸生傅起等刊布张九成的《道学发源》，是理学著作首先在金流
传"。③ 罗立刚先生认为"《道学发源》很可能是介绍《鸣道集》所
涉诸儒之生平、学术观点等方面内容的书籍"。"《道学发源》作为
《鸣道集》的辅助读物，其出自金人之手，王若虚在序中是讲得清清
楚楚的。"④ 魏崇武先生提出，"现知最早在金境公开刊行并造成影响
的是南宋初人张九成（程氏再传弟子）的《道学发源》。此书辑录了
《大学》、《中庸》以及刘子翚《圣传论》、张载《东铭》、《西铭》等
著作加以注解，金尚书省诸生傅起等得之，请赵秉文、王若虚撰前、
后序而加以刊布"。⑤ "此书创刊时间当在 1197 年—1232 年。"⑥ 王庆
生先生提出，"据《直斋书录解题》，张九成有《论语解》二十卷，
《孟子解》十四卷，《中庸》六卷，《大学》二卷。秉文将诸书删节
后，合刻题曰《道学发源》，《神道碑》称秉文著有删节《论语》、
《孟子解》各十一卷，即此书"。⑦

---

　　① 田浩：《金代的儒教——道学在北部中国的印迹》，载中国哲学编辑部编《中国哲
学》第 14 辑，人民出版社 1988 年版。

　　② 参见魏崇武《金代理学发展初探》，《历史研究》2000 年第 3 期。

　　③ 韩钟文：《中国儒学史》宋元卷，广东教育出版社 1998 年版，第 607 页。

　　④ 罗立刚：《宋元之际的哲学与文学》，复旦大学出版社 1999 年版，第 79 页。

　　⑤ 魏崇武：《金代儒学发展略谈》，《赣南师范学院学报》1995 年第 5 期。

　　⑥ 魏崇武：《金代理学发展初探》，《历史研究》2000 年第 3 期。

　　⑦ 王庆生：《金代文学家年谱》上册，凤凰出版社 2005 年版，第 283 页。

　　关于金代理学的思想特征。晏选军先生认为"在金代的理学思想中，除了二程的义理之学，邵雍的学术思想地位同样突出，呈义理和象数并重的态势。南宋朱熹虽然也接受了邵雍的玄象思想，但所重仍在发明义理，这与金朝的取向明显不同"。①

　　关于金代儒士对待理学的态度。魏崇武认为"总的看来，在后期，洛学的回流和闽学的北上使理学的影响有所扩大"，"但仍有许多儒士对理学抱着怀疑的态度，甚至反对理学，因此，金后期的理学虽然得到了一定程度的发展。但在当时并不占主导地位"。② 晏选军先生将金代儒士对待理学的态度归结为三种："一种是拳拳服膺说，如赵秉文；另一种观点则更多予以批驳，李纯甫可视为代表；介于二者之间的有王若虚等人，他一方面承认宋儒多有独到的见解，另一方面又认为其说有刻意标榜之嫌。"③

　　（四）学术价值

　　对于金代儒学的学术价值，学者们的意见总体可分为两种。一种意见是从学术继承的角度对金代儒学给予了肯定。田浩先生认为，金代儒学对元代儒学的发展产生了不可忽略的影响，"他们（金儒）对道学所持的保留态度，也影响了元代程朱之学的性质，最近对元代朱熹学派的研究证明，元代的朱熹学派比朱熹更强调实际和修身，而不太重视形而上学，并且对待别的思想更能兼容。这些特点同金代知识分子对道学所作的主要保留是一样的，也就是说，因他们希望看到道学在哪些方面有所改变是一样的"。"要说许衡是使元代朱学转向实用和道德修养而远离形而上学的钥匙"，"我们有理由说许衡这把钥匙当中含有'金'的成分，也就是说，包含来自金朝的影响"。④ 另一种意见认为金代儒学的学术价值不高。宋德金认为"金代有不少

---

　　① 晏选军：《金代理学发展路向考论》，《北京师范大学学报》2004 年第 6 期。

　　② 魏崇武：《金代理学发展初探》，《历史研究》2000 年第 3 期。

　　③ 晏选军：《金代理学发展路向考论》，《北京师范大学学报》2004 年第 6 期。

　　④ 田浩：《金代的道教——道学在北部中国的印迹》，载《中国哲学》第 14 辑，人民出版社 1988 年版。

学者从事儒学研究和著述，并提出了一些值得重视的见解，但总的来说成就不大，与两宋无法相比，更没有出现'专门名家之学'"。① 魏崇武先生则提出，"虽然金代理学成就不高，但它毕竟接续了北宋儒学在北方的微弱命脉，同时又与南宋理学有一定接触，我们不能无视它的存在"。②

（五）政治作用

在金代政治、经济、文化和社会生活中，儒学是占据统治地位的指导思想，这是学界的普遍共识。张博泉先生指出："金朝接受儒学的影响应当很早，到熙宗时，把孔子已抬到至高的地位，儒学成为金帝奉行的治国思想。""与同时的南宋相比，金代儒学重点不是在哲学、道德方面有大发展，而是在政治、民族方面有较大的发展。"③《中国通史》也认为"金朝以儒家思想为统治人民的基本思想"。书中还谈到儒家思想与宗教观念对金朝法律的影响。认为金代法律的形成受到儒家思想和断狱方式的影响，如金代关于刑忌、避讳的规定，儒家重孝思想、"父为子隐、子为父隐"思想、"经义断罪"的断狱方式在金代的法律中皆有所体现。④ 吴凤霞认为尊崇孔子，提倡儒学是金代文教政策的主要出发点。⑤ 张晶提出"纵观金代教育的各个侧面，儒家思想是金代教育的核心，儒学化教育的倾向是很明显的"。⑥

关于"金以儒亡"的问题。如何看待"金以儒亡"之说，不仅是对金代灭亡原因的分析问题，同时也是对金代儒学历史作用的整体评价问题。"金以儒亡"的说法最早见于《元史·张德辉传》，元世祖曾问张德辉，"或云，辽以释废，金以儒亡，有诸？"张德辉给予了否定的回答。但"金以儒亡"的说法流传了下来，也一直影响着

① 宋德金：《金代儒学述略》，载徐振清主编《金史国际学术研讨会专集》，中州古籍出版社1996年版。

② 魏崇武：《金代理学发展初探》，《历史研究》2000年第3期。

③ 张博泉：《略论金代的儒家思想》，《社会科学辑刊》1999年第5期。

④ 白寿彝总主编：《中国通史》第11卷，商务印书馆1999年版，第971页。

⑤ 参见吴凤霞《金代文教政策探析》，《辽宁师范大学学报》2005年第3期。

⑥ 张晶：《金代儒学的儒学化倾向及其文化功能》，《教育研究》1999年第3期。

后人对金国覆亡原因的分析。到了清朝，因为清与金的统治民族属于同一民族，所以清统治者对于金国灭亡的原因给予了极大的关注，清朝皇帝多数认为"效法汉人""渐染华风"导致了金的亡国命运。对于历史上这种将金亡的责任归之于儒学儒士的说法，现代学者基本持否定态度。宋德金先生明确提出，把金国灭亡的责任归向儒学，"这不仅与历史实际不相符合，而且在理论上也十分有害"。"金源一代，由于儒学的传播，学校的兴起，科举的实施，推进了社会的进步和发展。""大定、明昌间鼎盛局面的出现，是同儒学在金国的传播分不开的。"① 吴凤霞也认为，"如果说因为实行尊孔崇儒文教政策而使女真人武勇精神丧失，则未免过于片面"。"女真人在金代末年，武勇精神不如开国时，那是多方面因素造成的。"② 董克昌先生《大金对待知识分子政策管窥》一文通过金廷对待知识分子政策的梳理，得出结论，认为"好吏恶儒"是金朝灭亡的重要原因，从反面证明了金以儒亡的说法是不正确的。③

（六）社会影响

学者们认为儒学对金代社会的影响是广泛深入的，它起到了移风易俗、改变金人思想观念、促进民族融合的作用。安贵臣、蒋维忠先生《金代的忠孝意识评析》指出"儒家思想中的忠孝观念，为金朝统治者乃至庶民所接受，尤其是金中后期以后，就成为他们的道德规范"。"汉族的孝道观念，在金中后期以后得到提高和宣扬。他们提出了孝道的标准；表彰孝行，提倡孝道，扬孝悌之风；重用仁者之人为官；金代皇帝谥号多冠以'孝'字。在金代'忠'的伦理观念，是在大力提倡孝道同时建立起来的，忠君观念的加强，是金代君权加强的反映，也是金朝社会封建化的结果。""女真统治者崇尚儒学"，"他们以儒家学说的原则"，"去处理各类矛盾，这使他们与汉族有了

　① 宋德金：《大金覆亡辨》，载韩世明主编《辽金史论集》第 10 辑，中国社会科学出版社 2007 年版。

　② 吴凤霞：《金代文教政策探析》，《辽宁师范大学学报》2005 年第 3 期。

　③ 参见董克昌《大金对待知识分子政策管窥》，《黑龙江民族丛刊》1995 年第 1 期。

共同的民族意识，这个共同的民族意识，是我国多民族国家形成的主要因素之一"。王文东先生在《试论金代女真人对儒家伦理的吸收》一文中，将金代女真人对儒家伦理的吸收归纳为三个发展阶段，即由最初的使用汉语进行女真文化与汉文化交流、互动，到女真显贵自上而下崇拜儒学宗师、学习儒家礼仪规范，直到最终吸取儒家正统的政治伦理理念以改革金政权。他分析女真人对儒家伦理的吸收主要有三个标志：一是金政权上层贵族倾慕接受儒家文化；二是金宗室对儒家文化的推崇，在金代全社会产生了重要影响；三是全盘吸收中华伦理观念。女真人吸收儒家伦理的具体举措是：一是广泛应用汉文，将儒家伦理经典译为女真文字；二是将儒家伦理道德移植到女真美德观念中；三是女真人与汉人的自由通婚与诏策论进士免试弓箭。①

　　孔庙是儒学的象征和传播的载体，学者们认为终金一代，特别是从太宗至章宗时代，对各地孔庙，尤其是曲阜孔庙进行了大规模新建、重建、扩建和修葺，不仅光大了儒家思想，发展了教育事业，传承了民族文化，而且对于加速民族融合也起到了重要的作用。赵吉惠等主编《中国儒学史》认为，"金朝统治者敦崇儒学，重视经典"，"以儒家思想为本，崇尚警示，以为致治之具"。"金州县均有学校，亦皆有孔庙。""学校与孔庙二者自然而和谐地结合起来，而所重则在庙。有学有庙成为金朝制度的一个特点，并影响后来的元朝。"②张敏杰先生指出，金代对儒学的崇尚朝重一朝，孔庙的修建规模与朝俱增。建庙扩大了儒学涵盖地域，儒学濡染了新的民族；建庙增强了君权至上观念，儒学加速了金代中央集权封建化过程；建庙缓和了民族矛盾，儒学培养了一批封建统治人才；建庙提供了化民的场所，儒学促进了风俗的进化。儒学在金代后期传播的相当广泛，可谓深入到社会生活的各个方面。范寿琨先生在《论金代的孔庙建置及其作用》一文中，则从孔庙碑文等的汇集和庙学问题的研究两个方面入手，详细考证了金代孔庙建置情况。对金代在中原地区修建孔庙的情况进行

---

① 参见王文东《试论金代女真人对儒家伦理的吸收》，《满族研究》1993 年第 2 期。

② 赵吉惠等主编：《中国儒学史》，中州古籍出版社 1991 年版，第 632 页。

了翔实的统计：山西修建孔庙 12 处，河北修建孔庙 11 处，山东修建孔庙 9 处，河南修建孔庙 9 处，陕西修建孔庙 2 处。指出东北地区金源内地和原辽地的孔庙建置，因史料十分阙略，只可从零星珍贵史料中得知，再一个办法就是从庙学中推论。①

除以上六个问题外，关于金代儒学的学术源流，学者们也给予了一定的关注。张博泉先生提出，"金朝的思想及其渊源，以及金朝儒家思想的实际应用和它所达到的效果分析，其思想的主源是王通的新儒学"。②韩钟文先生《中国儒学史》宋元卷通过对辽、西夏、金代儒学的比较研究指出，辽代的统治者倾慕"贞观、开元"之治，多有取于唐风，西夏儒学，似乎唐、宋兼采，金代儒学，承袭辽和北宋地区，原来在北方流行的荆公新学、二程洛学、苏氏蜀学等儒学流派继续流行着，但比较而言，苏氏蜀学似乎独领风骚，盛行一时。③ 关此，我们认为，金代的儒家学者对王通即文中子持普遍尊崇态度。但从其学术思想分析，金代儒学的学术源流与汉唐经学、北宋新儒学、南宋理学，以及辽代儒学都有很深的渊源，苏氏蜀学、荆公新学、二程理学、朱熹闽学、邵雍象数之学，都对金代儒学有直接的影响，陆九渊的心学在金代理学发展史上无人提及，但是金代儒学思想特征却与陆九渊的心学在很多方面不谋而合，可以说，金代儒学在不同的历史发展阶段，受到不同的儒学思想的影响和渗透，这与金代儒学思想本身的发展脉络、学术旨趣和价值取向有关，也与金朝的政治经济发展要求以及官方学术导向有直接关系。

二　尚需解决的问题

通过对金代儒家思想现有研究成果的梳理，我们感到前人所做的研究无疑是非常可贵的，为我们今后的研究打下了坚实的基础，但是依然存在一定的不足。首先，对金代儒家思想的研究不够全面。迄今

---

① 参见范寿琨《论金代的孔庙建置及其作用》，《社会科学辑刊》1993 年第 2 期。

② 张博泉：《略论金代的儒家思想》，《社会科学辑刊》1999 年第 5 期。

③ 韩钟文：《中国儒学史》宋元卷，广东教育出版社 1998 年版，第 596 页。

为止，金代儒家思想研究的许多方面尚属薄弱，我们通过现有的研究，依然无法对金代儒学的全貌有一个基本的把握。诸如金代的经学思想研究，金代儒学特质、王若虚的儒学思想、金代的女真人与儒学等问题研究都有待补充，关于金代儒学的发展脉络、赵秉文的儒学思想、李纯甫的儒学思想等有待于进一步细化和加强。其次是研究的内容不够深入。如关于三教合一的问题，三教合一思潮盛行是金代儒家思想的突出特征，三教合一思潮产生的时代背景、具体表现等，学术界尚无深入研究。再如，金代的孔庙与庙学，学界也一直没有比较全面的统计，关于孔庙和庙学的发展脉络、地域分布、经费来源也没有专门的研究。最后，现有金代儒家思想研究哲学探究不足。儒学是一种哲学，对其政治功能、社会教化功能等的研究，必须建立在哲学研究的基础上，只有从哲学的角度，就理论的层面，加强对金代儒家思想的研究和考察，才能充分体现出其思想本身的继承性和连续性，为金代儒学政治作用和社会作用的研究提供必要的思想基础与理论根据。目前的金代儒家思想研究，从史学和文学角度探讨较多，关于金代儒学的哲学研究尚存在相当大的发展空间。

三　研究内容

本选题研究的重点是立足文本，从哲学的角度，对金代儒学思想本身的研究。在对金代儒学产生的时代背景、发展脉络进行史学梳理的基础上，探讨金代儒家思想内涵，揭示金代儒家思想精神气质，评价其历史作用。具体分为八个部分予以阐述：

第一部分：发展脉络。金代儒学的发展经历了"借才异代"、发展阶段、学术繁荣三个阶段。金太祖、太宗时期为"借才异代"阶段。在这一时期，异代儒士是金代儒学的承载者，金统治者借用辽宋儒学人才来帮助其完成了建国和巩固初期统治的任务。熙宗、海陵王、世宗、章宗统治前期，金代儒学开始与其政治制度全面接轨，金代儒学走向了制度化和规范化阶段，其中表现突出的是礼仪制度的儒学化、教育制度的儒学化和科举制度的儒学化。到了章宗统治后期，尤其宣宗南渡后，金国国势由盛转衰，而金代儒学则开始了新的一页，随着南宋理学的传入，金代儒学走向了学术化阶段。

第二部分：主要代表人物。一个学者的人生经历和心路发展历程，往往对其学术思想的形成和发展产生重要影响。金代儒学有三位主要代表人物，即赵秉文、王若虚、李纯甫。他们在为人、为政和为学上各具特色。赵秉文为人"至乐平易"，但不轻许人，仕五朝，为官敢于犯言直谏，主盟文坛多年，在金代号为"儒之正理"之主，是金代理学成就的最高代表。他的"大中说""诚说"都具有一定的特色。赵秉文的儒学尊崇周程二夫子，受杨雄、王通影响颇深，同时具有援佛、道入儒的特色。王若虚为人至孝恬淡，雅重自持，为官多有惠政，任史职多年，博览群书，长于经学、史学，是金代经学成就的最高代表，《四库提要》评价其"金元之间，学有根柢者，实无人出若虚右"。李纯甫为人不拘礼法小节，"雅喜推借后进"，慨然有经世志，一生喜谈兵，为学以文章、经学、佛学见长，喜玄谈。他主张打破儒释道门户之见，将三者融会贯通，合而为一。

第三部分：经学研究。经学作为显学贯穿于金代社会发展之始终，经学思想对金代政治、经济、文化以及社会的发展影响深远。史料载金人著述至少有 50 余种，遗憾的是绝大多数皆遗失了。保留下来的能够集中反映金代经学研究的有王若虚的《滹南遗老集》。金代的经学研究包括两汉经学研究、三国两晋南北朝经学研究、隋唐经学研究、宋代经学研究几个方面的主要内容。两汉经学研究主要体现为不喜今文经学偏好古文经学、所引征经学家皆有所幸、总体评价否定多肯定少三个特点。三国两晋南北朝经学研究一是关注郑王之争，二是认同玄化经学，三是大力抨击杜预。隋唐时期，经过长期的分裂割据、南北对峙，进入大一统时期。这一时期经学的发展主要表现在两个方面，一是为适应大一统政治的需要，统一经学；二是回应释道的挑战，维护儒学正统地位，发展新儒学。所以金代的隋唐经学研究主要内容一是批驳《五经正义》，二是关注儒风变古思潮。关于宋代经学研究，二程洛学涉及人物最多、研究也最为深入，朱熹闽学地位突出，苏氏蜀学、荆公新学传入时间比较早，在金代地位比较特殊，本书做专门介绍。本书还对王若虚的经学思想及其学术特征进行了较为深入的探讨，并作出总体评价。

第四部分：理学研究。理学在金代长期以非主流学术隐性存在，直至金统治晚期，随着金继宋行土德之说的确定，南宋理学著述传入北方地区，才很快以其鲜明的时代特征、创新精神和哲学思辨，在金代形成深厚影响。其传播范围虽然有限，流传时间也较为短暂，但是其对金代儒学自身的发展产生了很深的影响，也为元代儒学做了必要的准备。本书还对赵秉文的理学思想及其学术特征进行了较为深入的探讨，并作出总体评价。

第五部分：三教合一思潮。终金一代，统治者为了维护其政治统治，对佛教和道教既保护又限制，既提倡也取缔，但总体而言，金代统治政策为金代三教合一思想的滋生和发展，并使之成为金代社会多数人接受的意识形态提供了土壤。金代儒学者本身为居士道士，与释道中人过从甚密，文字往还，为方外言语友、诗友，他们探究学理，三教兼修。金代儒家学者中，从理论上探究儒释道三教学说，三教兼修，用力最深、成就最高者是李纯甫。他提出了"大道合一"的学术理想，主张打破儒释道门户之见，将三者融会贯通，合而为一。他相信儒释道本质上是一致的，大道合一是历史发展的必然结果。他认为大道合一应该以佛为主，以儒道为辅。大道合一理想的实现在理论上以心学为凭藉。

第六部分：金代的女真人与儒家思想文化。作为金朝的主体民族，女真人对儒家文化的学习、接受和研习，是构成金代儒学的重要内容，也是评价金代儒学历史地位的一个不可或缺的重要方面。金代女真教育和科举都以儒学为主要内容，儒学是女真统治者治理国家的指导思想，儒家的孝道、忠义、节烈观念在女真人中有广泛的影响，女真人中也出现了一批习儒通经之士，但总体来看，女真人对儒学的学术研究还停留在比较浅的层面。他们的研究主要是为儒学应用而作，而不是做深入的学术上的探讨，他们对儒家思想本身的思考，主要集中于伦理道德修养和政治道德层面，对于形上层面和本体层面、心性层面的内容完全没有涉及。

第七部分：金代的孔庙和庙学。金代的孔庙和庙学的发展经历了发展、相对繁荣和衰落三个历史阶段，其孔庙和庙学修建的经费来源主要有三种类型，即公费修建、公私合资修建和个人集资修建。其地域分布体现出南方多北方少、腹地多边疆少的特点，金代孔庙与庙学的发展受多种因素的影响，除政治因素、经济因素、地理位置和文化因素以外，人为因素也是影响金代孔庙和庙学修建的一个重要因素，有时地方官的重视程度甚至成为影响一个地区孔庙和庙学修建的决定性因素。

第八部分：金代儒家思想特质。儒学在金女真统治的北方地区长期受到金源地域特有的文化传统浸染，长期受到金朝政治、经济、文化政策的影响，历经百余年的发展演变，形成了金代儒家思想所具有的、彰显金人思想和文化观念的精神气质。包括尚中意识、经世致用和批判精神。

结语部分对金代儒学政治作用、学术价值、社会影响作以简要的评价。

四　研究思路和方法

"思想是客观性与主观性、逻辑性与历史性、主体性与客体性的统一，两个方面对立统一，不可分割，共同制约着思想历史进程。"有鉴于此，史哲贯通将是本选题的基本研究思路。本书在研究中将采用哲学研究与史学研究相结合的综合研究方法。具体而言之，对于金代儒学思想本身的研究，采取以哲学探讨为主的研究方法，理清金代儒学的学术源流，探求金代儒学主要代表人物的儒学思想之理论内涵，总结提炼金代儒学的基本精神；对于金代儒学产生、发展、演变及历史地位的研究，本书将采用史学研究为主的研究方法。通过对材料的搜集、整理、分析、归纳，全面考察金代儒学的历史发展过程，理清其基本之发展脉络，揭示其在金代社会发展史、中国儒学发展史上的作用和影响。在具体研究中史学考察与哲学思考交叉使用，注意宏观把握与微观阐析相结合，纵向考察与横向比较相结合，客观介绍与主观评价相结合，将金代儒学思想放置于金代社会的政治经济文化发展的大环境中予以思考，放置于中国古代思想史、文化史、中国儒学发展史中考察。在对金代儒学的史学考察中，注意体现出思想的连续性与继承性。

第 一 章

发展脉络

为了深入了解和准确把握儒学在金代的存在状态与精神气质，对其基本的发展脉络作以较为系统的梳理是必不可少的。综观儒学在金代的发展大体可以分为三个阶段，即"借才异代"阶段（金太祖、太宗时期）、制度的儒家化阶段（熙宗至章宗统治前期）和学术繁荣阶段（章宗统治后期至金亡）。

第一节　"借才异代"阶段

马克思在《不列颠在印度统治的未来结果》中说，野蛮的征服者自己总是被那些受他们征服的民族的较高文明所征服。[①] 恩格斯也在《反杜林论》中说："每一次由比较野蛮的民族所进行的征服，不言而喻地都阻碍了经济的发展，摧毁了大批的生产力。但是在长时期的征服中，比较野蛮的征服者，在绝大多数情况下，都不得不适应征服后存在的比较高的"经济情况"；他们都被被征服者所同化，而且大部分甚至还不得不采用被征服者的语言。[②] 马克思、恩格斯所总结的历史发展规律在金代也得到印证。女真在建国前文化落后，在对辽

---

① 《马克思恩格斯选集》第 2 卷，人民出版社 1972 年版，第 70 页。
② 《马克思恩格斯选集》第 3 卷，人民出版社 1972 年版，第 222 页。

作战中，即便是最重要的情报，也只能靠口述传达，与邻国交往用契丹字。而先后为金所征服的辽和宋，宋文明程度之高自不待言，即便是契丹建立的辽，由于近200年之汉化历程，其文明程度也远远高于女真。随着女真族占领区域向南推进，女真文化不足以应付多变复杂的中原地域发展局势，天辅二年金太祖诏曰："国书诏令，宜选善属文者为之。其令所在访求博学雄才之士，敦遣赴阙。"① 自此以后，金朝统治者对辽宋"博学雄才之士"的接纳、搜求、任用，一以贯之。可以说在太祖太宗时期，女真人同时扮演了双重角色，即军事上的征服者和文化上的被征服者。这种文化上的"被征服"，在女真人这方面来说，是主动的、心悦诚服的。当女真人的铁蹄踏碎了北宋的金瓯，耀武扬威地把北宋王朝的仪仗、钟磬、礼器以及许多经史典籍据为己有的同时，他们就向汉文化树起了"降旌"。这个时候，女真民族已是一个"自为"的民族。② 女真人正是通过这种文化上的自为，主动吸纳辽宋人才的力量和智慧，从而较快地脱离了原始的文化形态，实现了自身的飞跃性发展。郝经评价说："金元氏起东北小夷，部曲数百人，渡鸭绿，取黄龙，便建位号。一用辽宋制度，收一国之名士，置之近要，使藻饰文化，号十学士。"③ 金初对辽宋人才的借用，清人庄仲方谓之为"借才异代"。所谓"金初无文字也，自太祖得辽人韩昉而言始文，太宗入汴州，取经籍图书。宋宇文虚中、张斛、蔡松年、高士谈辈先后师之，而文字煨兴，然犹借才异代也"。④ 在这些借来的人才中，绝大多数人有着较高的儒学修养，他们在这一时期担当起儒家哲学与文化在北方的承载之责，他们自身的修养以及他们在北方的学术活动情况，构成了金初儒学的基本面貌。

---

① 《金史》卷1《太祖本纪》，中华书局1975年版，第32页。

② 参见张晶《金代女真与汉文化》，《中州学刊》1989年第3期。

③ （元）苏天爵：《元文类》卷14《立政议》，商务印书馆1936年版，1958年重印，第177页。

④ （清）庄仲方编：《金文雅》，成文出版社1967年版，序第3页。

一　"异代"儒士的来源

（一）招降纳叛

完颜阿骨打是一位有着雄才大略的开国之君，表现出了卓越的政治才能和远见卓识，他对各类人才采取了开放的、接纳的、求贤若渴的态度。屡下诏书，存抚新附，罗致人才。"自破辽兵，四方来降者众。益加优恤。""诏谕燕京官民，王师所致，降者赦其罪，官皆仍旧"，"新附之民有材能者，可录用之。"① 金建国前后主动归降确有才干者多能得到金廷的重用和信任。如杨朴，"辽东铁州人也，本渤海大族，登进士第"。② 金建国前后多有建言，受到高度重视。"刘氏（刘彦宗）六世仕辽，相继为宰相……彦宗擢进士乙科……彦宗与左企弓等奉表降"。③ 归降时"太祖一见，器遇之，俾复旧，迁左仆射，佩金牌"。④ 左企弓等奉表降，"太祖俾复旧职，皆受金牌"。⑤ 韩企先"燕京人"，"乾统间中进士第"。"博通经史，知前代故事"，"太宗一见惊异之"。⑥ 招降纳叛者中许多人都是科举出身或世代为官。王枢，辽时登科，官儒林郎，天会三年降金。⑦ 杜允，绍圣进士，建炎四年降金。虞仲文，辽进士，保大二年降金。时立爱，"辽太康九年，中进士第"。⑧ 任辽平州节度使，天辅七年正月甲子，"时立爱降"。⑨ 其他仕金者如田颢，辽天庆八年进士，博闻强识，熟知金史。张通古，辽天庆二年进士。赵元，辽天庆八年进士。任熊祥，辽天庆八年进士。李瞻，辽天庆二年进士。这些辽宋进士自幼所受的都是儒

---

① 《金史》卷 1《太祖本纪》，中华书局 1975 年版，第 39—40 页。

② （宋）叶隆礼：《契丹国志》卷 4《天祚皇帝》，上海古籍出版社 1985 年版，第 112 页。

③ 《金史》卷 78《刘彦宗传》，中华书局 1975 年版，第 1769 页。

④ 同上书，第 1767 页。

⑤ 《金史》卷 75《左企弓传》，中华书局 1975 年版，第 1724 页。

⑥ 《金史》卷 78《韩企先传》，中华书局 1975 年版，第 1777—1778 页。

⑦ 参见《元好问全集》卷 41，山西古籍出版社 2004 年版，第 929 页。

⑧ 《金史》卷 78《时立爱传》，中华书局 1975 年版，第 1775 页。

⑨ 《金史》卷 1《太祖本纪》，中华书局 1975 年版，第 39 页。

家教育，虽然他们中的许多人并非专门从事儒学研究，但是其本身所具有的儒学素养对于当时的金代而言，依然是一笔不小的财富。

（二）战争俘获、索要、胁迫和掠夺

《金史》卷125《文艺上》载，金伐宋，"取汴经籍图，宋士多归之"①，攻破汴京后，索到博士10人，太学生堪充教师者30人。刘宗彦移文沙文，在已占领的州、县、镇"搜索举人"。李之翰乃宣和末登第进士，宣和七年，"国兵破洺州，缚见元帅，诱之使降，语及君臣之际，辞情慷慨，自分一死，帅怜之，遂被录用"。② 张孝纯，元祐四年进士，靖康年九月被俘。韩昉，辽天庆二年状元及第，保大二年为金人所俘。蔡靖，元符三年进士，宣和七年被胁入金。可见为获取有用人才，金统治者在战争中采取了有目的的俘获、索要、胁迫和掠夺的政策。

（三）扣留宋朝使臣

金朝的许多儒学高级人才都是通过直接扣留宋朝使臣的方法获取而来的。自政和七年至昭兴十一年，宋派出了大批使臣入金，先后被扣留者多达30余人。《全元文》有这样记载："六飞南渡，使金者几三十辈，其得生渡卢沟而南者，鄱阳洪公皓、新安朱公弁、历阳张公邵，才三人耳。"③ 王德朋先生曾将宋代赴金使臣的命运归结为三类：一是不辱使命，身死异国；二是拒不仕金，惨遭流放；三是与金合作，改仕新朝。④ 其中改仕金朝比较知名的有宇文虚中、吴激。宇文虚中，徽宗大观三年进士及第，曾著《春秋纪咏》，与兄宇文粹中合编《纶言集》，《宋代蜀文辑存》卷36存其传世作品12篇。《大金集礼》卷3明言宇文虚中撰册文。吴激系米芾之婿，"将命帅府，以知

---

① 《金史》卷125《文艺上》，中华书局1975年版，第2713页。

② 《元好问全集》卷41《中州集》"李宁州之翰"小传，山西古籍出版社2004年版，第904页。

③ 李修生主编：《全元文》卷255《跋辖轩唱和诗集》，江苏古籍出版社1999年版，第8册第235页。

④ 参见王德朋《金代汉族士人研究》，中国社会科学出版社2006年版，第23页。

名留之"①，著有《东山集》。少数仕金的宋使节固然为儒学在金代的传播付出了艰苦的努力，然拒不仕金的宋朝使节，在其流放生活中，亦心系儒学，以传播汉文化为己任，为儒家文化在北方的普及做出了不可磨灭的贡献。这些惨遭流放和身死异国者，面对高官利诱武力威胁，坚贞不屈、视死如归，表现出崇高的精神气节，使金代女真人深受感染。如李若水历数金人罪恶、裂颈断舌而死，他们用自己的实际行动和所遭受的苦难，使女真人近距离地感受到儒家士人的凛然正气和精神追求，对于改变女真人的思想观念，使之真正领略儒家文化精髓之所在，所起的作用可能更大，意义更为深远。

二　"异代"儒士所发挥的作用

金朝初年，这些借来的"异代"儒士为金朝国家的建立和巩固，为金初政治经济文化的发展，尤其是儒学的传播做出了突出贡献。主要有以下表现：

（一）充当帝王、贵族师，设馆教学传播儒学

熙宗完颜亶曾得到韩昉的教授。史载，"得燕人韩昉及中国儒士教之。其亶之学也，虽不能明经博古，而稍解赋诗翰墨，雅歌儒服，烹茶焚香，弈棋战象，徒失女真之本态耳"。② 韩昉还曾设馆执教，他所教授的学生胡砺，任定州观察判官时，"士子聚居常以百数，砺督教不倦"。③ 朱弁被扣留金境期间，"金国名王贵人多遣子弟就学"。④ 洪皓留金时，以教授自给，无纸则取桦叶写《论语》《大学》《中庸》《孟子》传之，时谓"桦叶四书"。⑤ "所著诗文，争钞诵求锓梓"。完颜希尹聘其为家庭教师，"使教其八子"。⑥ 张邵被拘留于

---

① 《元好问全集》卷41，山西古籍出版社2004年版，第845页。
② 徐梦莘：《三朝北盟汇编》卷166《金虏节要》，上海古籍出版社1987年版，第1197页。
③ 《金史》卷125《文艺上》，中华书局1975年版，第2721页。
④ 《宋史》卷373《朱弁传》，中华书局1975年版，第1153页。
⑤ 丁传靖辑：《宋人轶事汇编》卷16引《一统志》，中华书局1981年版，第879页。
⑥ 《宋史》卷373《洪皓传》，中华书局1977年版，第11559页。

会宁，"虏新立国，乡慕文教，人知公以儒学，士多从之，授书生徒，断木书于其上，捧诵既过，去之复书"。"又以易讲授，学者为之期日升僧座，鸣鼓为候，请说大义，一时听者毕至，由是圣徒或有钱米帛之馈，则赖以自给。"① 他们将儒家文化文本知识直接传授给女真人，对于儒家文化本身的传播，对于女真人尤其是女真贵族文化素质的提升，使之学习和接受汉文化起到了积极作用。

（二）参加典章制度的制定

《三朝北盟会编》载："自古享国之盛无如唐室。本朝目今制度，并依唐制、衣服官制之类，皆是自宇文相公共蔡大学士并本朝数十人相与评议。"② 宇文虚中和蔡靖都曾参与金朝典章制度的制定。《金史》亦载："官制禄格、封荫讳谥，皆出宇文虚中，参用本朝及唐法制而增损之。"金"方议礼仪制度"，"损益旧章"，韩企先"或因或革，咸取折衷"。世宗曰："丞相企先，本朝典章制度多出斯人之手，至于关决大政，与大臣谋议，不使外人知之，由是无人能知其功。前后汉人宰相无能及者。"③ 世宗所言"无人知其功者"，应该是指太宗年间官制改革之事，由是可见，无论是礼仪制度之制，或是官制的改革，韩企先都曾发挥了重要作用，得到了最高统治者的高度认可。

（三）充任谋士建言献策

《三朝北盟会编》载：杨朴劝说阿骨打建国、求封册，"匠者与人规矩，不能使人必巧；师者，人之模范，不能使人必行。大王创兴师旅，当变家为国，图霸天下，谋万乘之国，非千乘所能比也。诸部兵众皆归大王，今力可拔山填海而不能革故鼎新，愿大王册帝号，封诸番，传檄响应千里而定，东接海隅，南连大宋，西通西夏，北安远国之民。建万世之镪基，兴帝王之社稷。行之有疑，祸如发矢，大王

---

① 徐梦莘：《三朝北盟会编》卷222，上海古籍出版社1987年版，第1605页。

② 李心传：《建炎以来系年要录》第2册卷81《绍兴甲寅奉使录》，上海古籍出版社2008年版，第126页。

③ 《金史》卷78《韩企先传》，中华书局1975年版，第1778—1779页。

如何?"阿骨打大悦，吴乞买等皆推尊杨朴之言。① 此外，《大金国志》《辽史》《契丹国志》《建炎以来系年要录》也有相关记载。② 杨朴在《金史》中虽无传，《金史·太祖本纪》亦无杨朴记载，但是他在金建国称帝的过程中，发挥了重要作用，这一点我们从辽与宋的相关史料中可以得到明证，至于《金史》何以不载杨朴，史家有不同的观点。③ 金建国之初，面对民心未固，一些城市已降复叛的情况，时立爱劝阿骨打"下明诏，遣官分行郡邑，宣谕德义。他日兵临于宋，顺则抚之，逆则讨之，兵不劳而天下定矣"。太祖"览表嘉之，诏答曰：'卿始率吏民归附，复修利害，悉合朕意'，嘉叹不忘"。④ 天会三年，金兵围汴京，刘宗彦谓宗翰、宗望二帅曰："萧何入关，秋毫无犯，惟收图籍。辽太宗入汴，载路车、法服、石经以归，皆令则也。"二帅嘉纳之。⑤

（四）充当官吏，发挥积极作用

金代统治者让辽宋异代儒士在金统治阵营中充任重要角色，他们或任职中枢，或绥靖一方，为金代政治的稳定和社会发展做出了积极贡献，起到了女真人无法起到的作用。高丽虽然与金通好，天会四年，"奉表称藩而不肯进誓表，累使要约，皆不得要领"。韩昉奉命出使高丽，针对高丽"必欲用古礼"的要求，发挥自身优势，广征博引儒家经典，令"高丽人无以对"，"进誓表如约"。宗干闻之大悦，说："非卿谁能办此。"⑥ 韩企先任相臣二十年，"专以培植奖励后进为己责任"，"一时台省多君子"，"世称贤相焉"。⑦ "太祖入燕，

---

① 参见徐梦莘《三朝北盟会编》卷3，上海古籍出版社1987年版，第22页。

② 参见《契丹国志》卷10《天祚皇帝》，上海古籍出版社1985年版，第112页；《大金国志》卷1《太祖武元皇帝》，中华书局1986年版，第15页；《辽史》卷28《天祚纪二》，中华书局1986年版，第336页。

③ 参见李秀莲《金代"易代"文士与皇权政治互动关系研究》，博士学位论文，中央民族大学，2006年。

④ 《金史》卷78《时立爱传》，中华书局1975年版，第1776页。

⑤ 《金史》卷78《刘彦宗传》，中华书局1975年版，第1770页。

⑥ 《金史》卷125《韩昉传》，中华书局1975年版，第2714页。

⑦ 《金史》卷78《韩企先传》，中华书局1975年版，第1778页。

始用辽南、北面官制度。是故刘彦宗、时立爱规为施设,不见于朝廷之上。军旅之暇,治官政,庀民事,务农积谷,内供京师,外给转饷,此其功也。"① 金初,官制以勃极烈共治国政为主,天辅六年,"置中书省、枢密院于广宁府",以统治汉人地区。左企弓、刘彦宗、韩企先皆主持过汉地枢密院工作。②

总而言之,在金太祖、太宗时期,"虽诞布文德,以绥远迩,而儒学之事未遑遍举"。③ 这一时期,金代儒学基本处于简单的拿来应用阶段,尚谈不上任何的发展和特色。用魏崇武先生的话来说:这些"借"来的人才决定了金初儒学的面貌。然而,由于他们大都被帮助金朝实现由奴隶制国家向封建制国家转变的任务绊住了,忙于参与制定礼仪制度、修史定诏、充任外交使节等;另一些不愿为官的人如洪皓、张邵等则忙于向女真人传授汉族文化知识,做普及工作。总之,金初儒士一时间无暇顾及儒学内部的提高。④

第二节　制度的儒家化阶段

自金熙宗直至金章宗统治前期即明昌、承安年间,金"儒风丕变、庠序日盛,士繇科第位至宰辅者接踵。当时儒者虽无专门名家之学,然而朝廷典策、邻国书命,灿然有可观者矣"。⑤ 这一时期金代儒家思想总体发展脉络可总结为"制度的儒家化"阶段。干春松先生曾对"制度的儒家化"作出解释,他提出在传统中国,儒家更多的是一种制度化的存在。"制度的儒家化"和"儒家的制度化"共同构成"制度化儒家"的两个方面。"所谓'儒家的制度化'是通过孔

① 《金史》卷78《韩企先传》,中华书局1975年版,第1779页。
② 同上书,第1777页。
③ (清)张金吾纂辑:《金文最》卷77《潞州儒学碑》,中华书局1986年版,第1125页。
④ 魏崇武:《金代儒学发展略论》,《赣南师范学院学报》1999年第3期。
⑤ 《金史》卷125《文艺上》,中华书局1975年版,第2713页。

子的圣人化、儒家文献的经学化和科举制度等一系列制度设计来保证儒家的独尊地位及其与权力之间的联系；而所谓'制度的儒家化'是儒家观念在社会控制体系和制度设计的渗透和呈现，具体地说就是体现着儒家观念的国家意识形态、宗族制度、政治社会结构等现实的制度的建立。"两者乃"制度化儒家"之一体两面、相辅相成。本文所谓金代儒学发展的"制度的儒家化"阶段，其内涵实则覆盖了干先生所总结的"制度化儒家"的两个方面，之所以以"制度的儒家化"名之，主要是因为此一时期金代儒家思想的发展形态，虽然部分地涵盖了"制度的儒家化"和"儒家的制度化"两方面内容，但并不全面，其主体旨趣还是在于"制度的儒家化"。金代儒家思想因应金代政治生活的需要而生、而发展，与金的封建化进程保持着高度的一致性。金熙宗继位以后至章宗前期，金朝统治者进行了一系列的封建化改革，改革礼仪制度和官制，加强中央皇权，改革教育和科举制度，逐步实现了金代由奴隶社会向封建社会的过渡，其诸多政治制度的制定，诸如礼仪制度、教育制度、科举制度等，儒学都充当了重要的角色。金代儒家思想表现出"制度的儒家化"特征。

一　礼仪制度的儒家化

礼仪制度是关乎国家政体的重要内容，一个国家，有什么样的政治体制，就有什么样的礼仪制度与之相适应。以礼治国是儒家的基本主张，孔子说"为国以礼"。（《论语·先进》）荀子说"人无礼则不生，事无礼则不成，国家无礼则不宁"。（《荀子·修身》）

金太祖、太宗时期，忙于军事，无暇顾及修礼制乐。"金人之入汴也，时宋承平日久，典章礼乐，粲然备具。金人既悉收其图籍，载其车辂、法物、仪仗而北，时方事军旅，未遑讲也。"[1]《金史·太宗本纪》赞亦云"天铺草创，未遑礼乐之事"。[2] 到了熙宗统治时期，金代的礼制有了一个崭新的面貌，"其观听赫然一新"。"皇统间，熙

---

① 《金史》卷28《礼志》，中华书局1975年版，第691页。
② 《金史》卷3《太宗本纪》，中华书局1975年版，第66页。

宗巡幸析津，始乘金辂，导仪卫，陈鼓吹，其观听赫然一新，而宗社朝会之礼亦次第举行矣"。① 到世宗时，责令官员参考唐宋故典沿革，开"详定所"以议礼，设"详教所"以审乐，章宗明昌初年编成《金纂修杂录》400 余卷，后佚而不存。元人修《金史》之《礼志》，依《大金集礼》而成，虽不全，但金代礼仪制度大体框架基本了然。我们从《金史》之《礼志》及《大金集礼》的有关记载可以看出，金朝礼仪制度的各项规定皆与儒家文化中关于礼的规定有着某种契合之处。从"礼"出于"俗"这个意义上说，礼仪制度所涉及的内容应该是相当广泛的，本书择其有代表性的祭祀礼仪、朝参仪、常朝仪、尊孔礼仪略述之，以窥金代礼仪制度儒家化的精髓。

（一）祭祀礼仪

儒家非常重视祭祀，将祭祀活动看成一个国家政治生活的头等大事，巩固国祚承继大统的重要内容。《礼记·祭统》有云："礼有五经，莫重于祭。"《左传·成公十三年》亦云："国之大事，在祀与戎。"

《大金集礼》凡 40 卷（连同阙佚者在内），有近一半的篇幅用于记载祭祀礼仪，卷三、四、六，卷十至二十二，卷三十四至三十八，所记载或纯系祭祀礼仪，或系与祭祀直接相关，足见金廷对于祭祀礼仪的重视程度。《金史·礼志》礼一至礼八所记载的祭祀礼仪包括郊祀、方丘仪、朝日月夕、高禖、宗庙、朝享、时享仪、奏告仪、皇帝恭谢仪、皇后恭谢仪，皇太子恭谢议、荐新、功臣配享、陈设宝玉、杂仪、上尊谥、原庙、朝谒仪、朝拜仪、别庙、社稷、风雨雷师、岳镇海渎、宣圣庙、武成王庙、前代帝王庙、诸神杂祠、诉禜、拜天、本国拜仪等。由于篇幅所限，不能尽述，选择其中最具代表性，也最为统治者重视的"郊祀"作以简要论述。

1. 金廷对郊祀之礼的重视

关于郊祀，《诗·周颂·昊天有成命》载："郊祀天地"，即古代

————————

① 《金史》卷 28《礼志一》，中华书局 1975 年版，第 691 页。

帝王在郊外祭祀天地。《孔子家语·郊问》载孔子曰："天垂象，圣人则之，郊所以明天道也。""万物本乎天，人本乎祖，郊之祭也。"就是说祭天是帝王的特权，一年有九次，其中最重要的是每年春冬两次的例祭。祭祀时要配以祖先。所谓："万物本乎天，人本乎祖，此所以配上帝也。"（《礼记·郊特牲》）

《金史》载："金之郊祀，本于其俗有拜天之礼。其后，太宗即位，乃告祀天地，盖设位而祭也。天德以后，始有南北郊之制，大定明昌其礼寝备。"① 金以少数民族入主中原，面对久已存在的华夷之分的传统观念和北宋大力宣传的攘夷思想，与中原汉族王朝相比较，其急于昭示自身承继大位的合法性和正统性的心情更为迫切。世宗强调"我国家绌辽、宋主，据天下之正，郊祀之礼岂可不行"。② 所以金廷对郊祀之礼非常重视，凡事皆十分慎重。譬如配享问题，世宗特命宰臣们议论。左丞石琚根据《礼记》《孝经》所记，援引汉魏晋只以一帝配享，唐朝或以一帝或以多帝配享之先例提出，"臣谓冬至亲郊宜从古礼"。世宗也认为"唐宋不足为法，止当奉太祖皇帝配之"。③

2. 《亲祀南郊诏》

世宗大定十一年下诏："国莫大于祀，祀莫大于天，振古所行，旧章咸在。仰惟太祖之基命，诏我本朝之燕谋，奄有万邦，于今五纪。因时制作，虽增饰于国容，推本奉承，犹未遑于郊见。况天休滋至而年谷屡丰，敢不敷绎旷文、明昭大报。取阳升之至日，将亲享于圆坛，嘉与臣工，共图熙事。以今年十一月十七日有事于南郊，咨尔

---

① 陈戍国先生提出金海陵以前无郊祀。终海陵之世，郊祀不作。"海陵与臣下议论过祭天礼，不赞成尊祖配天，设若海陵不早废，即使行郊祀，亦必无尊祖配天之仪，世宗践阼，始有郊祀"。参见陈戍国《中国礼制史》宋辽金元卷，湖南教育出版社 2001 年版，第398 页。

② 参见《金史》卷 28《礼志一》，中华书局 1975 年版，第 694 页。

③ 《金史》卷 28《礼志一》，中华书局 1975 年版，第 693 页；《金史》卷 88《石琚传》，中华书局 1975 年版，第 1960 页。

有司，各扬乃职，相予肆祀，罔或不钦。"①世宗的《亲祀南郊诏》将郊祀祭天对金代统治的重要性及其所要达到的目地表达得非常清楚。我们在其中至少可以体会出五层含义：一是金廷对祭天非常重视，把它作为国家政治生活中的头等大事；二是祭天之礼不是金所妄自而为，乃是依循古礼而行之；三是为金代列祖列宗歌功颂德；四是将金盛世成果"昭明大报"，藉以昭示金统治的既成事实及其有效性、合法性，这是金代大张旗鼓作祭天之礼的最重要目的所在；五是要求各个职能部门重视起来，各司其职，各尽其责，共同成就盛世大典。

3. 拜天礼与郊祀的本质不同

女真人本有拜天之俗，"金因辽旧俗，以重五、中元、重九日行拜天之礼"②，但辽金之拜天礼与金世宗以后的郊祀有着本质的不同。其一，辽金之拜天礼只是一种原始的自然崇拜，没有什么系统的理论根据；而郊祀之礼则以儒家天命观和五德终始说为理论根据。儒家天命观认为天是自然界的主宰，也是人类的主宰，天与帝王有着一种必要的联系，所以帝王皆称"天子"。尧曾对舜说："咨，尔舜！天之历数在尔躬，允执厥中。四海困穷，天禄永终。"（《论语·尧曰》）天命观后来发展成为五德终始说，其基本内容是天命以五种形式即金木水火土而出现，每次王朝更迭皆因其所受符命不同。其二，辽金拜天礼只是为了祈福免灾，而郊祀是"奉天承运"的象征，是皇帝的特权，是金王朝居天下之正的标志。其三，拜天礼仪式简单，而郊祀有着严格而繁多的仪式。《金史·礼志》详明记载着斋戒、陈设、省牲器、奠玉币、进熟、皇帝搢圭、亚献、皇帝饮福、俟火半柴、择日称贺等各项郊祀仪注。③

（二）朝参仪、常朝仪

礼在儒家文化中是社会秩序的规范体系，礼的重要职能是别亲

---

① 《金史》卷28《礼志一》，中华书局1975年版，第694页。

② 《金史》卷35《礼志八》，中华书局1975年版，第826页。

③ 《金史》卷28《礼志一》，中华书局1975年版，第694页。

疏、明贵贱。《史记·礼书》对礼的解释是"君臣朝廷尊卑贵贱之序，下及黎庶车舆衣服宫室饮食嫁娶丧祭之分"。《礼记·曲礼》曰："夫礼者，所以定亲疏、决嫌疑、别同异、明是非也。"由此可见，儒家礼的最重要内涵就是忠君敬长、尊卑有序。礼对社会秩序的建立和稳定起到重要作用，所谓"礼者，政之本也"，为历代统治者所看重。汉高祖刘邦称帝之后，儒士叔孙通为刘邦建立了一整套朝仪，实行后"自诸侯王以下莫不振恐肃敬"，刘邦深感"吾乃今日知为皇帝之贵也"。① 如果说金代各种祭祀礼仪制度的制定，其主要目的在于昭示金代统治的正统性和合法性，那么朝参仪、常朝仪、上尊号仪、上寿仪、肆赦仪，臣下拜诏仪等，其目的旨在别亲疏、明贵贱，加强皇帝的威严。

1. 加强中央集权统治，金廷开始制定严格的朝仪制度

金初，勃极烈民主共治的思想在金朝君臣心目中根深蒂固，阿骨打虽称帝建号，然而君臣礼仪并未确立起来。"虽有君臣之称，无尊卑之别。乐则同享，财则同用，至于舍屋车马，衣服饮食之类俱无异焉。"② 刚刚进入燕京，"燕人乃备仪物以迎之，其始至于燕之大内也。阿骨打与其臣数人皆握拳坐于殿之户限上，受燕人之降。且尚询黄盖有若干柄，意欲与其群臣皆张之，中国传以为笑"。③ 太宗时期，"金国置库收积财货，誓约惟发兵用之，至是国主吴乞买私用过度，谙版告于粘罕请国主违誓约之罪，于是群臣扶下殿，庭杖二十毕，群臣复扶上殿，谙版、粘罕以下谢罪"。④ 金初君臣之际无尊卑上下之别，由此可见一斑。自太宗至世宗年间，在金朝统治阶级内部存在着激烈的皇帝与贵族之间的权力之争。所以为加强中央集权统治，金廷

---

① 《史记》卷99《叔孙通传》，中华书局1975年版，第2723页。

② 徐梦莘：《三朝北盟会编》卷166《金虏节要》，上海古籍出版社1997年版，第1197页。

③ 徐梦莘：《三朝北盟会编》卷12《北征纪实》，上海古籍出版社1997年版，第86页。

④ 徐梦莘：《三朝北盟会编》卷165《燕云录》，上海古籍出版社1997年版，第1194页。

开始制定严格的君臣礼仪，使上下有序，君臣有别，借以树立皇帝的无上尊严和绝对权威。

2. 关于朝参仪的规定，十分明细严格

"天眷二年五月，详定常朝及朔、望仪，准前代制，以朔日、六日、十一日、十五日、二十一日、二十六日为六参日。后又定制，以朔、望日为朝参，余日为常朝。"① 按照《金史》的记载，金代关于朝参仪的规定，十分明细严格。如天眷二年规定，凡朔、望朝参日，百官卯时至暮次，皇帝辰刻视班，供御弩手、伞子直于殿门外，分两面排立。司辰入殿报时毕，皇帝御殿坐，鸣鞭。阁门报班齐。执擎仪物内侍分降殿阶西傍，面南立。宿衙官自都点检至左右视衙，祗应官自宣微阁门祗候，先两拜，班首少离位，奏"圣躬万福"，两拜。弩手、伞子先于殿门外东西向排立，俟奏"圣躬万福"时，即就位北面山呼声喏，起居毕，即相向对立。擎御伞直立左班内待上。都点检以次升殿，副点检在少南，东西相向立。左右视衙在殿下，东西相向立。阁门乃引亲王班，赞班首名以下再拜，讫，班首少离位，奏"圣躬万福"，归位再拜毕，先退。次引文武百僚班首以下应合朝参官，并府运六品以上官，皆左入，至丹墀之东，西向鞠躬毕，阁门通唱复引至丹墀。阁门赞班首名以下起居，舞蹈五拜，又再拜，毕，领省宰执升殿奏事。拜事待御史对立于左右衙将军之少和少前，修起居东西对立于殿栏子内副阶下，余退，右出。②

如果我们仔细比较一下，可以看出金代的朝拜礼仪几乎与宋朝如出一辙。我们认为金廷这样做并不是因为倾慕中原文化对宋代礼仪的简单照搬照抄。金廷制定这样的朝会礼仪制度是与这一时期金代大刀阔斧的政治改革相统一的，赵宋所实行的儒家化的朝会礼仪制度，作出了令金统治者满意、符合其政治统治需要的制度性安排，所以儒家文化才能够以朝仪制度的形式深入金代现实的政治层面。

---

① 参见《金史》卷36《礼志九》，中华书局1975年版，第840页。

② 《金史》卷36《礼志九》，中华书局1975年版，第840页。

（三）尊孔礼仪

孔子的圣化和祭孔仪式的规范化，是金代制度儒家化的重要表现形式。自汉武帝独尊儒学以来，儒学成为封建王朝统治思想的象征，历代帝王对于孔子皆有封号，对孔子之后人亦封赠有加。宋仁宗时孔子后人封为衍圣公。宋高宗南迁后，曲阜袭封衍圣公孔端友随之南去，另建家庙。这对于以儒学思想作为统治思想主体的金朝统治者无疑是釜底抽薪，这意味着他们所奉行的以儒治国的基本国策成为无本之木、无源之水。为了证明其所尊奉之儒家思想之正统性，巩固其意识形态领域之理论根基，金代统治者制定了一系列的尊孔礼仪。

1. 诏求孔子后，加封衍圣公，并对其政治经济待遇给予制度性保证

"天眷三年，诏求孔子后。"① "天眷三年十一月癸丑，以孔子四十九代孙璠袭封衍圣公。"② 皇统二年，"衍圣公孔璠薨，子拯袭。"③ 皇统三年七月，"以孔总为袭封衍圣公"。④ 通过对世袭衍圣公的诏封，使孔学文脉得以在金所统治的北方地区延续，这是金廷尊孔的首要条件。

大定二十年十二月，"特授袭封衍圣公孔总兖州曲阜令，封爵如故"。⑤ 明昌二年四月，"诏袭封衍圣公孔元措视四品秩"。⑥ "衍圣公视四品，阶止八品，不称。可超迁中议大夫，永著于令"。⑦ 党怀英所撰《曲阜重修至圣文宣王庙碑》对此也有所载。承安二年二月，"特命袭封衍圣公孔元措世袭兼曲阜令。"⑧ 从这一系列记载可以看

① 《金史》卷 105《孔璠传》，中华书局 1975 年版，第 2311 页。
② 《金史》卷 4《熙宗本纪》，中华书局 1975 年版，第 76 页。
③ 同上书，第 78 页。
④ 《金史》卷 6《世宗本纪》，中华书局 1975 年版，第 132 页。
⑤ 《金史》卷 7《世宗本纪》，中华书局 1975 年版，第 176 页。
⑥ 《金史》卷 9《章宗本纪一》，中华书局 1975 年版，第 218 页。
⑦ 《金史》卷 105《孔璠传》，中华书局 1975 年版，第 2312 页。
⑧ 《金史》卷 10《章宗本纪二》，中华书局 1975 年版，第 241 页。

出，金廷对衍圣公的官职，由虚设的爵位到实授曲阜令，并由随时任命到百代世袭，给予其固定的政治待遇。明昌十一年，"诏臣庶名犯古帝王而姓复同者禁之，周公、孔子之名亦令回避"。① 海陵王天德二年"初定袭封衍圣公俸格"②，由此将衍圣公的经济待遇确定下来。

2. 拜祭仪式的制度化

金廷正式祭奠孔子始于熙宗统治时期。"皇统元年二月，上亲祭孔子庙，北面再拜"。③ 这是金廷首次祭孔，标志着金廷祭奠孔子的开始，拜祭孔子的仪式日益规范化、制度化。

明昌三年，金廷对宣圣庙春秋释奠礼作了详尽规定。举凡参与释奠人员、祝词、音乐、服装等都有详明严格的规定。如三献官以祭酒、司业、博士充，祝词称"皇帝谨遣"，及登歌改用太常乐工。其献官并执事与享者并法服，陪位学官公服，学生儒服。④ 明昌三年十月，曲阜宣圣庙增修完毕，章宗敕"党怀英撰碑文，朕将亲行释奠之礼，其检讨典故以闻"。⑤ 明昌六年四月，"勑有司，以增修曲阜宣圣庙工毕，赐衍圣公以下三献法服及登歌乐一部，仍遣太常旧工往教孔氏子弟，以备祭礼"。⑥ 党怀英撰《曲阜重修至圣文宣王庙碑》亦载："上既加恩阙里，则又泽及嗣人。以其虽袭公爵，而官职未称，与夫祭祀之仪不备，特命自五十一代孙元措首，阶中议大夫，职视四品，兼世宰曲阜县。""六年又以祭服祭乐为赐，遣使策祝，并以崇盛之意告之。"对于章宗年间祭孔仪式的盛大隆重，党怀英述曰："洪惟圣上（章宗），以天纵之能，典学稽古，游心于唐虞三代之隆，故凡立功建事，必本六经为正，而取信于夫子之言，夫惟信之者笃，则其尊奉之礼宜其厚欤。臣观汉魏以来，虽奉祠有封，泛埒有户，给

① 《金史》卷9《章宗本纪一》，中华书局1975年版，第225页。

② 《金史》卷5《海陵本纪》，中华书局1975年版，第96页。

③ 《金史》卷4《熙宗本纪》，中华书局1975年版，第76页。

④ 参见《金史》卷9《章宗本纪一》，中华书局1975年版，第221页。

⑤ 同上书，第224页。

⑥ 《金史》卷10《章宗本纪二》，中华书局1975年版，第235页。

赐有田，礼则修矣，未有如今日之备也。"①

二　教育制度的儒家化

金代自海陵王始，逐步建立起了从中央到地方完备的官方教育体系，还特别创立了女真学，形成了汉学与女真学双轨并行的教育模式。金代的官方教育体系包括中央官学和地方官学，中央官学有国子学，太学，女真国子学，女真太学；地方官学有州县学。国子监是金代最高学府和最高教育行政管理机构。金代教育有着明显的儒学化倾向。"纵观金代教育的各个侧面，儒家思想是金代教育核心，儒学化教育的倾向是很鲜明的。"② 主要表现在以下几方面：

（一）课程设置和教师配备

金代教育在课程设置上对儒学是相当重视的。金代国子学分为大学和小学两个阶段。其中大学课程分别为经义和词赋，被录取的学生也分别称为经义生和词赋生。③ 在教师配备方面，国子学和女真国子学设博士2人，助教2人，教授4人；太学和女真太学各设博士、助教4人。其教师皆由硕学儒士担任，待遇优厚。《金史》载，"（大定二十八年四月）癸未，命建女直大学（太学）"。"五月丙午，制诸教授必以宿儒高才者充，给俸与丞簿等"。④ 章宗年间，"增养士之数"，"置节镇、防御州学60处，增养千人，各设教授1员，选五举终场或进士年五十以上者为之"。⑤ 金大定二十九年规定："凡京府镇州诸学，各以女直、汉人进士长贰官提控其事，具入官衔。"⑥《曲周县重修学记》亦载："皇朝尊尚儒术，诏自防御州而上，设学养士如太

① （清）张金吾纂辑：《金文最》卷70《曲阜重修至圣文宣王庙碑》，中华书局1990年版，第1025页。

② 张晶：《论金代教育的儒学化倾向及其文化功能》，《教育研究》1994年第3期。

③ 参见《金史》卷51《选举志》，中华书局1975年版，第1131页。

④ 同上书，第200页。

⑤ 同上书，第1133页。

⑥ 同上书，第1134页。

学，置教授弟子员，且以文儒之臣，领提举之官。"①

（二）教材使用

国子监不仅是全国最高学府和教育管理机构，金代官学教材的编辑、印制、发行，也统一由国子监掌管。关于国子学使用的教材，《金史》有详细记载："凡经，《易》则用王弼、韩康伯注，《书》用孔安国注，《诗》用毛苌注、郑玄笺，《春秋左氏传》用杜预注，《礼记》用孔颖达疏，《周礼》用郑玄注、贾公彦疏，《论语》用何晏集注、邢昺疏，《孟子》用赵岐注、孙奭疏，《孝经》用唐玄宗注，《史记》用裴骃注，《前汉书》用颜师古注，《后汉书》用李贤注，《三国志》用裴松之注，及唐太宗《晋书》、沈约《宋书》、萧子显《齐书》、姚思廉《梁书》《陈书》、魏收《后魏书》、李百药《北齐书》、令狐德棻《周书》、魏徵《隋书》、新旧《唐书》、新旧《五代史》，《老子》用唐玄宗注疏，《荀子》用杨注，《扬子》用李轨、宋咸、柳宗元、吴秘注，皆自国子监印之，授诸学校。"② 可以看出，列入国子学教材的，除中国古代历朝正史之外，都是经书和子书，皆属儒家经典。女真学的教材比汉学的数量少，基本为已经翻译为女真文的经书、子书、史书，到大定二十三年，主要有《易》《书》《论语》《孟子》《老子》《扬子》《文中子》《刘子》及《新唐书》。③

金代孔庙和庙学的修建也是教育制度儒家化的重要表现，尤其是世宗章宗统治时期，是金代孔庙和庙学修建的相对繁荣时期。关于金代的孔庙和庙学本文将在第七章专章阐述，此不赘言。

三 科举制度的儒家化

"科举制度是中国古代历史中封建王朝必不可少的'抢才大典'，

---

① （清）张金吾纂辑：《金文最》卷27《曲周县重修学记》，中华书局1990年版，第376页。

② 《金史》卷51《选举志》，中华书局1975年版，第1131页。

③ 参见《金史》卷8《世宗本纪下》，中华书局1975年版，第184页。

它表示一个王朝实行'文治'的水平，也标志着它的'汉文化'水平。"① 金建国伊始即开始了金朝"抢才大典"，天会元年举行了第一次科举考试，此后又有天会二年二月、天会二年八月、天会三年科举考试。虽然这一时期的科举考试无定期、无固定地点，录取亦无定数，尚不能成其为制度，但金朝统治者对科举考试的重视程度可见一斑。原因在于，他们一方面希望通过科举考试招抚人才，借此解决自身人才的严重不足；一方面以开科取士作为争取汉族士人的重要手段，以求达到尽快稳定人心的目的。天会六年，实行"南北选"是金代正式的科举制度的开始，经过熙宗至章宗朝的不懈努力，金代的科举制渐趋完善规范起来。儒学在金代科举考试制度中扮演着不可或缺的重要角色，其考试科目的设定、考试内容的规定，皆与儒学息息相关。

据《金史·选举志》载，金代科举取士之目有七焉。② 细考之则不限于七目。主要有词赋、经义、经童、明经、策论、制举、律科、宏辞、武举等。绝大多数的考试科目的设定皆与儒学有关。其中直接以儒学为考试内容的有经义、明经、经童、女真进士科、制举。间接以儒学为考试内容的有词赋、律科、宏辞。其具体内容如下：

（一）经义

天会四年，金占领宋朝大片土地后，"试真定儒士，取七十二人"。其策论题为"上皇无道，少帝失信"③，此次科举，被称为"经义之初"。金太宗天会五年，为了适应原辽王朝统辖地区与宋王朝割让地区的殊异，金科举实行"南北选"制，即南北地区各因素习之业取士，北选词赋、南选经义。④ 可见自太宗年间经义一科即成为金代科举考试的重要科目。

---

① 李洵等主编：《清代全史》第 1 卷，辽宁人民出版社 1991 年版，第 348 页。

② 参见《金史》卷 51《选举志》，中华书局 1975 年版，第 1130 页。

③ 《金史》卷 127《隐逸传》，中华书局 1975 年版，第 2748 页。

④ 《金史》卷 51《选举志》，中华书局 1975 年版，第 1134 页。

　　熙宗继位后，天眷元年"诏南北选各以经义词赋两科取士"①，这样经义考试的范围扩大到了北部地区。海陵王统治期间，在贞元二年罢经义、策试及经童诸科，专以词赋及法律取士②，但是在正隆元年，命以五经三史正文内出题，三年一辟。海陵王还增设了殿试之制，定贡举程试条理格法，使科举考试更加规范和制度化。③章宗继位不久，恢复了海陵王废止的经义进士科，《金史》卷96《李仲略传》载章宗曾问翰林直学士李仲略曰："有司以谓经义不若词赋，罢之何如？"仲略奏曰："经乃圣人之书，明经所以适用，非词赋比。乞自今以经义进士为考试官，庶得硕学之士。"章宗从其奏。④

　　（二）明经

　　明经科乃金章宗统治年间始设。明经科与经义科有区别也有联系，它们都以儒家经典为考试内容，经义科是在准确注解原文的基础上，采取春秋笔法，发明义理；明经科重在注疏，不需发明经义。

　　（三）经童

　　经童科在熙宗统治时期正式设立，取至百二十二人。海陵王天德年间一度废止，章宗大定二十九年又重新恢复。经童录取的标准是："凡士庶子年十三以下，能诵《二大经》、《三小经》，又诵《论语》诸子五千字以上。府试十五题通十三以上，会试每场十五题，三场共四十一以上，为中选。所贵在幼而诵多者，若年同，则以诵大经多者为最。"⑤

　　（四）策论

　　"策论进士，选女直人之科也。"⑥与辽代不一样，金代统治者非常重视女真族儒学素养的提高，这在科举考试中有明显体现。"辽王

---

①　《金史》卷51《选举志》，中华书局1975年版，第1134页。

②　关于此年限，《金史》卷51《选举志》载为天德三年，都兴智先生考证为贞元二年，今从之。参见都兴智《金代科举制度的特点》，《北方文物》1988年第2期。

③　《金史》卷51《选举志》，中华书局1975年版，第1135页。

④　《金史》卷96《李仲略传》，中华书局1975年版，第2128页。

⑤　《金史》卷51《选举志》，中华书局1975年版，第1149页。

⑥　同上书，第1140页。

朝为保持契丹主体民族尚武的风习",规定契丹人不得应试科举,虽然"由于辽境内契丹人受中原封建文明的影响日深",到后期辽也废除了契丹以及其他民族不许应试科举之令。① 但是辽在科举制中对契丹本民族的重视依然远逊于金。可以说女真进士科的设置是金代科举创新之所在。金世宗大定十一年,"始议行策选之制"②,女真进士考题也出自儒家经典。世宗大定二十二年想增试其经义,"谕宰臣曰:'女真进士惟试以策,行之既久,人能预备。今若试以经义可乎?'宰臣对曰:'五经中《书》、《易》、《春秋》已译之矣,俟译《诗》、《礼》毕,试之可也。'上曰:'大经义理深奥,不加岁月不能贯通。今宜于经内姑试以论题,后当徐试经义也'。"③ 女真进士科自大定十三年正式开科取士,除十六年和十九年暂停,大定二十二年至正大年间从未间断。

（五）制举

制举创行于章宗明昌二年,是为了招取非常之才所设,主要包括贤良方正能直言极谏、博学宏材达于从政者。有资格报考制科的人员有两种:一是六品以下官员,经举荐后报上,取诏参试,"无公私过者,从内外五品以外官荐于所属,诏试之"。二是草泽人,经府州举荐后,向学士院预投素业策论30道,"学士院视其词理优者,委官以群经子史内出题,一日试论三道,如可则廷试策一道"。④

（六）词赋

词赋进士是金代最为重要的科举考试科目,从天会元年科举考试开始实行,直至金亡,每次科考都有词赋科目,词赋科目录取的人最多,录取人员待遇也最优。词赋进士"试赋、诗、策论各一道"。章宗明昌元年,词赋"以六经、十七史、孝经、论语、孟子及荀、扬、

---

① 武玉环:《辽制研究》,吉林大学出版社2001年版,第201页。
② 《金史》卷51《选举志》,中华书局1975年版,第1140页。
③ 同上书,第1142页。
④ 同上书,第1150页。

老子内出题，皆命于题下注其本传"。①

（七）律科

律科又称诸科。"其法以本科律令内出题"。章宗大定二十九年，有司言"律科只知读律，不知教化之源，可使通治《论语》、《孟子》，以涵养其气度"，"遂令自今举后，复于《论语》、《孟子》内试小义一道，府会试则别作一日引试，命经义试官出题，与本科通考定之"。②

由上可见，通过科举考试科目和考试范围的设定，儒家经典成为金代科举考试必修书目，一方面儒学作为一种发育成熟的知识体系充实了金代科举考试的内容；另一方面，金代科举制度也使儒学在金代社会日益深入人心，逐渐发展壮大起来。

第三节　学术繁荣阶段

12 世纪末，金章宗统治后期内忧外患，但金代儒学经过几十年制度强化，伴随着理学北传，开始步入学术繁荣阶段。

一　学术繁荣的表现

（一）以儒名家代表人物的出现

韩愈道统说提出后，宋代学者对道学传统问题展开长时期的讨论，金代儒者对道统说也表现出了很大的兴趣。学者们虽然观点各有差异，但他们普遍认为儒家道统 1500 年学脉不传，他们与宋代儒家学者一样，慨然以复兴道统为己任，以儒家正统的接续者和承担者自认，著书立说，发表见地。其中成就最为突出、最具代表性的是赵秉文、王若虚、李纯甫。

赵秉文在金代被誉为"儒之正理"之主。他删节《论语》《孟

---

① 《金史》卷 51《选举志》，中华书局 1975 年版，第 1134、1136 页。
② 同上书，第 1148 页。

子》，著《扬子法言微旨》《笺太玄赞》《尚书无逸直解》《易丛说》《中庸说》《文中子类说》，现有《闲闲老人滏水文集》传世，其中的《性道教说》《原教》《庸说》《和说》《中说》《诚说》等，较为集中地反映了他归本伊洛的哲学思想。

王若虚是金代经学成就的代表。南宋理学的传入，不仅激发了金代学者理学研究的的兴趣，而且为金代的经学研究注入了活力。他《滹南遗老集》中的《五经辨惑》《论语辨惑》《孟子辨惑》《议论辨惑》等，广泛征引汉儒、宋儒之经学注解，或褒或贬，博采众说，断以己意，既直抒胸臆，又能议论平直，得到后世儒者的认可。

李纯甫儒释道兼修，倡导大道合一，著《鸣道集说》，广采宋儒排斥佛道论述 217 条，或以佛论儒，或以佛驳儒，力主三教合一以佛为主，受到后世儒者的大力抨击。金代习儒而近释道者不乏其人，但李纯甫是以佛教和道家思想为出发点，反观儒家思想主张，是金代学者中倡导三教合一最用力、也是影响最大之人。

讨论金代儒学的代表人物，学者们还常常论及元好问，但普遍认为元好问的儒学成就并不突出。魏崇武先生评价认为元好问的儒学学术水平"不仅落后于同时期的南宋理学家们，甚至比之赵、王、李诸人亦有所不及"。[①] 宋德金先生也提出"元好问不是一个哲学家，他在这方面的建树不多，远不及在文学和史学上的贡献大"。[②] 笔者以为学者们所论极是。元好问传世作品可谓卷帙浩繁，但是其中很难找到集中的关于儒学的论述，此外史料中也没发现他曾经著述过与儒学直接相关而又亡佚著作的记载。元好问作为散文家，有文集；作为诗人，有诗集；作为诗歌评论家和历史学家，也有其代表作，但他没有儒学著作。不可否认的是，元好问作为杰出的文学家、史学家、评论家，当然有其思想深刻的一面，同时他也有着儒家文化教育的知识背景，所以元好问在儒学领域不一定没有独到见解，如果做专门的元

---

① 魏崇武：《略论金代儒学的发展》，《赣南师范学院学报》1995 年第 5 期。

② 宋德金：《金代儒学述略》，载徐振清主编《金史国际学术研讨会专集》，中州古籍出版社 1996 年版。

好问研究，这应该是一个可以开发的领域，本文则不予详述。基于元好问在金元之际的卓越地位，特作以交代。

（二）《道学发源》公开刊行

《道学发源》是现知最早在金境公开刊行、由金人自己编辑并且在学界形成广泛影响的理学文集。赵秉文为之作《前序》，王若虚为之作《后序》。《道学发源》今已失传，从两位的序言中我们可以透视出该书的一些情况。

1. 刊行时间

王若虚《道学发源后序》说："国家承平既久，特以经术取人，使得参众论之所长，以求夫义理之真，而不专于传疏，其所以开廓之者至矣。"《金史》赞尝云："章宗在位二十年，承世宗治平日久，宇内升平。"① "国家承平既久"，当为世宗、章宗统治时期。金天会四年即有"经义之初"，太宗、熙宗年间经义是金科举考试的重要科目，海陵王同治年间曾罢经义、策论及经童诸科，世宗大定二十八年恢复了经义进士科。对照前文"国家承平既久"，王若虚所言"特以经术取人"当指的是大定二十八年，即 1188 年科举考试恢复经义科之事。"而明道之说，亦未甚行。三数年来，其传乃始浸广，好事者往往闻风而悦之，今省庭诸君，尤为致力，慨然以兴起斯文为己任，且将与未知者共之，此发源之书，所以汲汲于锓木也。"② "三"在文言文中，有实指，也有虚指。若为实指，"三数年"当为三年左右，即 1191 年左右。但是王若虚生于 1174 年，此时只 17 岁左右，不可能为《道学发源》作后序。虚指则为多年。王庆生先生《金代文学家年谱》载王若虚 1221 年作《道学发源后序》，1222 年《道学发源》刊行。③ 考王若虚、赵秉文之生平，此时王若虚 47 岁，赵秉文 63 岁，皆名重士林，依《道学发源》之前后序所论推断，王先生所

① 《金史》卷 1《章宗本纪》，中华书局 1975 年版，第 285 页。
② （金）王若虚：《滹南遗老集》卷 44《道学发源后序》，商务印书馆中华民国版，第 291 页。
③ 参见王庆生《金代文学家年谱》，凤凰出版社 2005 年版，第 509、283 页。

断属合理年限，但何以确定即为 1222 年刊行《道学发源》则缺乏文献依据。赵秉文卒于 1232 年，所以目前我们可以确定的是金公开刊行《道学发源》的时间在 1191 年至 1232 年之间。

2. 主要内容

赵秉文《道学发源引》说："此（即道学）吾先圣人所以垂教万世，吾先师子曾子之所传，百世之后，门弟子张九成者所解，足以发人之善心，由之足以见圣人之蕴。"这里明言《道学发源》以张九成的著作为主，并对张九成所解给予高度评价："足以发人之善心，由之足以见圣人之蕴。"张九成是宋朝著名理学家，在学术界有很大的影响，陈亮曾有"家置其书，人习其法"的说法。他的理学研究特色是援佛入儒，在他的解经著作和文章中，糅进了明显的佛家思想。这种特色无疑符合金人三教糅合的学术旨趣，这也许正是张九成在《道学发源》中受到格外重视的原因。《道学发源》具体收录了张九成的哪些著作我们不得而知。考之文献，张九成的著述见诸《郡斋读书附志》《直斋书录解题》《宋史·艺文志》等有十几种。《郡斋读书附志》著录有张九成著《论语解》（20 卷）、《孟子解》（36 卷）；《直斋书录解题》著录有张九成著《尚书详说》（50 卷）以及《中庸说》《大学说》《孝经解》（各 1 卷）；《宋史·艺文志》著录有张九成著《乡党论》《少仪论》《咸有一德论》《孟子拾遗》等。《诸儒鸣道集》收入横谱《日新》2 卷。朱熹《答吕伯恭论》及此书曰："诞幻无根，甚可怪也。"其实《日薪》的主要内容还是儒家思想，朱熹此论无非是说张九成阳儒阴释。文献记载《诸儒鸣道集》传入金，则《道学发源》极有可能收入《日新》，这与朱熹的议论，以及张九成在《道学发源》中受到的重视也是相符的。此外，王若虚《溏南遗老集》引征了张九成的《论语解》《孟子传》，所以这两部著述也极有可能收入其中。关于《明道发源》所收录张九成著述，王庆生先生《金代文学家年谱》提出："据《直斋书录解题》，张九成有《论语解》二十卷、《孟子解》十四卷、《中庸》六卷、《大学》二卷。秉文将诸书删节后，合刻题曰《道学发源》。《神道碑》称秉文著有《删节〈论语〉》《孟子解》各一十卷，即此书。"①

此外，《道学发源》还收有刘子翚的《圣传论》，张载的《东铭》《西铭》。"至于载之东西铭，子翚之圣传论，譬之户有南北东西，由之皆可以入于堂奥，总而论之名曰道学发源，其诸异乎同源而异流者舆。"②

3. 基本评价

赵秉文和王若虚对《道学发源》的刊行都给予了高度评价并寄予厚望。赵秉文《道学发源引》评价说："今同省诸生傅起等，将以讲明九成之解，传一而千，传千而仁，圣人之蕴，庶几其有传乎。"自言因之"喜而不寐"。又建议推而广之，"愚谓虽圆顶黄冠，村夫野妇，犹宜家置一书，渠独非人子乎"。③ 王若虚肯定地说："学者常试观之，其必有所见矣。心术既明，趋向既正，由是而之焉，虽至于圣域无难。犹发源不已，则汪洋东注，放诸海而后止，呜呼，其可量哉，亦任之而已矣。"高度赞扬了同省诸君的乐善之举，"仆嘉诸君乐善之功，为人之周，而喜为天下道也，故略书其末云"。④

（三）儒学研习热潮的出现

到了金代统治之晚期，其政治上虽由盛转衰，国势日降，在金代学者中却涌现出一股儒学研习的热潮，出现了众多热衷儒学的专家学者。著名的有：

麻九畴（1183—1232），号为一时名儒，正大四年经义进士第

---

① 王庆生：《金代文学家年谱》，凤凰出版社 2005 年版，第 28 页。

② （金）赵秉文：《闲闲老人滏水文集》卷 15《道学发源引》，商务印书馆中华民国二十四年版，第 206 页。

③ 同上。

④ （金）王若虚：《滹南遗老集》卷 44《道学发源后序》，商务印书馆中华民国版，第 291 页。

一。《金史》本传云："博通五经，于《易》、《春秋》尤长。"①《归潜志》小传亦云"为经义学，精甚"。"初因经义学《易》，后喜邵尧夫《皇极书》，因学算数。又喜卜筮射覆之术。"赵秉文《闲闲老人滏水文集》卷19《复麻知己书》自承"经义不及李之纯与足下"。郝经有诗赞曰："金源百年富诗文，伊洛一派独征君。说易不肯坐皋比，公卿大夫日盈门。工夫诣理全道技，日尊崦嵫终隐论。"

李俊民（1176—1260），自号鹤鸣先生，《元史》本传载：承安二年经义进士。"教授乡里，从之者甚众，至有不远千里而来者。不五六年，士通经与选者百余人。有《庄靖集》传世。"②《宋元学案》卷14《明道续传》云："庄靖李鹤鸣先生俊民"，"其于理学渊源冥搜隐索，务为有据"。③《两先生祠堂记》云："得先生（明道）之传，又得邵氏皇极之学。廷试冠多士，退而不仕，教授乡曲，故先生之学复盛。"④

冯延登（1176—1233），承安二年登辞赋进士第，《中州集》小传云："长于《易》、《左氏传》。"⑤《神道碑铭》云："平生以易为业，及安置丰州，止以《易》一编自随，日夕研究，大有所得，既归，集前人章句为一书，目曰《学易记》，藏于家。"⑥

刘从益父子。刘从益（1183—1226）罢官闲居陈州时，曾经与诸生讲明伊洛之学。⑦ 刘祁（1203—1250）则被王恽誉为"道从伊洛

---

① 参见《元好问全集》卷41《中州集》"麻征君九畴"小传，山西古籍出版社2004年版，第881页。

② 《元史》卷《李俊民传》，中华书局1976年版，第2517页。

③ 《宋元学案》卷14《明道续传》，中华书局1986年版，第583页。

④ 李修生主编：《全元文》卷130页《两先生祠堂记》，江苏古籍出版社1999年版，第4册第354页。

⑤ 《元好问全集》卷41《中州集》"冯内翰延登"小传，山西古籍出版社2004年版，第875页。

⑥ 《元好问全集》卷17《国子祭酒权刑部尚书内翰冯公神道碑铭》，山西古籍出版社2004年版，第453页。

⑦ 参见（金）刘祁《归潜志》附录《浑渡刘氏世德碑》，中华书局1983年版，第184页。

传心事，文擅韩欧振古风"。①

雷渊（1184 年生），字希颜。家学渊源，其父雷思，世称学易先生，注《易》行于世。②

王郁（1203 年生），"推明孔子之心学"，为文"取韩柳之辞，程张之理"。③

《归潜志》载："正大初，赵闲闲长翰院，同陈正叔、潘仲明、雷希颜、元裕之诸人作诗会……最后咏道学，雷云：'青天白日理分明'，亦为题所窘也。"④ 赋诗以道学为题，与座诸公至少应对道学有足够的心得。由此可见，其时道学之影响所及，已蔚然成风。白贲在其《客有求观予〈孝经传〉者感而赋诗》一诗中概括了理学的基本范畴和原则："古人文莹理，后人但工文。文工理愈暗，纸札何纷纷。君看六艺学，天葩吐奇芬。诗书分体制，礼乐造乾坤。千歧更万辙，要以一理存。如何臻至理，当从践履论，跋涉经险阻，钻研阅寒温，孝悌作先锋，道德严中军。"⑤

这一时期在金代治象数之学者亦不在少数。象数之学由北宋邵雍所创，邵雍晚年定居洛阳，并且与二程等学术大家交往密切，宋室南渡后，邵雍象数之学在北方亦有劫余。麻九畴（1183—1232）深研邵雍的《皇极经世》，以象数学闻名于世。"初因经义学《易》，后喜邵尧夫《皇极书》，因学算数。"⑥ 李俊民所从学之荆先生，亦精通《皇极经世》。⑦ 杜时昇之子杜瑛（1204—1273）撰《皇极引用》八

---

① （金）刘祁：《归潜志》续录《追挽归潜刘先生》，中华书局 1983 年版，第 184 页。

② 参见《元好问全集》卷 41《中州集》"雷御史渊"小传，山西古籍出版社 2004 年版，第 884 页。

③ （金）刘祁：《归潜志》卷 3《王郁小传》，中华书局 1983 年版，第 22 页。

④ （金）刘祁：《归潜志》卷 8，中华书局 1983 年版，第 90 页。

⑤ （金）白贲：《客有求观予〈孝经传〉者感而赋诗》，《中州集》卷 9，四库全书本。

⑥ 《金史》卷 128《麻九畴传》，中华书局 1975 年版，第 2740 页。

⑦ 参见《元史》卷 158《李俊民传》，中华书局 1976 年版，第 733 页。

卷、《皇极经世书》四卷、《极学》十卷。①

二　走向学术繁荣原因探析

章宗统治后期，金朝国势开始由盛转衰，就此一蹶不振，但金代儒学在这种情况下却出现前所未有的发展和繁荣，绝非偶然。

（一）金一直以来所奉行的尊孔崇儒的基本国策为金代儒学走向学术繁荣提供了制度性保证

金太祖、太宗表现出对儒学之士的敬重，许多辽宋儒士参与了国初典章制度的制定，充任帝王贵族的谋士、老师，可以说，金建国之初已初步确定了尊孔崇儒的基本国策。熙宗、海陵王、世宗、章宗一以贯之，并将这一国策逐步推广延伸，渗透至金朝的政治、经济、文化、社会生活诸领域，儒学日渐深入人心。熙宗谓"孔子虽无位，其道可尊，使万世景仰。大凡为善，不可不勉"。② 海陵王在位期间下令全国建立孔庙，"命天下州县许破系省钱，修盖文宣王庙"，以申"崇儒重道化民成俗之意"。③ 世宗为了在宫廷和社会中倡导儒家忠孝观念，特设译经所用女真文字翻译儒学经典及其他一些汉文化典籍。大定二十三年"译经所进所译《易》、《书》、《论语》、《孟子》、《老子》、《扬子》、《文中子》、《刘子》和《新唐书》"，世宗谓宰臣曰："朕所以令译五经者，正欲女真人知仁义道德所在耳。"④ 明确表示希望通过儒家的伦理道德观念教化子民。世宗还把译经所所译《孝经》颁发给近身侍卫。章宗继位后，数度祭拜孔庙，并"诏修曲阜孔子庙学"，又"诏诸郡邑文宣王庙、风雨师，社稷神坛灰废者，复之"。⑤ 明确昭示了自己以儒治国的施政方略。章宗亦曾"诏亲军

①　参见《元史》卷199《隐逸》，中华书局1976年版，第4474页。

②　《金史》卷4《熙宗本纪》，中华书局1975年版，第77页。

③　（清）张金吾纂辑：《金文最》卷67《威县建庙学碑》，中华书局1990年版，第970页。

④　《金史》卷8《世宗本纪下》，中华书局1975年版，第184—185页。

⑤　《金史》卷9《章宗本纪一》，中华书局1975年版，第214页。

三十五以下令习《孝经》、《论语》"。① 所以金朝自熙宗至章宗统治时期，无论是科举制度、教育制度还是礼仪制度，皆以儒学作为其重要内容，包括法律制度的制定，社会风俗之教化，亦充分体现出儒学特质。赵翼曾这样评价过："金初未有文字，而开国以后，典章诰命皆彬彬可观。……惟帝王宗亲，性皆与文事相狭，是以朝野习尚，遂成风会。金源一代文物，上掩辽而下轶元，非偶然也。"② 此言极是。统治者积极倡导，国家制度之制定和推广，是金代儒学昌盛的政治保证。

（二）德运之争尘埃落定，为金代儒学走向学术繁荣提供了有利政治环境

金初未有德运之议，因完颜部尚白，金之色白，故定国号为大金。③ 至章宗统治时期始有德运之议，明昌四年、承安四年、承安五年章宗分别召集了三次百官集议，主要形成四种意见：（1）主张不论所继，只为金德；（2）继承唐朝土德而为金德；（3）继承辽朝水德而为木德；（4）继承宋朝火德而为土德。金在其完成封建化改革过程中，虽诸多政策皆唐、宋、辽兼采，尤其是对宋代的典章制度有些几乎是全然照搬，但在内心深处，一直以承辽绍唐自任，对北宋是持敌视态度的。直至泰和二年，"更定德运为土"。④ 此后终金之世未改德运。宣宗继位后，就"土德""金德"两说又有人提出不同意见。贞祐二年，又有一次德运集议，其结果史料不载。《金史》卷16《宣宗本纪下》记曰：兴定四年十二月"庚辰，腊，享于太庙"，宋德金先生据此考证认为，这一记载与章宗泰和二年所颁诏书"更定德运为土，腊用辰"一致。⑤ 所以宣宗时期虽有人提出异议，但章宗时期所定之土德并未改变。

---

① 《金史》卷12《章宗本纪四》，中华书局1975年版，第270页。
② （清）赵翼：《廿二史札记》卷28，中华书局1984年版，第623页。
③ 参见《金史》卷2《太祖本纪》，中华书局1975年版，第26页。
④ 《金史》卷11《章宗本纪三》，中华书局1975年版，第259页。
⑤ 宋德金：《正统观与金代文化》，《历史研究》1990年第1期。

金朝乃少数民族所建立的政权，金人通过武力征伐灭亡北宋，占据了中原北部地区。"居天下之正"在金统治 120 年时间里，一直是金代统治集团非常敏感的问题。秦汉之际，儒家根据邹衍的"五行相胜"学说确立了汉王朝在历史承传中的正统地位，自此以后"五德终始"说与王朝的兴衰联系起来，历代统治者都十分重视德运之说，金代更是如此。他们认为这是关系其"居天下之正""亦或""僭伪""闰位"的大问题，所以凡涉及与德运有关的问题，他们皆采取相当谨慎的态度。譬如说金朝灭辽后，曾两次修辽史。先是熙宗时耶律固修辽史，没有修完，其弟子萧永祺继成，称萧永祺辽史。章宗即位后，以萧永祺辽史未善，又命人重修，最后由陈大任完成，称陈大任辽史。然而迟至金亡，未能刊行。究其原因，就是因德运之说未定。① 德运之议对金代修史有如此的影响，对于金代哲学思想以及意识形态领域的影响程度由此可知。金代统治者经过反复论证，最终定其承继宋之火德而行土德。这意味着在政治上金廷正式从承辽绍唐转为崇宋，其学术思想自然而然会发生由宗唐到宗宋的转变，宋代儒学也因此从潜态存在转变为显态存在，宋学正式得到了官方的认可，金代学校教材和科举考试的内容虽未因此而发生改变，金继宋行土德之说的确定，却为金代儒学发展打开一扇大门。也许正是在这种情况下，金代才出现了第一部公开刊行的理学文集《道学发源》。

（三）宋代理学的传入为金代学术研究注入活力

宋代儒学传入北方之前，金代儒学的实际存在形态是汉唐经学。金代儒者对于汉儒之繁细琐碎与支离附合、不切于实际之用早已产生了厌倦情绪。王若虚说："秦汉以来日就微灭，治经者局于章句训诂之末，而立行者陷于功名利欲之私，至其语道，则又例为荒忽之空谈而不及于世用。仿佛疑似而失其真，支离汗漫而无所统，其弊可胜言哉。故士有读书万卷，辩如悬河，而不免为陋儒。负绝人之奇节，高

---

① 参见金毓黻《中国史学史》，商务印书馆 1957 年版，第 108 页。

世之美名，而毫厘之差，反入于恶者，惟其不合于大公至正之道故也。"① 吕思勉先生亦曾谓魏晋以后，儒家文化"实列为二派，有思想者，与玄学、佛学合流；无思想者，则仍守其碎义难逃之旧耳"。② 金代儒者虽多习释道，然以其儒学根基而言，尚难融合儒释道，形成较大的儒学创新，所以长期以来多数人只能"守其碎义"。宋儒一反汉唐以来的以传经为儒、以训诂章句为学的旧传统，直接以孔子内圣外王之学为标准，切实地紧扣唐宋之际历史社会变革的现实，回应佛教、道教的挑战，重建了元典儒学的内圣外王之道。宋代新儒学的传入无疑如一股清风令金代学者为之耳目一新。赵秉文叹"自宋儒发扬秘奥，使千古之绝学，一朝复续，开其致知格物之端，而力明乎天理人欲之辨，始于至粗，极于至精，皆前人所未见，然后天下释然知所适从，如权衡指南之可信，其有功于吾道，岂浅浅哉"。③

（四）宋代理学满足了这一时期金代士人的心理需求

金统治晚期，金朝面临南宋和元人的双重威胁。尤其是贞祐南渡以后，金人国破家亡，天地之大无所立足的危机感日重，作为知识分子，他们不仅如普通人一样需要生存保障，还需要解决精神之实存焦虑。宋代儒学产生于晚唐五代动乱之后，当时中原地区兵革不休，哀鸿遍野。宋儒深切地体验到人类实存性焦虑和制度性焦虑的真实含义，正是在这种情况下，他们开始了重建儒学的努力。事实上心性之学、内圣之学一直是宋代儒学的主题。宋代儒学在制度上的建树应略逊于汉代儒学，然而在追求内圣之道、心性之学、解决个体实存之焦虑方面，却可直继孔孟，并有所创新。崔大华先生曾将宋代理学研究的主题归纳为两个，即探究儒家所主张的伦理纲常、道德规范的根源，探寻践履和实现儒家所主张的伦理纲常、道德规范的方法和途

---

① （金）王若虚：《滹南遗老集》卷44《道学发源后序》，商务印书馆中华民国版，第291页。

② 吕思勉：《隋唐五代史》，中华书局1959年版，第1292页。

③ （金）赵秉文：《闲闲老人滏水文集》卷14《道学发源引》，商务印书馆中华民国二十四年版，第206页。

径。① 从宋代儒学的这种重内修的特征来看，它无疑可以在某种程度上缓解金代士人无所归属的精神焦虑。尤其值得注意的是，金代不可避免地还存在牢不可破的民族歧视，如程妮娜先生所论：金代在世宗朝以后，国家实行文治政策，以汉制为主兼融女真制，尽管在各族人中汉人封建文化水平最高，治理国家的能力最强，经验最丰富，亦不乏忠诚体国之人，但是依然很难取得女真皇帝的充分信任。② 在金代从事儒学研究的绝大多数为汉人，他们为异族统治，缺乏足够的民族心理认同感和文化归属感。以刘从益、刘祁父子为例，刘从益生于1183 年，刘祁生于1203 年，他们可谓生于金而长于金，然异族情怀不绝。刘祁在《辨亡》中分析金所以覆亡的原因说："大抵金国之政，杂辽宋非全用本国法，所以支持百年。然其分别蕃汉，且不变家政，不得士大夫心，此所以不能长久。"③ 由此论可见，刘祁等知识分子，对金女真统治之"本国法"并不认可，对汉族文化则有着深切的认同感和归属感，所以从学术的层面，深研儒家思想，成为他们的一种心理需求。

---

① 崔大华：《儒学引论》，人民出版社 2001 年版，第 368 页。
② 程妮娜：《论金世宗、章宗时期的宰执任用政策》，《史学集刊》1998 年第 1 期。
③ （金）刘祁：《归潜志》卷 12《辨亡》，中华书局 1983 年版，第 137 页。

第 二 章

主要代表人物

在金章宗统治时期，金代儒学历经四五十年的发展，开始呈现出学术繁荣的景象，其重要标志是儒学代表人物的出现。代表性的有赵秉文、王若虚和李纯甫，他们各有专长，赵秉文长于理学，被誉为"儒之正理"之主，王若虚是金代经学成就的最高代表，李纯甫以倡导三教合一、以佛为主独树一帜。他们三人的儒学研究是金代儒学水平的代表。一个学者的人生经历和心路发展历程，往往对其学术思想的形成和发展产生重要影响。所以本文专就三位主要人物的生平作一简要介绍，其学术思想则分别以其学术归属于经学思想研究、理学思想研究和三教合一思潮研究中详细体现。

第一节　赵秉文

赵秉文（1159—1232），字周臣，号闲闲老人，磁州滏阳（今河北磁县）人。《金史》卷110《赵秉文传》、《中州集》卷3"礼部闲闲赵秉文"小传、《遗山先生文集》卷17《翰林学士承旨资善大夫知制诰兼同修国史上护军天水郡开国侯食邑一千户实封一百户赵公墓志铭》、《归潜志》小传，对于其生平有述。

一　为人"至乐平易"，但不轻许人

赵秉文为人"至诚乐易，与人交不立崖岸。主盟吾道将四十年，

未尝以大名自居"。一生自奉甚简。正大二年赵秉文奉使西夏,"既行,馆阁诸公以为赵公此行必厚获,盖赵素清贫也"。① "仕五朝,官六卿,自奉养如寒士,不知富为何物"。② "家居未尝有声色之娱","断荤肉,粗衣粝食不恤也"。③ 赵秉文秉性持重,不轻许人,不赞成对年轻人过度地奖拔、延誉。他尝批评李纯甫和雷希颜,"被之纯坏却后进,只奖誉,教为狂"。"雷希颜又如此"。又载"至于赵所成立者甚少,惟主贡举时,得李钦叔献能,后尝以文章荐麻知几九畴入仕,至今士论止归屏山也"。④

二 仕五朝,为官敢于犯颜直谏

赵秉文"弱冠登二十五年进士第"⑤,自世宗大定五年出仕,先后仕五朝。历任安塞簿邯郸令、唐山令,丁忧起复后任南京路转运司都勾判官,明昌六年为应奉翰林文字,同知制诰。"上书论宰相胥持国当罢,宗室宗贞可大用,久废",后起为同知岢岚州军州事、转北京路转运司度支判官。太和二年召为户部主事,迁翰林修撰,历任汝州牧、权礼部员外郎、平定州刺史、兵部郎中、提点司天台、太常少卿、直学士、礼部侍郎、翰林侍讲学士、礼部尚书、翰林传读学士、同修国史、知集贤院事、南京路转运使、翰林学士,积官至资善大夫、勋上护军、爵天水郡侯、食邑一千户、实封一百户。

为政每从宽厚。任平定州刺史时,"前政苛于用刑","而盗贼愈繁"(赵秉文)。"耻以榜掠立威。不旬月,盗贼屏息,终任无犯者。"

---

① (金)刘祁:《归潜志》卷9,中华书局1983年版,第98页。

② (金)赵秉文:《闲闲老人滏水文集》附《故翰林学士承旨资善大夫知制诰兼同修国史上护军天水郡开国侯食邑一千户实封一百户赵公墓志铭》,商务印书馆中华民国二十四年版,第246页。

③ (金)刘祁:《归潜志》卷1,中华书局1983年版,第6页。

④ (金)刘祁:《归潜志》卷8,中华书局1983年版,第87页。

⑤ (金)赵秉文:《闲闲老人滏水文集》附《故翰林学士承旨资善大夫知制诰兼同修国史上护军天水郡开国侯食邑一千户实封一百户赵公墓志铭》,商务印书馆中华民国二十四年版,第246页。

大荒之年，"出俸粟为饥民倡，以赈贫乏，赖以全活者甚众"。正大元年，时沙中府已焚毁，朝议修复，赵秉文建言"陕西民力疲弊，不堪力役，遂止"。①

为官敢于犯颜直谏。明昌六年，任应奉翰林时，"上书论宰相胥持国当罢，宗室守贞可大用"，获罪左迁。后来章宗论人才，尝谓"若赵秉文曩以言事降授，闻其人有才藻，工书翰，又且敢言。朕非弃不用，以北边军事方兴，姑试之耳"。②

年老后仍不忘国事，心忧天下。"时公已老，日以时事为忧，虽食息倾不能忘。每闻一事可便民，一士可擢用，大则奏章，小则为当路言，殷勤郑重，不能自己"。③

三　主盟文坛多年，"儒之正理"之主

赵秉文大定二十五年进士及第，主盟文坛多年。《归潜志》谓其"魁然一时文士领袖"。④ 元好问有诗云："往年在南都，闲闲主文衡。九月登吹台，追随尽名卿。"⑤ 诗词文皆为一代大家，被元好问推为一代文宗。

擅作宏文大制。《陵川集》卷 10《闲闲画像》长诗云："高文大册职所专，润色帝业星霓缠。体制妥帖开坤乾，官样奥雅春容篇。"

长于书法。《安阳县重修唐帝庙记》云："秉文以书得名，世称赵闲闲，为金人第一手。"《陵川集》卷 2《序书》称赵秉文《御史箴》"备极法度，穷尽笔力"，又称赵秉文与宋以来蔡襄、苏轼、黄

①　（金）赵秉文：《闲闲老人滏水文集》附《故翰林学士承旨资善大夫知制诰兼同修国史上护军天水郡开国侯食邑一千户实封一百户赵公墓志铭》，商务印书馆中华民国二十四年版，第 246 页。

②　《金史》卷 110《赵秉文传》，中华书局 1975 年版，第 2426 页。

③　（金）赵秉文：《闲闲老人滏水文集》附《故翰林学士承旨资善大夫知制诰兼同修国史上护军天水郡开国侯食邑一千户实封一百户赵公墓志铭》，商务印书馆中华民国二十四年版，第 246 页。

④　（金）刘祁：《归潜志》卷 1，中华书局 1983 年版，第 5 页。

⑤　《元好问全集》卷 2《九月读山，用陶诗"露凄喧风息，气清天旷明"为韵赋十首》之六，山西古籍出版社 2004 年版，第 39 页。

庭坚、米芾等并称"草圣"。

长于理学。所撰《闲闲老人滏水文集》被杨云翼称为"儒之正理"之至。佛道兼修。赵秉文曾言"吾生前是一僧",他"深戒杀生,中年断荤腥"。其先人晚年亦断荤腥,与僧人过从,可见其喜佛与家庭的影响是分不开的。他奉佛同时也尚道教。尝言"吾生前是赵抃阅道"。①

四 主要学术著作

著有《闲闲老人滏水文集》20卷、《闲闲外集》若干卷、《道德真经集解》4卷、《资暇录》15卷、《易丛说》10卷、《中庸说》1卷、《扬子发微》1卷、《太玄笺赞》6卷、《六中子类说》1卷、《南华略释》1卷、《列子补注》1卷、《删节论语解》10卷、《删节孟子解》10卷、《老子解》4卷、《全解》2卷、《象数杂说》、《心经注》等书,还著有《龟镜万年录》《君臣政要》《贞观政要申鉴》《尚书无逸直解》等。目前存世的有《闲闲老人滏水文集》和《道德真经集解》。《道德真经集解》在一定程度上反映了赵秉文的道家哲学研究。通行本《闲闲老人滏水文集》杨云翼为之作序,共20卷,包括大学1卷、古赋1卷、古诗3卷、律诗4卷、杂体1卷、碑文1卷、记1卷、论1卷、引1卷、颂1卷、箴和赞1卷、祭文1卷、书启1卷、题跋1卷,是赵秉文的学术文集,包括文学、历史、哲学研究成果以及政论文章,后附元好问撰《闲闲老人神道碑》和《滏水集补遗》1卷。

第二节 王若虚

王若虚(1174—1243),字从之,号慵夫,晚年自号滹南遗老,藁城(今河北省藁城县)人。"先世以农为业"。《金史》卷126《王

---

① (金)刘祁:《归潜志》卷9,中华书局1983年版,第106页。

若虚传》、王鄂《滹南遗老集序》、《遗山先生文集》卷19《内翰王公墓表》、《中州集》卷6《王内翰若虚小传》对其生平有述。

一　为人至孝恬淡，雅重自持

侍亲至孝。承安二年，中经义进士甲科，以亲老，未赴吏选，毅然南归。李纯甫有诗相送，"今日始服君，似君良独难"。①

性情闲适恬淡。自谓"予世之散人也，才能无取于人，而功名不切于己，虽寄迹市朝，而丘壑之念，未尝一日忘"。② 他在门山县任职时，门山县"孤城斗大……四际荒险，惨目而伤心"。但是他却能够"至则事简俗淳，使于疏懒，颇有以自慰乎其心。……吾常日高而起，申申自如……由是处之益安，惟恐其去也"。③ 晚年喜与道士交往。他晚年后撰写多篇与道士交往的文字，这在其早年著述中是看不到的。如贞祐四年撰《太一三代度师萧公墓表》，大元辛丑年撰《清虚大师侯公墓碣》。④ 他在元太宗七年撰写了《赵州齐参谋新修悟真庵记》曰："抑予哀矣。险阻备尝，烦劳久厌，阅兴亡之大变，悟荣辱之真空，残喘仅存，百念灰冷，方当脱屣俗累，优游潇洒，以毕其余生，虽不足与闻玄理，厕迹羽流，而杖履往来，陪君为方外之友，庶无愧焉。"⑤ 表现出向往"与闻玄理"的心情。在他70岁的时候，与刘郁等相约登泰山，"迤逦至黄山见峰，憩于萃美亭之左。顾谓同游者：'言汩没尘土中一生，不意晚年乃造仙府。诚得终老此山，志愿毕矣'……因就大石上垂足而坐。良久瞑目若假寐然。从

---

① （金）刘祁：《归潜志》卷9，中华书局1983年版，第100页。

② （金）王若虚：《滹南遗老集》卷44《茆先生道院记》，商务印书馆中华民国版，第288页。

③ （金）王若虚：《滹南遗老集》卷43《门山县吏隐堂记》，商务印书馆中华民国版，第284页。

④ 参见（金）王若虚《滹南遗老集》卷42《太一三代度师萧公墓表》第272页，《清虚大师侯公墓碣》第275页，商务印书馆中华民国版。

⑤ （金）王若虚：《滹南遗老集》卷44《赵州齐参谋新修悟真庵记》，商务印书馆中华民国版，第289页。

人怪其移时不瘳，迫视之，而公已逝矣"。① 王若虚终老之地，后人名之为蜕仙岩。

为人雅重自持，不媚上，不欺下。"貌严重若不可亲"，但是"典贡举二十年，门生半天下。而不立崖岸，虽小书生登其门，亦殷重之"。② 任鄜州录事，"以狂放不羁为上官所据"。③ 崔立功德碑一事，最见其风骨。"天兴初冬十二月"，为立崔立功德碑，"翟奕以尚书省命召公为文"，王若虚自分必死，私谓左右司员外郎元好问言："今召我作碑，不从则死，作之则名节扫地，不若死之为愈。虽然，我姑以理喻之。""奕辈不能夺"，终由元好问、刘祁等撰。④

二　为官多有惠政，有老成风

王若虚历任管城、门山县令、国史管编修官、应奉翰林文字，曾奉使夏国，授同知泗州军州事，留为著作郎，任平凉府判官左司谏、翰林直学士。《金史》卷126《文艺传赞》曰："王若虚之吏治，文不掩其长"，对其为政成绩给予了肯定。《墓表》载："调鄜州录事，治化清净，有老成风。""历管城、门山二县令，皆有惠政。秩满，老幼攀送，数日乃得行。"⑤

三　博览群书，长于经学、史学

王若虚"幼颖悟"，"早岁力学"。曾先后师事舅父周昂、刘正甫。周昂"年二十一擢第"，"以孝友闻，又喜名节"，"学术醇正，文笔高雅，以杜子美、韩退之为法，诸儒皆师尊之"。⑥《中州集》小

---

① 《元好问全集》卷19《内翰王公墓表》，山西古籍出版社2004年版，第441页。

② 同上。

③ （金）王若虚：《滹南遗老集》卷44《鄜州龙兴寺明极轩记》，商务印书馆中华民国版，第287页。

④ 《金史》卷126《王若虚传》，中华书局1975年版，第2737页。

⑤ 同上书，第2734页。

⑥ 《元好问全集》卷41《中州集》"常山周昂"小传，山西古籍出版社2004年版，第864页。

传谓刘正甫"学古文者翕然宗之，曰刘先生"。① 我们从王若虚的从师经历中可以看出，他在早年打下了深厚的文学和古文功底。承安二年擢经义进士甲科。

王若虚为学博览群书，《滹南遗老集》所涉及的人数之众，著述之多，足见其无书不读。《畿辅通志》谓其"博学卓识，见之所到，不苟同于众，遗言绪论之流传，足以警发后进"。王若虚治学严谨扎实，功底深厚，《四库全书提要》谓"金元之间学有根柢者，实无人出若虚右。吴澄称其博学卓识，见之所到，不苟同于众，亦可谓不虚美矣"。《归潜志》云"李右司之纯以辨博名天下，杯酒淋漓，谈辞锋起。公能三数语窒之，惟有叹服而已"。王若虚为文尚平实，弃奢华。"贵议论文字有体致，不喜好奇。下字止欲如家人语言，尤以助词为尚，与屏山之纯学大不同。""正大中，王翰林从之在史院领史，雷翰林希颜为应奉监修官，同修《宣宗实录》。二公由文体不同，多纷争。盖王平日好平淡纪实，雷尚奇峭造语也。"② 王鄂《滹南遗老集序》也评价王若虚"为文不事雕篆，唯求当理"。

对经学有深入研究。赵秉文"议论经学，许王从之"。③《墓表》言"其学无不通，而不为章句所困"。王鄂《滹南遗老集序》谓其"主持名节，区别是非，古人不贷也"。《四库全书提要》称许其"议论辨惑、著述辨惑，皆品题先儒之是非，其间多持平之论，颇足破宋人之拘挛。《杂辨》二卷，于训诂亦多订正"。

王若虚长于史学，系金代的史学大家。任史职多年，"史学以探颐幽隐为功"，"世以刘子玄《史通》比之"。"秉笔十五年。新进入馆，日有记录之课，书吏以呈宰相，必问王学士曾点窜否。"④ 曾参与修宣宗实录。

---

① 《元好问全集》卷41《中州集》"刘左司中"小传。山西古籍出版社2004年版，第876页。

② （金）刘祁：《归潜志》卷8，中华书局1983年版，第88页。

③ 同上书，第87页。

④ 《元好问全集》卷19《内翰王公墓表》，山西古籍出版社2004年版，第441页。

王若虚文章"以欧苏为正脉，诗学白乐天。作虽不多，而颇能似之"。① 去世后，元好问谓"自从之没，经学、史学、文章人物，公论遂绝。不知承平百年之后，当复有斯人也不?"②

总体来看，王若虚之为人与为学既有相统一之处，又常形成鲜明反差。他为人平和、真诚、闲适、自然。所以他做学问作风扎实，文风严谨、尚平淡纪实。但是在学术思想上，常作高出流俗、曲高和寡之论。雷希颜曾说他"持论太高"。③ 他自己也说："浩然方寸间，自有太高处，平生少谐合，举足逢怨怒"，"志大言高与世违。"④ 刘祁亦尝谓王若虚"多发古名篇中疵病"。"韩退之《原道》，如此好文字，末曰人其人火其书，太下字；柳子原肥皮厚肉，柔筋脆骨；千古以来，惟推东坡为第一。"⑤

四　主要学术著作

王若虚的学术著作有《慵夫集》《滹南遗老集》。《慵夫集》乃诗文集，元时已佚，《滹南遗老集》现存。他在去世的前一年，将"手书四帙"交付王鹗，四年后王鹗转交其子恕，又过二年，藁城令董彦明"益以所藏，厘为四十五卷，与其丞赵君寿卿倡义募工，将镂诸板以寿其传"。⑥ 据王复翁序云，《滹南遗老集》最早于至元年间由兴贤书院誊录刊行，彭应龙为之作序。大德三年，王复翁得到其板，于是设法得其元本证之，校正出脱漏差错字 400 余后，由双桂书院刊行，后附元好问《中州集》所载滹南古律诗 20 篇。目前通行的《滹南遗老集》就是大德三年版本。《滹南遗老集》共 45 卷，包括

---

①　《元好问全集》卷 19《内翰王公墓表》，山西古籍出版社 2004 年版，第 441 页。

②　《元好问全集》卷 41《中州集》"王内翰若虚"小传，山西古籍出版社 2004 年版，第 881 页。

③　（金）刘祁：《归潜志》卷 8，中华书局 1983 年版，第 89 页。

④　（金）王若虚：《滹南遗老集》附续编诗《摅愤》《复寄二首》，商务印书馆中华民国版。

⑤　（金）刘祁：《归潜志》卷 8，中华书局 1983 年版，第 88 页。

⑥　（金）王若虚：《滹南遗老集》王鹗序，商务印书馆中华民国版。

《五经辨惑》2 卷、《论语辨惑》5 卷、《孟子辨惑》1 卷、《史记辨惑》11 卷、《诸史辨惑》2 卷、《新唐书辨》3 卷、《君事实辨》2 卷、《臣事实辨》3 卷、《议论辨惑》1 卷、《著述辨惑》1 卷、《杂辨》1 卷、《谬误辨惑》1 卷、《文辨》4 卷、《诗话》3 卷、《杂文》5 卷以及附诗若干首。中华民国二十一年上海大东书局刊行的王若虚的《滹南辨惑》上下册，侯毓珩标点，内容包括《五经辨惑》《论语辨惑》《孟子辨惑》《史记辨惑》《诸史辨惑》《新唐书辨》《君事实辨》《臣事实辨》《议论辨惑》《著述辨惑》《杂辨》《谬误辨惑》《文辨》共 33 卷，其中《杂辨》卷中无《滹南遗老集》中《杂辨》的最后两条即"颍滨杂志云"和"程氏曰"。

第三节　李纯甫

李纯甫（1177—1223）[①]，字之纯，号屏山。弘山襄阴（今河北阳原县）人。《金史》卷 126《李纯甫传》《中州集》卷 4 "屏山李纯甫"小传、《归潜志》卷 1 "李翰林纯甫"小传对其生平有述。

一　不拘礼法小节，"雅喜推借后进"

李纯甫为人不拘礼法小节。《归潜志》载"李屏山视赵闲闲为丈人行……然于文字间未尝假借，或因醉嫚骂，虽愠亦无如之何"。[②]《中州集》小传又载，"好贤乐善，虽新进少年游其门，亦与之为尔汝交，其不自贵重又如此"。由此可见李纯甫为人之一斑。

中年以后因为政治抱负无法实现益发放浪形骸。《归潜志》小传载："中年，度其道不行，益纵酒自放，无仕进意。得官未尝成考，旋即归隐。居间，与禅僧士子游，惟以文酒为事，啸歌祖裼，出礼法外，或饮数月不醒。人有酒见招，不择贵贱必往，往辄醉。""之纯

---

① 参见胡传志《李纯甫考论》，《社会科学战线》2000 年第 2 期。
② （金）刘祁：《归潜志》卷 1，中华书局 1983 年版，第 6 页。

从军还，知大事已去，无复仕进意，荡然一放于酒。未尝一日不饮，亦未尝一饮不醉，谈笑此世，若不足玩者。"① 刘从益父子曾经对李纯甫有过评价："如屏山之才，国家能奖养契提使议论天下事，其智识盖人不可及。惟其早年暂欲有为有言，已遭摧折，所以中年纵酒，无功名心，是可为国家惜也。呜呼，自非坚刚不拔之志，超世绝伦之人，其遇忧患，遭废绌而不变易者，鲜矣哉。"② 刘氏父子表示了对李纯甫的极大惋惜，也可以看出他们对李纯甫自身修为不足的认识。

雅喜推借后进。李纯甫"天资喜士，后进有一善，极口称推。一时名士，皆由公显于世。又与之拍肩尔汝，志年齿相欢，教育、抚摩，恩若亲戚，故士大夫归附，号当世龙门"。"如周嗣明、张毂、李经、王权、雷渊、余先子姓名刘从益、宋九嘉，皆以兄呼。"③ 李经"作诗极刻苦，喜出奇语，不蹈袭前人。李纯甫见其诗曰：'真今世太白也。'由是名大震"。④ 雷渊也因为"从李之纯游，遂知名"。⑤

二　慨然有经世志，一生喜谈兵

李纯甫为官历任蓟州军事判官、尚书省掾、翰林应奉、右司都事。李纯甫少年时就怀有远大的政治抱负。"少自负其才，谓功名可俯拾，作《矮柏赋》，以诸葛孔明、王景略自期。"⑥ 李纯甫身材矮小，所以以矮柏自喻，抒发其经世之志。中年以前慨然有经世之志，曾经"由小官上万言书，大略以为此政当有为日，而当路以为迂阔，笑之"。⑦ 他常常心忧国事。《雷希颜墓铭》曰："泰和中，朝廷无事，士大夫以宴饮为常。之纯于朋会中，或坚坐深念，咄咄嗟唶，若有旦夕忧者。或问其故。之纯曰：'中原以一部族待朔方兵，然竟不

① 《元好问全集》卷21《雷希颜墓铭》，山西古籍出版社2004年版，第485页。

② （金）刘祁：《归潜志》卷12，中华书局1983年版，第139页。

③ （金）刘祁：《归潜志》卷1，中华书局1983年版，第6—7页。

④ 《金史》卷126《李经传》，中华书局1975年版，第2733页。

⑤ 《金史》卷110《雷渊传》，中华书局1975年版，第2434页。

⑥ （金）刘祁：《归潜志》卷1，中华书局1983年版，第6页。

⑦ （金）刘祁：《归潜志》卷12，中华书局1983年版，第137页。

知其牙帐所在，吾见华人为所鱼肉去矣。'闻者讪笑之。曰：'四方承平余五六十年，百岁无狗吠之警，渠不以时自娱乐，乃妖言耶?'未几，北方兵动。"①

李纯甫一生喜谈兵。史料中多处记载他有从军经历。《雷希颜墓铭》载："之纯以蓟州军事判官上书论天下事，道陵奇之，诏参淮上军，仍驿遣之。"②《金史》本传载："章宗南征，两上疏策其胜负。上奇之，给送军中，后多如所料。"《归潜志》小传又载："及北方兵起，又上疏论事，不报。"李纯甫本人也有诗记曰："藉问高书记，南征又北征。""虎贲多将种，底用两书生。"③ "两书生"是说高宪和他自己。"南征又北征"是指他泰和六年及大安二年两次从军。

三　以文章、经学、佛学见长，喜玄谈

李纯甫天赋颇高。"幼颖悟异常儿"，"为人聪敏"。④ 他非常勤奋。"为举子日，亦自不碌碌，于书无所不窥。"⑤ "虽沉醉亦未尝废著书。"承安二年进士及第⑥，"逾冠，擢高第。名声烨然"⑦。李纯甫为学兴趣广泛。他在《重修面壁庵记》中曾经这样自述其为学历程："屏山居士，儒家子也。始知读书，学赋以嗣家门，学大义以业科举，又学诗以道意，学议论以见志，学古文以得虚名。颇喜史学，求经济之术。深爱经学，穷性理之说。偶于玄学似有所得，遂于佛学亦有所入。"⑧ 由此可见其为学涉猎甚广。

李纯甫于学无所不通，尤以文章、经学、佛学见长。"初为辞赋

---

① 《元好问全集》卷21《雷希颜墓铭》，山西古籍出版社2004年版，第485页。

② 同上。

③ 《中州集》卷5《赠高仲常》，中华书局1959年版，第214页。

④ （金）刘祁：《归潜志》卷1，中华书局1983年版，第6页。

⑤ 《元好问全集》卷41《中州集》"屏山李先生纯甫"小传，山西古籍出版社2004年版，第870页。

⑥ 《金史》卷126《李纯甫传》，中华书局1975年版，第2734页。

⑦ （金）刘祁：《归潜志》卷1，中华书局1983年版，第6页。

⑧ （金）刘祁：《归潜志》卷1附录《重修面壁庵记》，中华书局1983年版，第7页。

学，后读《左氏春秋》，大爱之，遂更为经义学。"①"于庄周、列御寇、左氏、《战国策》尤长。文亦略能似之。""为文法庄周、左氏，故其辞雄奇简古。后进宗之，文风由此一变。"②赵秉文在《答麻知几书》中自承"经学与文章，不及李之纯与足下"。③《归潜志》卷8也说："赵闲闲平日字画功夫最深，诗其次，又其次散文也。……然议论经学，许王从之，散文许李之纯、雷希颜。"由此可见，当时学术界对李纯甫的文章、经学是佩服和认可的。

李纯甫对佛学感兴趣与史素有直接关系，《中州集》卷5"史御史肃"小传载："舜元素尚性理之学，屏山学佛，自舜元发之。"但是他真正下功夫开始研习佛学是在29岁以后。《金文最》卷46释万松《湛然居士集序》载："屏山年二十九，阅复性书，知李习之亦二十九参药山而退著书，大发感叹。日抵万松，深攻亟击。退而著书三十余万言。内稿心学，谆谆大半。"李纯甫痴迷佛学，先后撰写了《司马温公不喜佛辨》《程伊川异端害教论辨》《重修面壁庵记》《鸣道集说》等。他还"多为浮屠作碑记传赞，往往诋訾吾徒。诸僧翕然归向，因集以板之，号《屏山翰墨佛事》。……后屏山殁，将板其全集，闲闲为涂剟其伤教数语。然板竟不能起。今为诸僧刻于木，使传后世，惜哉"。④可见，在金代虽然三教兼修是一种较为普遍存在的现象，但李纯甫毕竟走的比较远，已为一些儒家学者所不容。

李纯甫善玄谈。李纯甫尝自言"天下辨士有三：王仲泽、马云章，纯甫其一也"。⑤"评者谓承平以来，王汤臣论人物，李之纯玄

---

① （金）刘祁：《归潜志》卷1，中华书局1983年版，第6页。

② 《元好问全集》卷41《中州集》"屏山李先生纯甫"小传，山西古籍出版社2004年版，第870页。

③ （金）赵秉文：《闲闲老人滏水文集》卷19《答麻知己书》，商务印书馆中华民国二十四年版，第232页。

④ （金）刘祁：《归潜志》卷10，中华书局1983年版，第119页。

⑤ 《元好问全集》卷41《中州集》"马编修天来"小传，山西古籍出版社2004年版，第894页。

谈，号称独步。"①《中州集》小传也评价他"性嗜酒，未尝一日不饮，亦未尝一饮不醉。眼花耳热后，人有发其谈端者，随问随答，初不置虑。漫者知所以统，窒者知所以通。倾河泻江，无有穷竭"。

四　主要学术著作

李纯甫一生著述颇丰。《归潜志》卷1载李纯甫曾"解《楞严》《金刚经》《老子》《庄子》，又有《中庸集解》《鸣道集解》，号为《中国心学西方文教》，数十万言"。晚年曾"自类其文，凡论性理及关佛老二家者，号《内稿》，其余应物文字如碑志、诗赋，号《外稿》，盖拟庄子内外篇"。② 李纯甫亡故后，因为赵秉文认为此书有伤名教，所以当时没有刊行。据考证，《鸣道集说》是其仅存于世的学术专著。目前北京国家图书馆馆藏其两个版本，一为明抄本，一为日本中文出版社景享保四刊本的《鸣道集说》，九州大学教授、文学博士荒木见悟为之解题。

据荒木教授的日文解题，我们可以了解到，《鸣道集说》曾经流传至日本，在日本德川时代三次刊行：延宝二年即1674年，中野是谁版行；天和三年即1683年，中庄兵卫板行，京都大学所藏；享保四年，即1719年，田中庄兵卫梓行，冈田武彦氏所藏。天和本和享保本皆由二册五卷构成，天和本卷头有鸣道诸儒姓氏一页，诸儒鸣道集总目一页，而享保本没有。明治二十八年即1895年，亦松连城先生自京都古刹得《鸣道集说》抄本，并以此为根据，刊行活字版《鸣道集说》，除没有分卷外，其他内容都与享保本一样。目前北京国家图书馆馆藏的即为荒目教授所说的享保四年1719年版本。

《鸣道集说》共五卷，附《杂说》及《心说》上下篇，包括摘引文字在内约五万言。全书共摘引评议十四位两宋理学家的学术思想，分别为周敦颐、司马光、张载、程颐、程颢、谢良佐、刘元城、

---

① 《元好问全集》卷41《中州集》"刘昂霄"小传，山西古籍出版社2004年版，第897页。

② （金）刘祁：《归潜志》卷1，中华书局1983年版，第7页。

江公望、安正望筌、张横浦、吕祖谦、张栻、朱熹等，除江公望、安正望筌外，其余诸人皆属两宋名重一时、卓有成就之宿儒，是宋代理学发展史上不同发展阶段的典型代表。江公望字民表，《宋史》卷346有传，著有《性说》上下篇，他的"习与性成"的人性观点颇有见地。安正望筌即南宋潘殖，字子醇，自号浩然子。

第 三 章

经学研究

——以《滹南遗老集》为主要参照

经学作为显学贯穿于金代社会发展之始终，经学思想对金代政治、经济、文化以及社会的发展影响深远。终金一代，汉唐经学研究一直是金代儒学研究的主流，直至金统治晚期，随着南宋理学的传入，两宋经学以其鲜明的学术特色受到金代学者的关注。

据《千顷堂书目》《补辽金史艺文志》《补三史艺文志》《钦定续文献通考经籍考》《补元史艺文志》《金史艺文补志》《金史艺文略》等所著录金代著述统计，金人注疏《易》《书》《诗》《礼》《乐》《春秋》《大学》《中庸》《论语》《孟子》等著述 50 余种，遗憾的是绝多大数遗失了。保留下来的能够集中反映金代经学研究的是王若虚的《滹南遗老集》，此外赵秉文的《闲闲老人滏水文集》、李纯甫的《鸣道集说》可供参考。各方面资料显示，王若虚是金代经学成就的代表，后儒对王若虚的经学著作也有较高评价，这样我们可以通过对《滹南遗老集》，主要是《五经辨惑》《论语辨惑》（总论、序、一、二、三、四）、《孟子辨惑》《著述辨惑》等的梳理，结合其他学者的相关著述，对金代经学研究情况有一个基本的了解和把握。

第一节　两汉经学研究

王若虚对两汉经学的研究表现出以下三个特点：

一　偏重古文经学

汉代经学分为今文经学和古文经学两派。今文经学自汉武帝立于学宫，长期居统治地位，后经刘歆倡导古文经学兴起，自此今古文之争贯穿于汉代经学发展之始终。王若虚《五经辨惑》《论语辨惑》（总论、序、一、二、三、四）、《孟子辨惑》《著述辨惑》（上、下）等著述中引征两汉经学家观点 9 人，包括郑玄、马融、孔安国、扬雄、刘歆、司马迁、赵岐、蔡邕、应劭，基本归属古文经学一系，或今古文兼修偏重古文经学者。刘歆是汉代古文经学的真正创始人，也是一个颇具争议的人物。他在校书中发现《春秋左氏传》，于是"引传文以解经，转向发明，由是章句义理备焉"。① 为古文经学的创建和发展做出了重要贡献，但也因陷溺于政治旋涡而在儒学史上扮演了不光彩的角色。王若虚引征了刘歆观点 1 次，见于《滹南辨惑》卷 1《五经辨惑》第 7—8 页，"《左氏春秋传》但云左氏，而不著其名"。孔安国是西汉经学家，《古文尚书》学的开创者。王若虚引征孔安国观点两次，分见《滹南辨惑》卷 1《五经辨惑》第 1 页 "《书无逸》言祖甲知小人之依享国长久"，卷 5《论语辨惑》第 5 页 "夫子以微生高为不直"。关于"管仲不死子纠之难"的讨论，王若虚引征史学家司马迁观点，见于《滹南辨惑》卷 6《论语辨惑》第 10 页。王若虚还引征了蔡邕观点，见于《滹南辨惑》卷 2《五经辨惑》第 3 页。关于"三老、五更"之义，蔡邕谓"更"当为"叟"，盖长老之称，字与"更"相似，书者遂误为"更"耳。"嫂"字女傍"叟"，今亦

---

① 《汉书》卷 36《刘歆传》，中华书局 1962 年版，第 1967 页。

为更，以是知应为"叟"。又以三为三人，五为五人，王若虚认为此论"最近人情"。蔡邕是中国第一部石经《熹平石经》的倡议者和书写者，王若虚引司马迁、蔡邕之论也是看重其重实证和史料的学术风格。

由上我们推断王若虚偏重古文经学。究其原因，乃今文经学、古文经学各自不同的学术特征以及王若虚自身的治学兴趣使然。今文经学与古文经学，有字体、篇目及文字多少、用字等方面的不同，更主要的是双方对待孔子和六经的看法不同，导致其史料的依据、史实的解释、研究的方法不同。古文经学认为儒家典籍只是记载历史事实，孔子是"述而不作，信而好古"的史学家，并没有为汉代制定什么社会活动的规则，也不认为经书中有什么微言大义。今文经学以孔子为哲学家、政治思想家，注重"微言大义"，具有丰富的哲学、政治思想。总体看来，今文经学近于哲学，古文经学近于史学。前文《金代儒学代表人物》一章谈到王若虚长于史学，善于考证，注重史料的训诂阐释，古文经学注重史实的陈述和清理，偏重实证的特色更符合王若虚的志趣。古文经学派的实证研究，为后学提供了正确的历史资料，作为一位史学家，这应该也是王若虚所看重的。今文经学发展到极盛，章句之学繁杂支离无系统可言，解经常常自相矛盾、破绽百出，家法师法亦严重束缚人们的思想。此外今文经学为政治所左右，及其谶纬化经学的特征都是与王若虚的基本主张背道而驰的，所以王若虚在其著述中对两汉今文经学家的观点采取了忽略态度，对一代儒宗董仲舒的经学思想只字未提。当然，我们说王若虚偏重古文经学也只是相对于今文经学而言，实质上王若虚解经不为章句所困，讲求贯通，长于议论，与今文经学多有相通之处。

二 所引征经学家皆有所本

马融是东汉著名经学家，他"既以郑玄、卢植等大儒之师的身份开创东汉末期儒学复兴的思潮，又对魏晋玄学的形成和发展产生了重要影响"，"他的经注成就使古文经学开始达到成熟的境地，预示着汉代经学发展将步入新的时期"。① 他的思想和实践在中国思想史上具有不容忽视的价值和意义。王若虚引征马融观点两次，分见《滹南辨惑》卷 4《论语辨惑》第 6 页 "殷因于夏礼，所损益可知也"，卷六《论语辨惑》第 8 页 "或问子西于孔子"。

赵岐是东汉经学家，所撰《孟子章句》是目前仅存最早的一部两汉章句之说的著作。② 清儒焦循认为 "赵氏于《孟子》，既分其章，又依句敷衍而发明之，所谓章句也。章有其指，则总括于每章之末，是为章指也。叠诂训于语句之中，绘本义于错综之内，于当时百家，实为精密而条畅"。③《滹南辨惑》卷 8《孟子辨惑》，关于 "孟子谓说《诗》者，不当以文害辞，辞害志，以意逆志，是为得之"。王若虚《孟子辨惑》第一则即征引赵氏的观点，足见其注意到了赵岐经学的特色和地位。王若虚对赵岐的经解给予了较高的评价。赵氏曰："欲使后人深知其意，以解其文，不但施于说《诗》也。" 王若虚评价说："此最知言。" 又云："盖孟子之言，随机立教，不主故常，凡引人于善地而已，故虽尾巷野人之所传，苟可驾说以明道，皆所不择其辞劲，其气励，其变纵横而不测，盖急于救世而然。以孔子微言律之，若参差而不合，所以生学者之疑。诚能以意逆志而求之，如合符契矣。" 王若虚据此而指出："赵氏虽及知此，而不能善为发明，是以无大功于《孟子》。"

如同周予同先生对王充的评价，扬雄在经学史上是一个 "例外的经学家"。仿《周易》作《太玄》，仿《论语》作《法言》，为当世所不容。不讲师法家法，不尊经，"窃自比于孟子"。（《法言·吾子篇》）以孔孟的传承者自居，自言其学术直继孔孟，表现出了打破传统、传承孔孟、自树新说的气魄和勇气。柳开、司马光、王安石皆极力推崇扬雄，韩愈对扬雄的评价也很高，但是二苏、张载、二程皆以其学术浅薄、了无心得、不纯正、不地道弃而不取。金代儒家普遍

①　庞朴：《中国儒学》第 2 卷，东方出版中心 1997 年版，第 138、67 页。

②　同上书，第 69 页。

③　（清）焦循撰，沈文倬点校：《孟子正义》卷 1，中华书局 1987 年版，第 27 页。

对扬雄持推崇和肯定，李纯甫《鸣道集说》多次引用扬子观点阐发己意，王若虚提及扬子也都是平直引述，一改犀利词锋。① 刘祁多次论及扬子②，赵秉文盛赞扬雄，"扬子，圣人之徒与。""汉兴，贾谊明申韩，司马迁好黄老，董仲舒溺灾异，刘向铸黄金，独扬子得其正传，非诸子流也。"③ 赵秉文还对扬雄的两部代表作《法言》和《太玄》给予了极大的关注，专门撰写《扬子法言微旨》为该书作解。王若虚说赵秉文"素嗜此书，得其机要，因复为之训解，参取众说，折之以己见，号曰分章微旨"。称许《扬子法言微旨》"论高而意新，盖奇作也"。又说"昔人以杜预、颜师古为邱明，孟坚忠臣，今公与子云之书，辨明是正，厥功多矣"。④ 由此我们可以看出不仅赵秉文，王若虚对扬子本人也是推崇的。赵秉文所撰《笺太玄赞序》对扬雄《太玄》赞叹有加，"扬子大贤，拟圣而作"。"易有道义象数，说易者言道义则遗象数，言象数的则遗道义，玄实兼之，其于圣经不为无功。"⑤ 赵秉文的学术受扬雄影响颇深，他的《原教》《中说》《性道教说》等都可以明显看出扬雄思想的影响。

王若虚《滹南辨感》卷 2《五经辨惑》第 3 页，关于"三老、五更"之义还引征了东汉应劭《汉官仪》观点，王若虚此举乃是以之为批驳汉儒的反面教材。应劭说"三老五更者，皆取有首妻男女全具者"，王若虚批之"无谓之甚，尤为可笑"。并进一步阐发自己的观点说："抑此皆不足辨也。盖经旨迂诞，自非先王之礼耳。""盖汉儒集礼，杂取异说以乱圣人之经。时君世主，好名而轻信，则或勉

---

① 参见（金）王若虚《滹南辨惑》卷 2《五经辨惑》第 12 页，卷 5《论语辨惑二》第 7 页，上海东大书局中华民国二十一年版。

② 参见（金）刘祁《归潜志》卷 13，中华书局 1983 年版，第 146 页。

③ （金）赵秉文：《闲闲老人滏水文集》卷 15《法言微旨引》，商务印书馆中华民国二十四年版，第 205 页。

④ （金）王若虚：《滹南遗老集》卷 44《扬子法言微旨序》，商务印书馆中华民国版，第 291 页。

⑤ （金）赵秉文：《闲闲老人滏水文集》卷 15《笺太玄赞序》，商务印书馆中华民国二十四年版，第 207 页。

强而一行。然见于史者才三数人，岂非为下者惭怍而不能安，为上者矫拂而不可久耶。胡致堂徒怪其行之者寡，伤古道难复，而不知此等实非可行之事也。三樵林东①独鄙其说，以为汉儒撰出而不取，正与愚意暗同。然千载之间而能知其非者，唯一见此人，则夫特达不惑之士，世岂易得哉！"

三　总体评价否定多肯定少

从王若虚的几段集中论述中可看出其对汉代经学总体评价不高。如《滹南辨惑》卷2《五经辨惑》第5页所载：三代损益不同，制度名物，容有差殊。然汉儒所记，逐事事分别，虽道德理义，万事不可易者，亦或以为异尚而偏胜。不亦过乎？如"忠敬""质文"之说……"读之令人发笑"。"夫赏罚之用，视乎功罪而已，先后轻重皆以类相从，而谓夏必先赏而后罚，殷必先罚而后赏，周之赏罚惟以官爵尊卑为差，虽三尺之童亦知其谬，而学者信之以为先王之法、圣人之经，悲夫！"

郑玄是汉代经学的代表，金代儒家学者对待郑玄的态度，某种意义上也代表了其对汉代经学的态度。王若虚《滹南辨惑》中引证郑玄观点13次，12次批评，1次平直叙述。郑玄的学术成就众所公认，范晔评论说："自秦焚六经，圣文埃灭。汉兴，诸儒颇修艺文；及东京，学者亦各名家。而守文之徒，滞固所禀，异端纷纭，互相诡激，遂令经有数家，家有数说，章句多者或乃百余万言，学徒劳而少功，后生疑而莫正。郑玄括囊大典，网罗众家，删裁繁诬，刊改漏失，自是学者略知所归。"② 皮锡瑞说："郑君博学多师，今古文道通为一，见当时两家相攻击，意欲参合其学，自成一家之言，虽以古学为宗，亦兼采今学以附益其义。学者苦其时家法繁杂，见郑君阃通博大，无所不包，众论翕然归之，不复舍此趋彼。于是郑《易注》行而施、孟、梁丘、京之《易》不行矣；郑《书注》行而欧阳、大小夏侯之

---

①　其人无所考。

②　《后汉书》卷35《郑玄列传论》，中华书局1965年版，第1212—1213页。

《书》不行矣；郑《诗笺》行而鲁、齐、韩之《诗》不行矣；郑《礼注》行而大小戴之《礼》不行矣；郑《论语注》行而齐、鲁《论语》不行矣……故经学至郑君一变。郑君徒党遍天下，即经学论，可谓小统一时代。"① 然而郑学以古文经学为主，兼采今文经学，汇综百家的经学解释依然存在许多不应有的附会和失误。王若虚正是抓住了郑玄为求同导致的"附会"和"失误"，大力批评。如：《礼记》有闲传，其文未详，郑玄注为"记丧服之间轻重所宜"，王若虚谓之"此特以经文意之耳，一闲字如何包许多意？"又如《乐记》载，子贡与师之问答声歌之义，而终之曰"子贡问乐"。王若虚认为此必重出，或有阙文，而郑玄注为"上下同美之也"，王若虚批评其"大是缪说，无足信焉"。② 另外，王若虚集中就"礼"的问题对郑玄展开批评。王若虚本身对"三礼"诸多记载颇不以为然，多谓其不尽人情、迂腐可笑。所以尽管郑玄对"三礼"有诸多精彩的注释，王若虚依然找出其不以为然之处严厉批评。如《曲礼》云："天子有后，有夫人，有世妇，有嫔，有妻，有妾。公侯有夫人，有世妇，有妻，有妾。"又云："天子之妃曰后，诸侯曰夫人，大夫曰孺人，士曰妇人，庶人曰妻子。"郑玄注《内则》云："妻之言齐也，以礼见问，得与夫敌体也"，孔颖达也附和郑注之说。王若虚认为："夫妻者，所以对嫡配之总称也。妇人者，所以对男子，女子之总称也。初无贵贱尊卑之别。今乃以妻列于后夫人等下而别为一号，专指妇人为士之配，然则天子之后，公侯夫人辈，不谓之妻乎？非士之配者，不谓之妇人乎？"他对郑玄、孔颖达的注疏表示了强烈的不满，谓其"穿凿可笑如此"。③

王若虚对汉代其他经学家也是如此，他引征马融观点两次都是批

---

① （清）皮锡瑞：《经学历史》，中华书局 1959 年版，第 149 页。

② （金）王若虚：《滹南辨惑》卷 2《五经辨惑》，上海东大书局中华民国二十一年版，第 12、5 页。

③ （金）王若虚：《滹南辨惑》卷 1《五经辨惑》，上海东大书局中华民国二十一年版，第 10 页。

评，关于"殷因于夏礼，所损益可知也"，马融解"所因"为三纲五常，"所损益"为文质三统。王若虚批其"殆是妄说"。① 引征孔安国观点两次也都是否定，关于"夫子以微生高为不直"，孔氏解为"用意委曲，非为直人"。王若虚驳其"孔氏几于狷介而不通"。② 对司马迁的观点也是以批评和否定的倾向为主。③

纵观两汉经学，无论是今文经学还是古文经学都有明显的政治化倾向。西汉今文经学的兴盛就是因为适应了汉武帝建立"大一统"政治的需要，西汉经学后来走向神学化和经纬化也是政治需要左右的结果，刘歆提出古文经学目的也是为王莽托古改制提供理论依据。吴雁南等主编《中国经学史》说："经学的本质就在于：它是儒家学者在当代文化背景下研究先贤圣哲们修齐治平体系，以及他们对这一体系的主观认识和评价；通过训解、阐发经典的微言大义和旨趣，为大一统中央集权的封建专制制度提供哲学和历史的依据。这是两汉经学思潮的主要特点，也是它得以迅速发展的根本原因所在。"④ 两汉经学还有明显的功利化目的。自汉武帝罢黜百家独尊儒术以来，汉代所实行优遇"五经博士"的文化政策，"自此以来，公卿大夫士吏彬彬多文学之士矣"。"迄于元始，百有余年，传业者寝盛，枝叶繁滋，一经说至百余万言，大师众至千余人，盖禄利之路然也。"⑤ 另外，在两汉，解经和训诂章句断章取义、曲解甚至是伪造经文乃至孔学传授系统成为一种较为普遍存在的现象。也许正是因为汉代经学这些明显存在的自身缺陷，使得王若虚对之采取了批判为主的态度。

---

① （金）王若虚：《滹南辨惑》卷 4《论语辨惑》，上海东大书局中华民国二十一年版，第 6 页。

② （金）王若虚：《滹南辨惑》卷 5《论语辨惑》，上海东大书局中华民国二十一年版，第 5 页。

③ （金）王若虚：《滹南辨惑》卷 6《论语辨惑》第 10 页，卷 2《五经辨惑》第 2 页，上海东大书局中华民国二十一年版。

④ 吴雁南等主编：《中国经学史》，福建人民出版社 2001 年版，第 54 页。

⑤ 《汉书》卷 88《儒林传》，中华书局 1962 年版，第 3596、3620 页。

第二节 魏晋经学研究

王若虚《滹南辨惑》所征引的魏晋南北朝时期经学家主要有王肃、王弼、何晏、杜预等人。其魏晋经学研究体现出以下几个特点：

一 关注郑王之争

《滹南辨惑》卷2《五经辨惑》第8页，关于"孔子诛少正卯事"王若虚评论王肃曰："王肃惟知韩子之不足瓶，而不知荀卿所传，亦自无稽也。"考察王肃其人，王肃家学渊源，父王朗为著名经学大师，他18岁从宋忠读《太玄》即能更为之解，具有一定学养，但其学术研究成就不大，特色也并不鲜明。他在经学史上的影响主要得益于他与郑玄的学术之争，并且其学术之争掺杂了太多的其他因素。王学初兴为与郑学抗衡，王肃伪造古书为之助翼；在政治上党附司马氏，使学术之争沦为政治纷争的工具和手段。王肃在中国经学史上的形象并不光彩，王若虚魏晋经学所征引者寥寥几人，何以选中王肃呢？我们只能认为这是王若虚对中国经学史的总体把握、关注到郑王之争使然。

东汉末年以来，郑玄一直高居经学之统治地位。王肃崇尚贾逵、马融的古文经学，反对郑玄杂糅今古文的古文经学，经学内部出现了郑玄经学与王肃经学之争。魏晋之间王肃之学以司马氏之姻亲而立于学宫，其注解的《尚书》《诗经》《论语》《左传》以及三《礼》等经学著述，皆为当时所崇尚，弟子遍布朝野，与郑学形成分庭抗礼之势。随着司马氏代魏建晋，王学终于占据了经学的统治地位，大行于西晋之初。虽然魏晋时期这次郑学与王学之争并不是一次儒学内部的提高，反而削弱了经学阵营的力量，严重影响了经学的形象，但是魏晋南北朝时期经学衰落、儒学式微是不争的事实，郑王之争毕竟是一次儒学内部之争，作为经学的一种存在状态在历史上延续，并且间接导致了后期玄学的乘势兴起。

二　认同玄化经学

魏晋南北朝时期，玄学思潮兴起，经学发生了玄学化转向，其重要代表人物是王弼、何晏。对于玄学，历史上褒贬不一，总体看来批评的观点出现较早，如裴危、葛洪、范宁、刘知几等，赞同的观点出现比较晚，如孔颖达盛赞王弼易学，清代汉学家更是对魏晋玄学赞赏有加。王若虚对王弼、何晏玄学化经解表示认同和肯定。王弼注《易》抛弃了象数之学和谶纬迷信，从经文出发，以哲学思辨和义理分析来阐述《周易》，在经学史上开创了新的风气。后世经学家多推重王弼在注《易》中所作的贡献。王若虚曾自言不深于《易》，他显然回避了王弼的《易》学成就，对王弼《易》学不置一词，但是却对王弼的其他经解表示了肯定的态度。譬如关于"子谓民之于仁，甚于水火"的解释，王若虚明言马融说不足取，而言"弼说为是"。①关于孔子谓"予非多学，一以贯之"。何晏解释说："善有元，事有会，天下殊途同归，百虑而一致，知其元则众善举。"王若虚认为何晏所作的解释"可谓近之矣"。②

王若虚对王弼、何晏这种肯定绝非偶然，应该说有着深刻的思想基础。两晋玄学家多坚持名教出于自然、名教即自然的观点，王弼认为孔子将"有""无"视为一体，"体用如一"，"本末不二"的思想，正是"名教即自然"的理论根基之所在。他认为，圣人与凡人一样，五情俱在，只是能够不为情所累而已。王弼的这些主张与王若虚可谓不谋而合。王若虚倡导"名教"，但又对"礼"的许多生硬规定不以为然，表现出了随顺自然、顺任人情的名教观、礼法观。此外王弼在解经方法上，首倡"得意忘言"，解经讲求会通其义而不拘泥

①　（金）王若虚：《滹南辨惑》卷7《论语辨惑四》，上海东大书局中华民国二十一年版，第2页。

②　（金）王若虚：《滹南辨惑》卷4《论语辨惑一》，上海东大书局中华民国二十一年版，第10页。

于文字。王若虚解经虽重文字训诂，但是最倡通儒，反对陋儒。此外，王若虚本人的性格以及晚年近道的事实也说明了王若虚对于玄学化的王弼经学、何晏经学的肯定，既是理性的判断，又是一种学术意趣的趋同。

三　大力抨击杜预

魏晋南北朝时期，受到王若虚关注的另一位经学家是杜预，杜预好《左传》，自谓有"《左传》癖"，"谓《公羊》《谷梁》，诡变之言"，不满意郑玄、马融等人"横以二传乱之"，专取《左氏传》阐释孔子《春秋》经，著《春秋左氏经传集解》。① 在《春秋左传集解》中，杜预将《春秋》经文与《左传》文合编起来，以《传》解《经》。

在经与传的关系上，王若虚坚持以经为主，以传为辅，宁信经而不信传。王若虚曾多次对《左传》所论提出质疑和否定。《五经辨惑》载："左氏称颖考叔纯孝，爱其母，施及庄公，得诗人锡类之义。"王若虚质疑说："舍肉遗母，特以发庄公之问，而为人言之机耳，而遽谓之纯孝，何也？岂考叔素行别有可见者耶？抑观其为人谋者如此，足以知其孝于亲也耶？不然誉之太过矣。"② 又如晋乐盈之诛，"羊舌虎与焉，虎，叔向弟也"。左氏曰："初，叔向之母妒叔虎之母美而不使。其子皆谏其母。其母曰：'深山大泽，实生龙蛇，彼美，余惧其生龙蛇以祸女。女，敝族也。国多大宠，不仁人间之，不亦难乎！余何爱焉'。使往视寝，生叔虎，美而有勇力，乐怀子嬖之。故羊舌之族及于难。"③ 王若虚认为叔向之母所言全无道理。她的言论完全是出于妒忌而非贤惠之论，其议论即便有所验证也只是一种巧合，左氏记载这段文字不知是出于什么原因。王若虚此言意在批

① 《三国志·魏书·杜畿传》，中华书局 1975 年版，第 493 页。
② （金）王若虚：《滹南辨惑》卷 1《五经辨惑》，上海东大书局中华民国二十一年版，第 5 页。
③ 同上书，第 5—6 页。

评左氏著述取材不当，而杜预专取《左传》解《经》，难免要被王若虚选出大批特批了。

此外，杜预解经往往训诂考证功夫做得不够，这一点是经学研究之大忌，也与王若虚重视考证训诂的基本原则背道而驰，所以王若虚对杜预的批评可谓毫不留情。如《左氏》立弑君之例曰："凡弑君，称君，君无道也；称臣，臣之罪也"，杜注为"称君者，唯书君名，而称国以弑，言众所共绝也。称臣者，谓书弑者之名，以示来世，终为不义"。① 王若虚认为杜预此论非圣人之意，乃是其主观所言。至于宋昭之殒，《左传》言其无道矣，然苟林父伐宋而立文公，则曰："以失所称人"。杜预注为"昭公虽以无道见弑，而文公犹宜以弑君受讨，君虽不君，臣不可不臣，所以督大教"，王若虚评杜氏此注为"盖其意亦有所不安者，故反覆自救如此"，对杜预为张大《左传》，"强为之说" "反复自救" 表示了强烈的不满。② 王若虚又评论说"夫经于被弑之君皆书其名，初无不称君之辨。盖称字不可也，称谥不可也，书其人而不以其名系之则所称者为谁耶？《左氏》徒见有时而不著臣之名，遂以有名者为称臣，而无者为称君，亦妄意耳。杜注求合其例，而有不得者，皆迁就而为之说"。③

第三节　隋唐经学研究

隋唐时期，经过长期的分裂割据、南北对峙，进入大一统时期。经学的发展主要表现在两个方面：一是为适应大一统政治的需要，统一经学；二是回应释道的挑战，维护儒学正统地位，发展新儒学。王若虚《滹南辨惑》引征的隋唐经学家很少，有王通、孔颖达、啖助

---

① （金）王若虚：《滹南辨惑》卷 1《五经辨惑》，上海东大书局中华民国二十一年版，第 2 页。
② 同上书，第 4 页。
③ 同上。

等，显然也是从这两个方面来把握的。

一　批驳《五经正义》

自唐初以来，统治者为加强政治制度建设，解决科举考试的标准问题，经学家为维护儒学地位，增强对抗日益强大的释道的力量，共同做着统一经学的努力。孔颖达主持修撰《五经正义》的完成，标志着唐代经学统一的完成。由于《五经正义》本身存在明显不足，终唐一代一直存在着经学家们对《五经正义》的驳议，只是他们这种反驳只限于学术上的争论，并未从根本上动摇《五经正义》一统天下的地位。《五经正义》自唐永徽四年即 653 年至宋代，国家明经取士皆以此为标准。今本《十三经注疏》中《五经注疏》即取孔颖达的《五经正义》。所以《五经正义》在中国经学史上乃至中国政治史和文化发展史上有着重大影响。

孔颖达由于奉敕主持编撰了《五经正义》，成为唐代经学的最重要代表人物，《五经正义》也使之成为中国经学发展史上无法忽略的经学家。皮锡瑞《经学历史》云："孔颖达入唐，年已耄老；岂尽逐条亲阅，不过总揽大纲。诸儒分治一经，各取一书以为底本，名为创定，实属因仍。书成而颖达居其功，论定而颖达尸其过。究之功过非一人所独擅，义疏并非诸儒所能为也。其时同修《正义》者，《周易》则马嘉运、赵乾叶，《尚书》则王德韶、李子云，《毛诗》则王德超、齐威，《春秋》则谷那律、杨士勋，《礼记》则朱子奢、李善信、贾公彦、柳士宣、范义群、张权。标题孔颖达一人之名者，以年辈在先，名位独重耳。"[1] 这说明《五经正义》主要是集体智慧的结晶，非孔颖达一人之作，代表的是唐代经学的整体水平，因为"标题孔颖达一人之名"，所以孔注某种意义上说就代表了唐代经学的状态和水平。

王若虚在其著述中共征引孔颖达观点 7 次，仅次于郑玄和杜预，经过统计分析可以发现，王若虚多次引征孔颖达的观点主要是因为对

---

[1]　（清）皮锡瑞：《经学历史》，中华书局 1959 年版，第 202 页。

孔颖达"非郑义不取"态度的不满。"颖达以非郑义不取,何独信郑氏之专也。"① 我们知道孔颖达编撰《五经正义》所恪守的一个基本原则是疏不破注,以注为宗,严格维护原注。注与疏如有矛盾,必以疏服从注,有时候甚至不惜委屈旁引以就之,不仅对郑玄,对杜预、王弼等亦多所回护,这是《五经正义》的一大缺憾,多为后儒诟病,王若虚显然不会忽略这一点。他 5 次同时引征郑玄和孔颖达对同一条经文的注解,然后合而批之。例如,郑玄释三老五更之义曰:"三老五更各一人,皆年老更事致仕者也,名以三五者,取象三辰五星,天所因以照明天下。"② 王若虚评价"其说甚陋"。及注《乐记》郑玄又曰:"三老五更五言之,皆老人更知三德五事者。"王若虚说孔颖达见郑玄矛盾,于是从而义为说曰:"其义相包。"王若虚对郑玄的注释显然不满,但是他更为气愤的是孔颖达为回护郑注而妄疏经文,他的评语也更加激烈,"臆说咖咖,孰知真是。"从这个意义说王若虚对孔颖达的批判既是对唐代经学本身的批判,也是对郑玄经学批判的继续和延伸。王若虚对唐代经学的重视显然远远不及汉代经学,他的这种态度与唐代经学自身的状态有直接关系,并非凭一己之好恶。应该说,唐代经学虽然以《五经正义》在形式上达到了一统天下的目的,但是就经学本身的发展而言,其贡献并不大。正如《中国经学史》所论,"从思想发展阶段看,隋唐处于玄学化儒学向宋代理学转化的过渡阶段,思想发展的相对独立性决定了一种社会主导思想的形成有一个长期的过程……隋唐思想不同于汉代经学,也有别于魏晋南北朝玄学化经学,又异于以后'三教归一'的宋明理学。作为盛世的初唐乃至有唐一代,没有出现与其时代相称的思想代表作和思想家,是唐代处于思想转化和过渡阶段决定的"。③

---

① （金）王若虚:《滹南辨惑》卷 2《五经辨惑》,上海东大书局中华民国二十一年版,第 14 页。

② 同上书,第 2 页。

③ 吴雁南等主编:《中国经学史》,福建人民出版社 2001 年版,第 227 页。

二　关注儒风变古思潮

中唐以来，唐王朝历经安史之乱、藩镇割据，开始走向衰落，各种矛盾日益尖锐。在这种情况下，经学研究发生了较为明显的变化。倡导儒风变古，发展新儒学的主要儒学家有王通、啖助等。

王通以儒家正统自任，但又不故步自封，积极探索，提出"三教可一"思想，希望通过儒释道的兼收并蓄，确立儒学的统治地位。因为其学术以重振孔子儒学为主旨，所以时人称之为"王孔子"，后世则有"河汾道统"之誉，曾著《元经》《中说》。逝世后门人薛收等私谥曰"文中子"。[①] 王通是中国历史上第一个站在儒学立场上明确提出"三教可一"思想主张的学者。在对待春秋三传的态度上，王若虚引王通为知己，批评学者信传而诬经的做法时，也将王通引为同道，引用王通的论述来表达自己的想法。关于"左氏立弑君之例曰"，王若虚引征王通"《三传》作而《春秋》散"。李纯甫颇推许文中子对易学的研究，他说"文中子深于易者，故曰，心迹之判久矣"。[②]

还有一些经学家，跳出义疏的范围，抛弃师法家法，以己意解经，借以针砭时弊。其中有代表性的是啖助、赵匡、陆淳等。啖助长于《春秋》之学，他对三传的研讨"多异先儒"，所撰《春秋集传》对三传首次从总体上进行了比较和把握。他还提出《左传》非左丘明所作的观点。《四库全书总目》评价啖助"其论未免一偏。故欧阳修、晁公武诸人皆不满之，而程子则称其绝出诸家，有攘民端开正途之功。盖舍传求经，实寻宋人之先路。生臆断之弊，其过不可掩；破附会之失，其功亦不可没也"。[③] 王若虚对唐代中期经学的转向有所关注并表示赞同，他在《滹南辨惑》中曾征引啖助观点，并对啖助

---

① 《旧唐书》卷190上《王勃传》，中华书局1975年版，第5004—5005页。

② （金）李纯甫：《鸣道集说》卷2，日本中文出版社景享保四刊本，第57页。

③ 《四库全书总目》卷26《经部·春秋类一》"春秋集传纂例"条，中华书局1965年版。

的注解给予肯定。

第四节　宋代经学研究

宋代经学又称宋学，乃相对汉学而言。周予同先生就汉学与宋学的分疏做过如下阐述："今文学以孔子为政治家，以六经为孔子致治之说，所以偏重于微言大义，其特色为功利的，而其流弊为狂妄。古文学以孔子为史学家，以六经为孔子整理古代史料之书，所以偏重于名物训诂，其特色为考证的，而其流弊为烦琐。宋学以孔子为哲学家，以六经为孔子载道之具，所以偏重于心性理气，其特色为玄想的，而其流弊为空疏。"①

王若虚宋代经学研究主要集中于《论语辨惑》四卷。关于宋儒解经王若虚在《论语辨惑》序中有一个总体评价："尝谓宋儒之议论不为无功，而亦不能无罪焉。彼其推明心术之微，剖析义利之辨，而斟酌时中之权，委曲疏通，多先儒之所未到，斯固有功矣。至于消息过深，揄扬过侈，以为句句必涵养气象，而事事皆关造化，将以尊圣人，而不免反累；名为排异端，而实流于其中。而亦岂无罪哉！"究其大旨主要有三：一是"宋儒之议论不为无功"。表现在"推明心术之微，剖析义利之辨，而斟酌时中之权，委曲疏通，多先儒之所未到"。二是宋儒解经"太过"，有失中庸之道。"圣人之言亦人情而已，是以明白而易知，中庸而可久。学者求之太过，则其论虽美，而要为失其实，亦何贵乎此哉。"②"消息过深，揄扬过侈，以为句句必涵养气象，而事事皆关造化，将以尊圣人，而不免反累。"表现为"三过也"，"过于深也，过于高也，过于厚也"。三是宋儒解经常流

①　周予同：《经学历史序言》，见皮锡瑞《经学历史》，中华书局 1959 年版，第 3 页。

②　（金）王若虚：《滹南辨惑》卷 3《论语辨惑》总论，上海东大书局中华民国二十一年版，第 2 页。

于释道。"名为排异端，而实流于其中。而亦岂无罪哉！"王若虚之于宋代经学的评价基本以此为宗旨，围绕以上三个方面展开。

宋代是中国儒学的大发展大变革时期，这一时期学派林立、大师辈出，《宋元学案》列有宋代90多个学案。关于宋代经学流派划分，比较普遍的是北宋四大家和南宋两大派，即北宋苏氏蜀学、荆公新学、二程洛学、温公朔学，南宋朱陆道学派和浙东事功派。吴雁南等主编的《中国经学史》则分为经世致用的功利派和性理阐释派，功利派包括苏氏蜀学、荆公新学、温公朔学和事功之学，性理阐释派包括程朱之学和陆氏心学。王若虚《滹南辨惑》征引宋代经学家观点约37人，涉及学派主要有苏氏蜀学、荆公新学、二程洛学、朱熹闽学、温公朔学、永嘉学派，以及湘湖学派、道南学派、关学、濂学、吕学等。其中二程洛学涉及人物最多、研究也最为深入，朱熹闽学地位突出，苏氏蜀学、荆公新学传入时间比较早，在金代地位比较特殊，本文做专门介绍。

一　二程洛学

二程洛学之经学研究显然在金代受到高度重视，在宋代乃至两汉以来经学家中，王若虚引征二程及其后学观点，无论是涉及人数还是引征次数都是最多的。

（一）对二程经学以批评和否定为主

1. 对二程经学的批评和否定

在《五经辨惑》《论语辨惑》《孟子辨惑》《杂辨》《著述辨惑》中王若虚24次引征二程观点，批评和否定占16次之多。如程伊川言"妇人夫没，虽贫穷无以自存，亦不可再适人，饿死事极小，失节事极大"。王若虚评"此迂儒执方之论也。先王制礼，虽曲为之防，亦须约以中道而合乎通情，故可以万事常行，而人不为病，若程氏者，刻核已甚矣"。① 又如，伊川解"取伤廉""与伤惠"，王若虚谓之

---

① 　（金）王若虚：《滹南遗老集》卷32《杂辨》，商务印书馆中华民国版，第200页。

"迂阔之甚也。孟子亦曰与之不当，则将以为惠而适害之耳，何劳曲说？呜呼，明经如程氏，亦可谓难得矣，然时有此等，故未能尽厌乎人心"。① 关于"我不欲人之加诸我也，吾亦欲无加诸人"。程氏曰："我不欲人之加诸我也，吾亦欲无加诸人，仁也；施诸己而不愿，亦勿施于人，恕也。恕或能勉之，仁则非子贡所及。"王若虚批评其"强生穿凿，殊无谓也"。②

2. 王若虚对二程经学的否定原因

（1）双方的治学理路存在根本性差异。王若虚对二程经学的否定首先是因为双方的治学理路存在根本性差异。宋代经学的生长发育完全笼罩在理学思潮靡漫的学术环境中，完全可以说，二程及其后学，就其学术旨趣而言，首先是理学家，然后才是经学家，他们经学思想的共同根源是理学。"理学是理性程度很高的学术思潮，宋学因此获得了对传统经学（汉学）中非历史、非科学内容的发展和判断能力。理学也是伦理道德观念极强的儒学思潮，这又使宋学经学的义理内容中伦理（即理学的理）的色彩分外鲜明。"③ 在理学为主导思想的背景下，二程以"理"为解经的最高范畴，提倡"经所以载道"，"万物只是一个理"。④ 程颐《伊川易传》言"有理而后有象，有象而后有数"。他们的经学理念显然与王若虚经学思想有明显差异。关于子在川上曰"逝者如斯夫"，程氏曰："此道体也。天运而不已，日往则月来，寒往则暑来。水流而不息，物生而不穷，皆与道为体，运乎昼夜，未尝已也。君子法之，自强不息。及其至也，纯亦不已。自汉以来，儒者皆不识此意。"王若虚认为此论"要出于臆，

---

① （金）王若虚：《滹南辨惑》卷8《孟子辨惑》，上海东大书局中华民国二十一年版，第2页。

② （金）王若虚：《滹南辨惑》卷5《论语辨惑二》，上海东大书局中华民国二十一年版，第2页。

③ 崔大华：《儒学引论》，人民出版社2001年版，第137页。

④ 《河南程氏遗书》卷6，卷2上，《二程集》，中华书局1981年版，第95、30页。

未敢从"①，显然对二程理学化的经学解释不以为然，双方的治学理路存在根本性差异。

（2）在诸多问题的认识上的明显差异。与二程在诸多问题的认识也存在明显差异，也是王若虚批评否定二程经学的一个重要原因。王若虚解经最重人情说，而二程主"存天理，灭人欲"；王若虚解经重视考据训诂，而二程则对章句训诂形式解经有不同理解。在王若虚看来，二程常因考据训诂工作不够重视而有"过峻"之论。如程氏曰："自汉以下，更无人识权字。"王若虚批驳说："唐德宗还自兴元，欲因迎扈军威使人代李楚琳，陆贽谏曰：'若此，则事同胁执，议者或谓之权，臣窃未喻其理。权之为义，取类权衡。易一帅而亏万乘之义，得一方而结四海之疑，乃是重其所轻，而轻其所重，谓之权也，不亦反乎！以反道为权，任数为智，君上行之必失众，臣下用之必陷身，历代所以多丧乱而长奸邪，由此误也。'观宣公之论，岂可谓'自汉以下，更无人识权字'者邪？"②基于以上原因，王若虚对二程经学虽然重视，但是所持的态度主要是批评和否定。

（二）对程门后学的评析

王若虚对程门四大弟子都有所关注，二程后学中最受重视的是杨龟山，最不满意的是谢良佐、张子韶。

1. 对杨时的重视

杨时是程门四大弟子中学术和社会影响最大的一个，宋室南渡后，杨时倡道东南，其学术地位和政治地位都相当高，史称"东南学者惟杨时为程氏正宗"。《宋元学案》之《象山学案》百家按语云："二程得孟子不传之秘于遗经，以倡天下。而升堂睹奥，号称高第者，游、杨、尹、谢、吕其最也。顾诸子各有所传，而独龟山之后，三传而有朱子，使此道大光，衣被天下，则大程道南目送之语，不可

---

①　（金）王若虚：《溏南辨惑》卷5《论语辨惑二》，上海东大书局中华民国二十一年版，第10页。

②　同上书，第11页。

谓非前谶也。"①"东南三贤"与杨时都有师承关系。

王若虚引征程门四大弟子杨时观点 9 次，谢良佐 7 次，游酢 3 次，吕大临 2 次，就引征次数而言，对杨时最为重视。就具体论述来看，也对杨时另眼看待。王若虚在《论语辨惑》总论中对宋儒解经作总体评价时所提人物不多，却两次论及杨时，"终篇唐舜禹汤之事，寂寥残缺，殆有阙文，"杨时说"圣学所传，所以著明二十篇之大旨"。王若虚评其"若是之类，皆过于深者"。"宁武子邦无道则愚，夫子以为不可及"，杨时曰："有知愚之名，则非行其所无事；言不可及，则过乎中道矣。"王若虚评为"若是之类，皆过于高者也"。虽然都是批评，在总论中两次提及，足见其重视程度。此外《论语辨惑》中关于"夫子一以贯之之道""樊迟问知""孔子谓殷有三仁"等广引诸家、集中讨论的问题，王若虚都引征评述到杨时观点，还是以否定为主。王若虚关于诸家观点之取舍，一贯态度是严谨而必有所遵循，许多名家观点在他看来都是"不足论者"，就此意义而言，确也反映出王若虚重视杨时观点。

2. 对张子韶、谢良佐的批评

王若虚在《论语辨惑》序中，批评宋儒"消息过深"，"揄扬过侈"，"以为句句必涵养气象"，"事事皆关造化"，"名为排异端，而实流于其中"，这实质是对宋代经学的总体评价。其后直指谢显道、张子韶其名，"至于谢显道、张子韶之徒，迂谈浮夸往往令人发笑。噫，其甚矣"。②《内翰王公墓表》云王若虚"经解不善张九成"③，其实王若虚经解不善者多矣，岂止张九成而已，还有谢良佐，更有其他学者，但以二者为"不善"之最。

王若虚《著述辨惑》对张九成有这样的总体评价："张九成谈圣

---

① （清）黄宗羲原著：《宋元学案》卷 25《象山学案》，中华书局 1986 年版，第 947 页。

② （金）王若虚：《滹南辨惑》卷 3《论语辨惑》，上海东大书局中华民国二十一年版，序第 1 页。

③ 《元好问全集》卷 19，山西古籍出版社 2004 年版，第 441 页。

人之道，如豪估市物，铺张夸大，唯恐其不售也。天下自有公是公非，言破即足，何必咖咖如是哉！《论孟解》非无好处，至其穿凿迂曲，不尽人情，亦不胜其弊矣。"① 如其所论，"《论孟解》非无好处"，事实上就具体内容分析，王若虚对张九成的评价显然还是颇高的，他曾推许张九成为"最深知者"。关于"夫子不答南宫之问，说者不一。或谓明理而无所疑，故不答；或谓嫌以禹稷比己，故不答；或谓禹稷之有天下，止于躬稼，其言不尽，故不答；或谓为善非以干禄，而禄以天下，尤非学者宜言，故不答；或谓虽不形，言必有目击首肯之意。是皆臆度，非必其真。"张无垢曰："此章全在不答处。圣人立论，坐见万世之后，要不使有时而穷。夫力，非所以取天下也，然有以力得之者。德固宜其有天下也，而不得者亦多矣。是适言虽美，有时而穷也。夫子将言其非，恐害名教，欲言其是，则其病犹适也。故将付之不答而已。至其既出而谓之'尚德''君子'者，盖称其用心耳。盖称其用心耳。"王若虚评价说："此说为善，殊胜诸家也。"② 关于宰我对哀公问社，孔子闻之曰："成事不说，遂事不谏，既往不咎。"解者莫能通。张九成以为："微言隐语可以意会，而不可以训诂，唯当时哀公、宰我、孔子知之。"张九成此解被王若虚评价为"本分"。③ 王若虚学风崇实求真，一句"本分"评价，殊为不易。

王若虚对张九成虽然常不禁击节称赞，但是还是否定为多，《滹南辨惑》共引征议论张九成 20 次，肯定 2 次，2 次半肯定半否定，16 次否定。子路问友。子曰："忠告而善道之，不可则止，勿自辱焉。"张无垢曰："自者，由也。如'自天佑之'之'自'。朋友之道，所以不终者，多由取辱之路以交之也。设数以秦制而不忠告之，

① （金）王若虚：《滹南辨惑》卷 31《著述辨惑》，上海东大书局中华民国二十一年版，第 2 页。

② （金）王若虚：《滹南辨惑》卷 6《论语辨惑三》，上海东大书局中华民国二十一年版，第 8 页。

③ （金）王若虚：《滹南辨惑》卷 4《论语辨惑一》，上海东大书局中华民国二十一年版，第 7 页。

取辱也；危言以控砠而不以善道之，取辱也；制之语已然，禁之于已发，非所谓不可则止，取辱也。平居探其志，观其所趋，倘有不善之萌、非道之念，则要之以礼，正之以义，所谓'不可则止'也。"王若虚说"古今解者未尝有异说"，而张九成作如是解："其迂繆可笑，甚矣！而反以先儒为非，此亦过于厚而不知君子之中道者。"① 此外关于"樊迟问知""子贡问当时从政者""孔子谓殷有三仁"等，张九成所论皆被评为"其意含糊了不可晓"，"窃所不取""过正之论""迂谬可笑"等。

《宋元学案》之《横浦学案表》将张九成归为"龟山门人，二程再传，安定、濂溪三传，陆学之先"。② 朱熹视张九成之学为"洪水、夷狄、猛兽"，张九成公然宣称"佛氏一法，阳以助吾教甚深，未可遽薄之"。明确提出"心即理，理即心"，为陆氏心学张本。张九成明显的佛学倾向和心学倾向应该是王若虚谓之"迂谈浮夸"的原因之所在。

如果说王若虚对张九成有赞有否，则对谢显道仅 1 次"与余意略同"，其余都为批评。《滹南辨惑》卷 31《著述辨惑》云："东莱谓学者当朝夕从事者，程氏《易传》，范氏《唐鉴》，谢氏《论语》，胡氏《春秋》。余素不明《易》，程氏《传》未敢知。若谢氏、胡氏之书，尝略观之，大抵喜为凿说，过正者多，惟《唐鉴》实为纯粹耳。"由此观之，王若虚对谢氏《论语》评价不高。"子曰知之为知之，不知为不知，是知也。"谢显道曰："当知者不可不知，如死生之说，鬼神之情状也；不可知者不必知，如千岁之远六合之外是也。倘能识别于此则可谓知所存心矣，亦可谓能充是非之心矣，故云是知。"王若虚评之"诞妄之甚，不足论也。"③ 此外谢良佐关于"忠

---

① （金）王若虚：《滹南辨惑》卷 6《论语辨惑三》，上海东大书局中华民国二十一年版，第 6 页。

② （清）全祖望：《宋元学案》卷 40《横浦学案》，中华书局 1986 年版，第 1301 页。

③ （金）王若虚：《滹南辨惑》卷 4《论语辨惑一》，上海东大书局中华民国二十一年版，第 5 页。

恕"与"一贯之道",关于"仕而优则学,学而优则仕",关于"夫子闻子夏弦歌"诸问题的解释,王若虚皆持否定态度。[①]

3. 对胡安国一系经学的评析

程门后学中,光大洛学贡献最大的除杨时外,还有私淑弟子胡安国。《宋元学案》之《武夷学案序录》云:"私淑洛学而大成者,胡文定公其人也。"[②] 他的两个儿子胡宏、胡寅得之家学,又师事名师,尤其是胡宏在五峰山讲学 20 年,学者称五峰先生,建立了湖湘学派,与当时杨时的嫡传道南学派并为当时最大的学派,洛学在南宋的流行,正是依赖这两派学者。

王若虚引征胡安国观点 1 次,引征胡寅观点 7 次,而对名气更大的胡宏完全未予关注,胡宏是湖湘学派的建立者,王若虚又越过胡宏多次引征张栻观点。我们分析,胡寅一生崇儒斥佛,曾作《崇正辨》对晋至唐宋高僧佛徒言行一一予以驳斥。胡宏著有《知言》《五峰集》,其突出贡献在于对理学发展的影响,所以王若虚一次也未引用胡宏观点。但从王若虚对张栻观点的评价来看,对湘湖学派的观点认同率颇高。张栻是湘湖学派真正意义上的创始人,与吕祖谦、朱熹并称"东南三贤",关于义利之辨有精深阐述,强调义利在"有所为"与"无所为"之间,受到朱熹叹赏,显然也受到王若虚的肯定。子贡说:"有美玉于斯,韫椟而藏诸?求善贾而沽诸?"夫子答以"待贾"。南轩曰:"待贾者,循乎天理,求善贾则心已先动矣。"王若虚评价"其说甚好,此便是义利之分"。不仅义利问题,《滹南辨惑》共引征议论张栻 13 次,肯定 9 次,在王若虚引征宋代诸经学家中为肯定率最高。南轩解"能使枉者直"则曰:"知人之功用如此。"解"不仁者远"则曰:"此可见知人之为大。"王若虚赞曰:"文理甚

---

① 参见（金）王若虚:《滹南辨惑》,上海东大书局中华民国二十一年版,卷 4 第 11 页,卷 7 第 8 页,卷 7 第 5 页。

② （清）全祖望:《宋元学案》卷 34《武夷学案序录》,中华书局 1986 年版,第 1170 页。

明。"① 关于"管仲不死子纠之难",南轩曰:"夫子所以称管仲者,皆仁之功也。问其仁而独称仁之功,则其浅深可知。只为子路疑其未仁,子贡疑其非仁,故举其功以告之。若二子问'管仲仁乎'则所以告之者异矣。盖圣人抑扬之意。"王若虚认为"其说甚善"。②"关于斯民也,三代之所以直道而行也。"南轩曰:"春秋之时,风俗虽不美,然民无古今之异,三代之所以直道而行者,亦此民耳。"王若虚又评"所说甚好"。③

二　朱熹经学

(一)朱子经学受到高度重视

王若虚在《论语辨惑序》中对历代学者解《论语》的情况作了总体评价,认为"解《论语》者不知其几家矣,然旧说多失之不及而新学每伤于太过","宋儒之议论不为无功,而亦不能无罪焉"。又说"晦庵删取众说,最号简当,然尚有不安及未尽者"。④ 可见,朱熹经学在王若虚心目中是超拔于其他宋儒之上的。王若虚的《论语辨惑》即以朱熹《论语集注》为依据,其《五经辨惑》《论语辨惑》《孟子辨惑》等中直接引征议论朱熹观点 31 次。他又在《论语辨惑四》中赞,"晦庵择取众说颇为精简"。⑤ 王若虚显然注意到了朱熹解经博采众说的优长所在。如子贡问君子,子曰"行之于未言之前,言之于既行之后",王若虚对朱熹引周敦颐之说所作的解答颇赞赏,

---

① (金)王若虚:《滹南辨惑》卷 8《孟子辨惑》,上海东大书局中华民国二十一年版,第 4 页。

② (金)王若虚:《滹南辨惑》卷 6《论语辨惑一》,上海东大书局中华民国二十一年版,第 11 页。

③ (金)王若虚:《滹南辨惑》卷 7《论语辨惑四》,上海东大书局中华民国二十一年版,第 2 页。

④ (金)王若虚:《滹南辨惑》卷 3《论语辨惑序》,上海东大书局中华民国二十一年版,第 1 页。

⑤ (金)王若虚:《滹南辨惑》卷 7《论语辨惑四》,上海东大书局中华民国二十一年版,第 3 页。

谓"解者虽多，无近于此"。① 又如子曰："人而不仁，如礼何？人而不仁，如乐何？"朱氏解之为"记者序于八佾雍彻之后，疑其为僭礼乐者废"。王若虚赞之"此殊有理，胜于泛论者矣"。② 再如子贡曰："纣之不善，不如是之甚也，是以君子恶居下流，天下之恶皆归焉。"晦庵解曰："卑下之处，众流之所归，不善之地，恶名之所聚。言人当自警省，不可一置其身于不善之地，非谓纣无罪而虚被恶名也"。王若虚评之为"其说甚佳"。③ 总体看来，王若虚对朱熹的经学评价，应该是比较高的。

（二）对朱子经学的批评

王若虚认为朱熹解经难脱宋儒积习，常"过为曲说""委曲求之"。如《论语辨惑》载，关于樊迟问仁，子曰："知人。"樊迟未达，则继之以"举直错枉"，子夏广之而及舜汤举伊尹之效。王若虚认为这一段皆论知人之智，与仁全不相关。张南轩的解释文理明白，而"龟山、晦庵、无垢之徒，皆以为兼仁智而言，其意含糊，了不可晓，岂以樊迟屡疑，子夏深叹，且有'远不仁'之说，故委曲求之而至于是与？穷所不取"。④ 再如，子贡问政，夫子答以"民信之"，又曰"民无信不立"。王若虚认为"注释甚明，固无以易"，晦庵却"过为曲说"。"三者初无先后"，朱熹说："兵食足而后吾之信可以孚之民"；对"信于民者在我"，朱熹说"以民德而言，则信者民之所固有"；对"不立者国之事也"，朱熹又说："民有以自立。"王若虚批评晦庵所解为"其意迂回，皆不足取，虽然，此一信字，古今误认者多矣，岂独朱氏而已哉"。⑤ 我们分析朱子所解并无差谬，

① （金）王若虚：《滹南辨惑》卷4《论语辨惑一》，上海东大书局中华民国二十一年版，第5页。

② 同上书，第7页。

③ （金）王若虚：《滹南辨惑》卷7《论语辨惑四》，上海东大书局中华民国二十一年版，第9页。

④ （金）王若虚：《滹南辨惑》卷6《论语辨惑三》，上海东大书局中华民国二十一年版，第5页。

⑤ 同上书，第4页。

其论述亦层层深入条理分明，并无"误认"。《四库全书提要》评王若虚之辨惑文字，"综观全集，偏驳之处诚有"，此即一偏驳之明证。

王若虚对朱熹之注释训诂有时也提出批评，批其"妄为注释"，意谓其不尊重经文原意。如朱熹解"食不语，寝不言"为"答述曰语，自言曰言"。王若虚不以为然，"此何可分而妄为注释"。① 他还批评朱氏重义理而轻注疏。晦庵释"不得其酱不食"曰"恶其不备也"。王若虚认为："君子食无求饱，又以士耻恶衣食为不足议，夫岂以一物不备而不食哉？彼事事必求义理，则宜其陋之至是也。"②

（三）朱子经学受到重视的原因

1. 朱熹是中国古代最重要的经学家之一

朱熹于经学方面成就卓著、著述宏富，举凡《易》《书》《礼》《孝经》《四书》等皆有大量著述。尤其是《四书》，他一生用力颇深，耗时既久，用时也多。主要著有《四书集注》《四书或问》《论孟精义》《中庸辑略》《大学集传》《大学详说》《大学启蒙》《论语要义》（两种）、《论语训蒙古义》《论语详说》《孟子集解》《孟子问辨》《四书音训》等。自朱熹《四书集注》完成以后，四书成为宋以后地位高于五经的思想体系，他对于四书的解释，成为科举考试的标准。我们认为《四书集注》之所以受到如此殊遇，除在政治方面理学上升为官学以外，朱熹于四书的高深造诣，不可不谓重要原因。

2. 认同解经原则

朱熹在《论语训蒙古义》中将自己解经的原则表述得非常清楚，"本之注释以通训诂，参之释义以为其音读，然后会之诸老先生之说，以发其精微"。他批评汉学只重传注，不重经义的流弊，对只讲义理，脱离经文本义以己意解经的宋学弊端亦有针砭，他主张将经文本义与义理解经相结合，以阐发义理为治经之最高目标，从中发明圣人之道，以此建构和论证理学思想体系。钱穆先生评朱子经学"虽

---

① （金）王若虚：《滹南辨惑》卷5《论语辨惑二》，上海东大书局中华民国二十一年版，第13页。

② 同上书，第12—13页。

主以汉唐古注疏为主，亦采北宋诸儒，又采及理学家言，并又采及南宋与朱子同时之人，其意实欲融贯古今，汇纳群流，采撷英华，酿制新实。此其气魄之伟大，局度之宽宏，在儒学传统中，惟郑玄堪在伯仲之列。惟两人时代不同，朱子又后郑学一千年，学术思想之递衍，积愈厚而受益新。朱子不仅欲创造出一番新经学，实欲发展出一番新理学。经学与理学相结合，又增之以百家文史之学"。①

王若虚与朱熹的经学成就固不可同日而语，然而他们解经皆兼重考证与义理，都有明显的广征博引、断以己意的解经特色，只是由于各自学术根基之不同，导致其学术研究之分途、学术境界之差异。这种学术根基包括学者自身的学养和各自所处的社会历史大环境。

三　苏氏蜀学

苏氏蜀学是指草创于苏洵，形成于苏轼苏辙兄弟的学术流派。它在北宋元祐更化之时异军突起，以重人情、尚权变，倡导以儒为主融合佛老的鲜明特色，自树于学派纷呈的宋代儒学圈，与王安石新学、司马光朔学、二程洛学等相抗衡。绍圣绍述之后虽遭禁毁，在民间仍流传不绝。南宋初期，"学者翕然诵读，所谓人传元祐之学，家有眉山之书，盖纪实也。"②

（一）苏氏蜀学广泛流传，颇受重视

翁方纲有云："有宋南渡以后，程学行于南，苏学行于北。"翁氏在《初复斋诗集》卷32也说过"程学盛南苏学北"。③虞集有云："中州隔绝，困于戎马，风声气息，多有得于苏氏之遗，其为文亦曼

---

①　钱穆：《朱子新学案》之《朱子学提纲》，巴蜀书社1986年版，第24页。

②　上海古籍出版社编：《宋元笔记小说大观》第5册，《鹤林玉露》甲编卷2《二苏》，上海古籍出版社2001年版，第5178页。

③　翁方纲：《石州诗话》卷5，转引自《中国儒学史》宋元卷，广东教育出版社1998年版，第600页。

衍而浩博矣。"①

　　载于《闲闲老人滏水文集》的《大学》是最能够体现赵秉文儒学思想的著述，他在文章中引征其他学者观点的次数很少，但是却直接引用苏轼观点三次，苏轼是赵秉文在文章中引用他人观点最多的人物，此外在《种德堂记》等文中，赵秉文也多次提及苏轼。王若虚《滹南遗老集》中引用苏氏观点达 40 余次，也为王若虚征引他人观点次数之最。赵秉文、王若虚对苏氏论点的多次征引应该不是一种偶然现象，至少显示了金代儒家学者对苏学的重视。

　　（二）金代儒家学者对苏氏蜀学充分肯定

　　王若虚对苏氏"常以晋武不杀刘元海，明皇不杀安禄山，为盛德事"的态度，表示高度赞赏，曰"其论甚高，可为万事法"。② 关于"毋友不如己者"，东坡谓"世之陋者乐以不己若者为友，则自足而曰损，故以此戒之。是谓不以辞害意。如必胜己而后友，则胜己者亦不与吾友矣"。王若虚盛赞"其说甚佳"。③ 此外诸如子张学干禄，孔子告之以慎言行；回也其心三月不违仁；子贡问当时从政者，孔子之回答的理解；颜渊死，颜路请子之车以为之椁，孔子不许之事；管仲不死子纠之难，孔子曰："如其仁"，等等，苏氏所作的诸多注解，王若虚或谓"余以东坡为当"，或谓"此论甚佳"，皆旗帜鲜明地表示赞成。赵秉文对苏轼之天道论颇为称许："善乎东坡先生之论天也。曰天可必乎，仁者不必寿，贤者不必富，天不可必乎，贤者必有后，天地之大以无心也，仍尝择善人而赏之、恶人而罚之。"④ 李纯甫对苏氏之学征引的次数虽不多，但是对其整体的评价颇高，这和他

　　① 虞集：《道园学古录》卷 33《序陵刘桂隐稿序》四部从刊本，转引自《中国儒学史》宋元卷，广东教育出版社 1998 年版，第 600 页。

　　② （金）王若虚：《滹南辨惑》卷 2《五经辨惑》，上海东大书局中华民国二十一年版，第 8 页。

　　③ （金）王若虚：《滹南辨惑》卷 4《论语辨惑一》，上海东大书局中华民国二十一年版，第 2 页。

　　④ （金）赵秉文：《闲闲老人滏水文集》卷 13《种德堂记》，商务印书馆中华民国二十四年版，第 361 页。

对其他宋儒犀利尖锐、毫不容情的批评形成有趣的反差。如，张横渠云：自浮图传入中国，"波淫邪遁之词，翕然并兴一出于佛氏之门者，千五百年，自非独立不惧，精一自信，有大过人之才，可以正立其间，与之较是非，计得失乎"。李纯甫谓"所谓有大过人之才者，王氏父子苏氏兄弟是也"。① 再如，谢上蔡叹："自孔子没，天下学者向外驰求，不识自家宝藏。被他佛氏窥见一斑半点，遂将擎拳竖佛底事，把持在手，敢自尊大，轻视中国学士大夫，而世人莫敢与争，又从而信向归依之，使圣学有传岂至此乎。"屏山则反驳之曰："中国学士不谈此事者千五百年矣，今日颇有所见，岂非王氏父子苏氏兄弟之力欤。"②

当然，金代儒家学者对苏轼并非全然赞同，李纯甫盛赞苏氏之学，但间或亦有"东坡少年之语"之评价。明确反对苏轼将性与才区分开的人性说："苏子曰有性有才，苏子之才非性乎？"③ 王若虚说："东坡之解经，眼目尽高，往往过人甚远。而所不足者，消息玩味之功，优柔浑厚之意，气豪而言易，过于出奇，所以不及二程派中人。"④ 他批评苏氏关于"诗三百，一言以蔽之思无邪"的解析为"流于释氏，恐非圣人本旨"。⑤ 又批评苏氏对《论语》《孟子》的解释不当，所谓"苏氏解《论语》《孟子》辨者八，其论差胜，自以去圣人不远，及细味之，亦失其本旨"。⑥ 他甚至批评苏氏"不知道"，

---

① （金）李纯甫：《鸣道集说》卷1，（日）中文出版社景享保四刊本，第41页。

② （金）李纯甫：《鸣道集说》卷4，（日）中文出版社景享保四刊本，第108—109页。

③ （金）李纯甫：《鸣道集说》卷5《杂说》，（日）中文出版社景享保四刊本，第169页。

④ （金）王若虚：《滹南辨惑》卷31《著述辨惑》，上海东大书局中华民国二十一年版，第3页。

⑤ （金）王若虚：《滹南辨惑》卷5《论语辨惑二》，上海东大书局中华民国二十一年版，第4页。

⑥ （金）王若虚：《滹南辨惑》卷8《孟子辨惑》，上海东大书局中华民国二十一年版，第1页。

所谓"苏氏喜纵横而不知道"。① 赵秉文亦言："苏黄门言，不思善恶，与李习之灭情以归性，近乎寒灰槁木，杂佛而言也。"指出苏氏所言之"中"只是"释氏之所谓中也"，"非吾圣人所谓大中之道"。② 又谓"欧苏长于经济之变，如其常，自当归周程"③，认为苏学长于经济，而世人求道还是应当以周程之学为指归，言下之意，欧苏之为学不如周程正宗。总体来看金代儒家对于苏氏蜀学是肯定多于否定。赵秉文、王若虚、李纯甫以其各自学术观点出发或褒或贬，评价有所差异。

（三）金代儒家学者关注和肯定苏氏蜀学的原因

1. 金代重辞赋的整体社会风尚和学术传统使然

苏轼是北宋继欧阳修之后的文坛巨擎，是北宋文学的重要代表。"方南北分裂，两帝所尚，唯眉山苏氏学"。④ 金代的皇室贵族中多人有较高的文学修养，赵秉文、王若虚、李纯甫本身也都是著名的文学家。词赋是金代科举考试的重要内容，终金一代，重词赋轻经义的科举考试倾向一直存在。元好问说："国初因辽宋之旧，以词赋、经义取士，预此选者，选曹以为贵科。荣路所在，人争走之。"⑤ 王大钧《两汉策要序》云："皇朝专尚词赋取士。"⑥ 由于皇室贵族、学术名家的倡导以及科举考试的控制，使金代形成重文学的整体社会风尚和学术传统。

2. 金人对苏氏兄弟，尤其是苏轼本人品行之敬重

金代学者普遍对苏氏尤其是苏轼人品评价比较高。赵秉文《东

---

① （金）王若虚：《滹南辨惑》卷29《议论辨惑》，上海东大书局中华民国二十一年版，第2页。

② （金）赵秉文：《闲闲老人滏水文集》卷1《性道教说》，商务印书馆中华民国二十四年版，第2页。

③ 同上。

④ （元）袁桷：《清容居士集》卷21《乐侍郎诗集序》，四部丛刊本，转引自《中国儒学史》宋元卷，广东教育出版社1998年版，第600页。

⑤ 《元好问全集》卷17《闲闲公墓志铭》，山西古籍出版社2004年版，第400页。

⑥ （清）张金吾纂辑：《金文最》卷37《两汉策要序》，中华书局1990年版，第544页。

坡四达斋铭跋》云："东坡先生人中麟凤也"，对苏东坡其文、其诗、其书佩服至五体投地，对其人品更是高山仰止、无以言之。谓"此犹可言也，至于字外近成风之妙，笔端透具眼之禅，盖不可得而传也。观其胸中空洞无物，亦如此斋廓焉四达，独有忠义数百年之气象。引笔若纸，与心俱化"。《东坡与王定国帖跋》又有"安得有苏氏忠义不回之气象哉"的赞叹。① 延安学《二苏墓诗跋》云："文以气为主，气以道为囿，极其指归，则无出于忠信仁义而已，此眉山两苏公。"② 屈子元《二苏墓诗跋》云："东坡先生，古今忠义一人而已。其作为文章，见于行事者，固不一而足。无何，道之不行，命宫磨蝎，窜居黄冈数年，然后归隐，流离顿挫，处之自若，胸中一点可谓之养浩然者也。"③

3. 学术诣趣之趋同

田浩先生认为，金代学者对苏学的关注显然是欣赏苏轼的文学艺术成就，而不一定是他的文化哲学。④ 笔者以为田浩先生所论固然有一定道理，但亦不尽然。观赵秉文、王若虚、李纯甫对苏氏之学的议论，足见他们已经把握住了苏氏哲学的精髓，他们对苏学的认同，很大程度上是由于他们在学术诣趣上的趋同所致。

苏氏主张性与情的统一，他们所坚持的是一种自然人性论，所谓"夫礼之初，始诸人情，因其所安者而为之节文，凡人情之所安而有节者，举皆礼也"。⑤ 以人情解经，是王若虚经学思想的基本特色之一，王若虚对于诸儒解经观点的取舍臧否，常以是否近人情为准则。

---

① （金）赵秉文：《闲闲老人滏水文集》卷20《跋东坡四达斋铭》，第235页，《题东坡与王定国帖》，第238页，商务印书馆中华民国二十四年版。

② （清）张金吾纂辑：《金文最》卷47《二苏墓诗跋》，中华书局1990年版，第678页。

③ （清）张金吾纂辑：《金文最》卷47《二苏墓诗跋》，中华书局1990年版，第679页。

④ 参见田浩《金代的儒教——道学在北部中国的印迹》，载中国哲学编辑部编《中国哲学》第14辑，人民出版社1988年版。

⑤ 《苏东坡全集》后集卷10《礼以养人为本论》，中国书店1986年版，第567页。

诸如，"予谓洪氏之论深尽人情，故表而出之"①，"予谓东坡之说为近人情，故从之"②。赵秉文虽崇尚程学，以"理"为天理，但也不废人情说，他认为圣人也有喜怒哀乐，此与苏学亦有相通之道。

苏氏之学的另一个特点是尚权变，苏洵说"圣人之道有经、有权、有机"，③"仲尼之说，纯乎经者也；吾之说，参乎权而归乎经者也"。④王若虚以权变通达为解经之要，多次批评汉儒宋儒拘泥迁强，多次强调凡事需审时度势"权其轻重"，与苏洵之论可谓异曲而同工。

糅合儒释道，倡导三教同至。苏轼说："孔老异门，儒释分宫，又于其间，禅律交攻。我见大海，有此南东，江河虽殊，其至则同。"⑤二苏糅合儒释道融合三教的倾向，在其学术与为人中都有明显体现，"苏轼是用儒家知其不可为而为之的入世精神从政，用老庄乘时归化、反朴任天的态度以养身，同时，又把禅学看穿忧患和儒学'无入而不自得'的思想结合起来，用以对付人生的坎坷和磨难"。⑥金代儒家很多人身为儒家而兼修释道，或者直接为居士、道士，或者援佛释儒，或者以儒证佛。他们中的绝大多数学者并未将儒学与佛学、道家哲学严格区分开，所以苏氏蜀学所具有的三教合一的特色，很容易为他们认可和接受。

四　荆公新学

荆公新学由王安石创始于宋仁宗嘉祐年间，形成于宋神宗熙宁年间，是北宋中期儒学复兴运动的主要学派，直至北宋末年，新学在儒

<hr>

① （金）王若虚：《滹南辨惑》卷4《论语辨惑一》，上海东大书局中华民国二十一年版，第11页。

② （金）王若虚：《滹南辨惑》卷7《论语辨惑四》，上海东大书局中华民国二十一年版，第10页。

③ 苏洵著，曾枣庄、金成礼笺注：《嘉祐集》卷4《衡论·远虑》，卷9《谏论》，上海古籍出版社1993年版，第80页。

④ 苏洵著，曾枣庄、金成礼笺注：《嘉祐集》卷9《杂论·谏论上》，上海古籍出版社1993年版，第243页。

⑤ 《苏东坡全集》后集卷16《祭龙井辨才文》，中国书店1986年版，第635页。

⑥ 徐远和：《洛学源流》，齐鲁书社1987年版，第44页。

家学派中独领风骚五六十年之久。从史料上看荆公新学流传入金的时间比较早。①

（一）金代学界比较重视荆公新学

赵秉文《原教》中对道学有一段总体性论述："自韩子言仁义而不及道德，王氏所以有道德性命之说也。然学韩而不至，不失为儒者；学王而不至，其弊必至于佛老，流而为申韩。何责？道德性质之说，固圣人罕言也。求其说而不得，失之缓而不切，则督责之术行矣。此老庄之后，所以有申韩也与。过于仁，佛老之教也；过于义，申韩之术也，仁义合而为孔子。孟子先性，荀子后性，荀孟合而为孔子。"② 我们可以从中看出金代学者对王安石学术影响的认知。王若虚《滹南辨惑》引征王安石观点 11 次，又引征其门人王补之观点 1 次，其弟王平甫观点 1 次。李纯甫引征王安石观点多次，认为王安石倡导三教合一，与苏轼一样有功于道学乃"大过人者"。③《辽金元石刻史料全编》记载了金代文坛泰斗党怀英书王荆公诗刻四首，其中一首为"乌石岗边缭绕山，柴荆细路水云间，拈花嚼蕊常来往，只有春风似我闻"。足见金代学者文人对王安石的学术是比较重视的。

（二）对荆公新学的三重定位

1. 承认王学为"道德性命之学"

韩愈是唐代以排佛道著称的儒家学者，他构建起儒家的"道统"以与佛教"法统"相抗衡，籍以阐明儒家以"仁义"为目标的道德与佛道二教所言的道德在本质上的差异。所以赵秉文有"自韩子言仁义而不及道德"之说，意谓自韩子以复兴儒学为己任，指出儒家道统之

---

① 参见田浩《金代的儒教——道学在北部中国的印迹》，载《中国哲学》第 14 辑，人民出版社 1988 年版；韩钟文：《中国儒学史》宋元卷，广东教育出版社 1998 年版，第 597 页。

② （金）赵秉文：《闲闲老人滏水文集》卷 1《原教》，商务印书馆中华民国二十四年版，第 1 页。

③ 参见（金）李纯甫《鸣道集说》，（日）中文出版社景享保四刊本，卷 1 第 41 页、卷 4 第 109 页。

说以后，王安石提出"道德性命之说"。由此，我们可以看出，金代儒家学者认为王安石学术也是以复兴儒学，发扬道统为宗旨的。

2. 将王安石所治道德性命之学与韩愈之学分殊开来，将之归为申韩之术

赵秉文所谓"学韩而不至，不失为儒者；学王而不至，其弊必至于佛老，流而为申韩"。对此王若虚与赵秉文有相同认识，王若虚在批评朱熹关于"小不忍"的解释时，说"君子未有以残忍之忍教人者，虽王氏尝有此训"。① 将王安石的思想归为"残忍之忍"。李纯甫《鸣道集说》卷二指摘张横渠学术亦曰："吾固疑横渠之徒，本出于王氏，特以元丰之故，失天下士大夫之心，故尽反其说。求合于司马君实既说。诸儒翕然归之，其言遂大。盖阴挟纵横之资，而谈仁义之道者耶。"也定性王学为纵横之术。

3. 认为王安石之学杂有佛老之学

不仅赵秉文，李纯甫也认为王安石之学乃糅合儒释道三家学说，但李纯甫对此持肯定态度，而赵秉文则表示出了批评态度。李纯甫认为王安石倡导三教合一有功于道学，乃"大过人者"。② 但他对王安石的佛学观点不尽赞同，王安石言"离妄而真为真空"，李纯甫谓"予又不然，所谓真空者，非即非离，非妄非真，非空不空"。③

（三）对王安石经学思想基本否定

王若虚《滹南辨惑》之《著述辨惑》中，对王安石经学著述有一段集中评述："王安石《书解》，其所自见而胜于先儒者，才十余章耳，余皆委屈穿凿，出于私意，悖理害教者甚多。想其于《诗》于《周礼》皆然矣。谬戾如此，而使天下学者尽废旧说以从己，何

---

① （金）王若虚：《滹南辨惑》卷7《论语辨惑四》，上海东大书局中华民国二十一年版，第2页。

② 参见（金）李纯甫《鸣道集说》，（日）中文出版社景享保四刊本，卷1第41页、卷4第109页。

③ （金）李纯甫：《鸣道集说》卷5，（日）中文出版社景享保四刊本，第167页。

其好胜而无忌惮也!"① 对王安石的多次引征基本持否定态度。如宰予昼寝，夫子喻之为朽木粪土，荆公解曰："宰予之大罪，在于行不顾言，则昼寝之过为不足责。"王若虚谓其"求之太过也"。② 又如孔子谓子夏曰："女为君子儒，无为小人儒。"荆公解之为"君子一以贯之，小人尚杂博"。王若虚谓"不足以尽之"。③ 再如孔子谓殷有三仁，而记者曰："微子去之，箕子为之奴，比干谏而死。"荆公解之为"微子不去，无以存殷之祀，箕子不奴，无以贻天下之法，比干不死，无以示人臣之节"，王若虚谓之为"过论也"。④

综上所述，金代儒家学者对王安石总体上是持否定和排斥的态度，荆公新学在金代未产生深刻影响。

（四）否定荆公新学原因探析

在宋代，自洛学地位逐渐提升并成为学术主流之后，荆公新学和苏氏蜀学都降居从属地位，那么为什么金人对苏氏蜀学青睐有加，对王氏所学则基本否定呢？

金朝的统治者入主中原以后，为巩固其政治统治，采取了相应的政治和文化政策。他们顺应民心"褒崇元祐诸正人，取蔡京、童贯、王黼诸奸党"。⑤ 宋徽宗年间蔡京等人打着绍述新学的旗号，胡作非为，祸国殃民，所以南宋多将北宋亡国的责任追溯至熙宁变法，荆公新学作为变法的指导思想自然在劫难逃。金朝的学者们虽未明言荆公新法即是北宋亡国的罪魁，但也对荆公新法持全然否定态度。王若虚《答张仲杰书》中说："及王氏法行，官吏不堪其迫，邵康节门人之从仕者，皆欲投檄以归。康节止之曰：'此正贤者用力时。新法甚

① （金）王若虚：《滹南辨惑》卷31《著述辨惑》，上海东大书局中华民国二十一年版，第3页。

② （金）王若虚：《滹南辨惑》卷5《论语辨惑二》，上海东大书局中华民国二十一年版，第1页。

③ 同上书，第7页。

④ （金）王若虚：《滹南辨惑》卷7《论语辨惑四》，上海东大书局中华民国二十一年版，第4—5页。

⑤ （金）刘祁：《归潜志》卷12，中华书局1983年版，第136页。

严，能宽一分，则民受一分之赐。'"① 赵秉文也说："元丰之政，初
亦有为，但荆公新法，不合人情。温公继之，力革前弊。"② 王庭直
《重立司马温公神道碑记》云："司马温公，于有宋熙宁间，致君泽
民，成人行己，文章政事，丰功硕德。炳炳烺烺，著于天下，昭于后
世。""公薨于元祐之初，归附先垅，神道一碑，奉诏撰写者，实学
士院承旨眉山苏公也。迨至绍圣间，遭奸谀之谮，敝主上之聪明，以
公辈为党，遂仆其碑而磨其文"。所谓"遭奸谀之谮"，显示出对荆
公一派的强烈反感。

　　所谓成也萧何，败也萧何。荆公新学因王安石之位居显位、主持
变法而跃居官学，又因变法之失败、王安石政治上之失势而归于沉
寂。邓广铭先生曾作过一个假设："假如王安石不曾参与大政，不曾
变法改制，它的那些学术思想见解，在他生前虽未必能风行于一时，
到他的身后，却必定还要被治经术的儒家们长久传承的。"③ 宋代各
学派之间的斗争，既是党派之争，也是学派之争，包含着政治和学术
思想上的深刻分歧。金代士人对宋代学术的取舍，尤其是对王安石新
学的态度，除学术本身的原因之外，深刻的政治原因起着决定性的作
用。徐复观在《研究中国思想史的方法与态度问题》中说："从历史
上看，学术思想若与现实政治处于分离状态，复无有力之社会力量加
以支持，以改变当时之现实政治，则现实政治之影响学术思想者，将
远过于学术思想之影响于现实政治。若在本质上系与现实政治相对
立，而在形势上又须有某种程度之合作时，则现实政治对学术思想之
歪曲，常大过于学术思想对现实政治之修正。学术思想的力量，是通
过时间的浸润而表现；现实政治的力量，则在空间的扩张中而表现；
所以学术思想常无法在某一空间内与政治争胜。"④ 徐先生的这一论

---

① （金）王若虚：《滹南遗老集》卷 44《答张仲杰书》，商务印书馆中华民国版，第
290 页。

② （金）赵秉文：《闲闲老人滏文集》卷 20《题东坡书孔北海赞》，商务印书馆中华
民国二十四年版，第 236 页。

③ 《邓广铭学术论著自选集》，首都师范大学出版社 1994 年版，第 286 页。

④ 《徐复观文集》第 2 卷，湖北人民出版社 2002 年版，第 9 页。

述对我们理解荆公新学在金代的境遇，以及荆公新学在中国历史上的沉浮应该是有所帮助的。

第五节 王若虚的经学思想述评

经学是金代儒学的主流，终金一代从事经学研究者颇多，著述亦颇丰，李纯甫、赵秉文都有经学著作，但遗憾的是他们的著作和其他人的经学著作一样，也没有留存下来。我们今天在这里探讨研究金代经学思想，仅以王若虚一人作为参照实有以偏概全之虞，然而史料所限，我们也只好勉为其难，姑且作为一种探索和尝试吧。好在王若虚确实于经学研究用力颇深，后儒对他的评价也颇高，相信他的观点和经学研究应该具有一定的代表性。现就王若虚的经学思想作简要述评。

一 解经的基本原则

我们通过《滹南遗老集》之《五经辨惑》《论语辨惑》《孟子辨惑》《议论辨惑》《杂辨》《著述辨惑》及少数杂文的梳理总结，可以看出王若虚对经典的诠释、注解主要遵循以下原则：

（一）揆以人情而约之中道

王若虚在《论语辨惑序》中开篇就说："解论语者不知其几家，义论略备矣。然旧说多失之不及，而新说每伤于太过。夫圣人之意，或不尽于言，亦不外乎言也。不尽于言而执其言以求之，宜其失之不及也。不外乎言，而离其言以求之，宜其伤于太过也。盖亦揆以人情而约之中道乎。"[①] 这可以说是王若虚注解经典的宣言，揆以人情而约之中道是王若虚解经的一个基本原则。

---

① （金）王若虚：《滹南辨惑》卷3《论语辨惑序》，上海东大书局中华民国二十一年版，第1页。

1. 揆以人情而约之中道的内容

揆以人情而约之中道包括揆以人情和约之中道两个方面的内容。约之中道是目的、根本，揆以人情是手段、方法。王若虚屡叹众人违背中庸之道注解经典，使圣人的真实思想无法显著当世。"甚矣，中道之难明也。战国诸子，托之以寓言假说，汉儒饰之以末节繁文，近世之士参之以禅机玄学，而圣贤之实益隐矣。"①"呜呼！夫子中庸之教，朗如白日，坦于夷涂，而世每以矫拂难行，不近人情为奇节，不亦异乎！"② 王若虚对经典的理解，坚持以中庸之道为基本原则。有人问《礼记》三宥制刑之说，王若虚回答说，"先王之法亦求其实而已，哀矜审慎则有之。至于当罪无疑，而必有三宥焉，以为有司当执法，而人主贵收恩，收后世之虚文，而非先王之正道也。"他还引证成王的例子："成王命君陈曰：'予曰辟，尔惟勿辟，予曰宥，尔惟勿宥：惟厥中。'"王若虚评价其说："斯得其正道矣。"③

2. "约之中道"的标准

（1）王若虚认为衡量解经是否"约之中道"，首要的标准是不能"太过"。在《论语辨惑》总论中，他指出："解论语者有三过焉：过于深也，过于高也，过于厚也。"他对宋儒的批判常常是因为他们"太过"。如"君子固穷"，伊川解为"固守其穷"。王若虚认为伊川之说，"好事者或取之，而实不然。盖子路之意，止疑君子不当穷，而非论处穷也。夫子言固有穷时，但不若小人之滥耳。伊川之义盖亦在其中，而遂以固字为说，则过矣"。④ 关于"天下有道，庶人不议"。张九成解为"窥议王室之意"，张九成为证明自己的立论还引

---

① （金）王若虚：《滹南辨惑》卷30《议论辨惑》，上海东大书局中华民国二十一年版，第7页。

② （金）王若虚：《滹南辨惑》卷1《五经辨惑》，上海东大书局中华民国二十一年版，第10页。

③ （金）王若虚：《滹南辨惑》卷2《五经辨惑》，上海东大书局中华民国二十一年版，第4页。

④ （金）王若虚：《滹南辨惑》卷7《论语辨惑四》，上海东大书局中华民国二十一年版，第1页。

用了高欢见魏政不纲退结豪杰之事。王若虚认为"此乃过正之论也"。① 关于"宰予昼寝，夫子有朽木粪土之喻"，王安石解之曰："宰与之大罪，在于行不顾言，则昼寝之过为不足责。"东坡解之曰："昼居于内，非有疾不可，予盖好内而怀安者。"王若虚认为二人的评价皆"求之太过"。②

　　（2）"约之中道"应"揆以人情"。在王若虚的经学思想中，"人之常情"有着相当高的地位，他认为礼即是人情，"礼者，人情而已"。③ 君子之道也是人情。"君子之道人情而已。丧而欲速贫，死而欲速朽，非人情也。不近人情，便非君子之道。"④ 王若虚看重人情还表现在他对"天属"的重视。敬姜丧子，据其床而不哭，王若虚说："母子，天属也。一有所恨而遂忘其哀，亦太忍而不慈矣。"⑤ 司马牛叹自己没有兄弟，子夏劝之说四海之内皆兄弟，王若虚说："然则涂人非我亲，而天属不足贵矣，而可乎？"⑥

　　王若虚把是否合乎人情作为解经的重要依据。关于三老五更之义，郑玄、孔颖达、宋均、刘原父之注，皆被王若虚批为"其说甚陋"，"臆说呵呵"，独蔡邕的解释，王若虚以其"最近于人情"许之。⑦《檀弓》载，穆伯之丧敬姜昼哭，文伯之丧昼夜哭，郑氏注为"嫌思情性也"。王若虚认为，以人情论，哀戚之至，哪里顾得了那

---

　　① （金）王若虚：《滹南辨惑》卷7《论语辨惑四》，上海东大书局中华民国二十一年版，第3页。

　　② （金）王若虚：《滹南辨惑》卷5《论语辨惑二》，上海东大书局中华民国二十一年版，第1页。

　　③ （金）王若虚：《滹南辨惑》卷2《五经辨惑》，上海东大书局中华民国二十一年版，第6页。

　　④ 同上书，第1页。

　　⑤ 同上书，第2页。

　　⑥ （金）王若虚：《滹南辨惑》卷6《论语辨惑三》，上海东大书局中华民国二十一年版，第3页。

　　⑦ （金）王若虚：《滹南辨惑》卷1《五经辨惑》，上海东大书局中华民国二十一年版，第2页。

么许多，先王制礼，亦必不委曲至此，纯属汉儒之私意，非圣人之言。①

遇到"真伪无从质之"的问题，他主张"求乎义理之安，而合乎人情之常而已"。②他举例说："乡党一篇皆圣人起居饮食之常，而弟子私记之，虽左右周旋，莫不中礼节，然亦有本无意义者，而学者求之太过。"他又说，"东坡以为杂记曲礼，非独孔子之事，皆置不说，此固太甚。然如张九成辈妄为夸诞，务以张大圣人而不知其非实，至谓与春秋相表里，其不近人情，亦岂足尽信哉？"③他甚至宣称"一切异说不近人情者，虽托以圣贤，皆当慎取不可轻信也"。④"圣人之言，亦人情而已，是以明白而易知，中庸而可久"。可见，王若虚几乎将"人情"提升为其解经的最高原则。我们认为他的这种原则贯彻到具体的经解中，固然可以做到通达而不拘泥，但也有其随意性的弊端，不能作为普遍推行的标准而实行，因为不同的人有不同的人情标准。《滹南辨惑》导言评王若虚解经"平情衡理，不作过为深玄之论"。又说"这一点似乎很平常，但是从前自名为'儒者'的，却是很难到的境界。他们横亘在心里的是'圣人之徒'，圣人之徒应该不同常人一般见识，于是发议论要绕个弯儿，做文章要拉起腔调，王若虚虽然并不否认为圣人之徒，但是能站在常人的地位来读书，来论事，所以他的辨惑很能够平情衡理"。总体看来，王若虚本人以人情为本对经典所做的理解绝大多数是中肯允当的。

（3）"约之中道"还须"权其轻重"。从王若虚对伯姬之死的看法，足见其主张凡事不可拘泥，须权衡利弊轻重。发生火灾，伯姬本来可以逃出，但她坚持"妇人不夜出，不见父母不下堂"之礼，终于被火烧死。王若虚叹："伯姬知礼而不知礼，似贤而近于愚。其志

---

①　（金）王若虚：《滹南辨惑》卷2《五经辨惑》，上海东大书局中华民国二十一年版，第1页。

②　同上书，第8页。

③　（金）王若虚：《滹南辨惑》卷5《论语辨惑二》，上海东大书局中华民国二十一年版，第12页。

④　（金）王若虚：《滹南辨惑》卷20《诸史辨惑》，上海东大书局中华民国二十一年版。

可哀，而其事不可法也。""事有不幸而莫能两全，亦权其轻重而处之。"① 又如，管仲不死子纠之难，王若虚认为"管仲无必死之义，而有匡天下救生民之功，所慊者小，所成者大，孔子权其轻重而论之，故不以管仲为非仁，而亦不以召忽为不当死"。②

（二）依经立意，崇实求真

王若虚为学虽立论颇高，不屑流俗之见，但治学扎实严谨，所论皆有所本，从不为求标新立异而妄议，凡有所论必依经立意，务求真实。他认为："为论不求是非之真，而徒倚古人以为重，殊可笑也。"③ 主张致学者应"度德量力，切问近思"，"宁失之固，无涉于妄，宁处其卑，而不至于僭焉"。④ 事实上，王若虚本人在解经中也一直遵守着这一原则。

1. 凡事追求圣人本意，不妄加议论

关于子在川上曰："逝者如斯夫！不舍昼夜。"注疏为"叹时事之不留"。程氏解为"此道体也。天运而不已，日往则月来，寒往则暑来。水流而不息，物生而不穷，皆与道为体，运乎昼夜，未尝已也。君子法之，自强不息。及其至也，纯亦不已。自汉以来，儒者皆不识此意"。王若虚认为"程氏之论虽有益学者"，"要为出于臆度"，"予谓孔子指水而云，其所寓意，未可晓也"。⑤ 笔者以为前人有言，后人依古人之言发今人之幽思，未为不可。但王若虚极言孔子本意，可以体现出他依经立意、尊重圣人本意的解经主张。再如，子路问事鬼神，子曰"未能事人，焉能事鬼？"问死？则曰"未知生，焉知

---

① （金）王若虚：《滹南辨惑》卷1《五经辨惑》，上海东大书局中华民国二十一年版，第9页。

② （金）王若虚：《滹南辨惑》卷2《五经辨惑》，上海东大书局中华民国二十一年版，第11页。

③ （金）王若虚：《滹南辨惑》卷30《议论辨惑》，上海东大书局中华民国二十一年版，第1页。

④ （金）王若虚：《滹南辨惑》卷5《论语辨惑二》，上海东大书局中华民国二十一年版，第4页。

⑤ 同上书，第10页。

死"。宋儒解释为"人鬼之情同，死生之理一，知事人则知事鬼，知生则知死矣。不告者，乃所以深告之"。王若虚评价说"其论信美，但恐圣人言下初不及此意，而子路分上亦不应设此机也"。他认为正确的解释应是因为子路不能切问近思，以尽人事之实，而妄议幽远，孔子的态度实拒而不告也。

2. 对于无法判定的事情，本着尊重事实的精神，不强作解释

"以未定说而断然自谓得圣人之旨，安能使后世必信哉？然则奈何？曰：'不必论也。'"《四库全书提要》评价"其自称不深于《易》，即于《易》不置一词，则亦非强所不知者矣"。如宰我问井有仁焉之说，旧说以为仁者必济人于患难，闻有仁人堕井，将自投下从而生之。世儒多取林少颖解"仁"为"人"。伊川说："仁者好仁，不避患难。虽告之以赴井为仁，亦将从之。"王若虚认为"从旧注则仁字不安，从伊川则逝字难说，此当两存之"。① 他又说："子罕言利一章，说者虽多，皆牵强不通。予谓利者圣人之所不言，仁者圣人之所常言，所罕言者唯命耳。然而云尔者，予不解也，姑阙之。"② 又如，子曰："富与贵，是人之所欲也，不以其道得之，不处也。贫与贱，是人之所恶也，不以其道得之，不去也。"王若虚认为说者虽多，皆莫通，贫贱与富贵，当云以其道得之，"不"字非衍则误也。他进一步说明，"若谓圣人之经，不当变易以就己意，则宁阙而勿讲，要不可随文而强说也"。③

3. 认为是非有定理，不能因时、因事、因人而改变评价标准

司马温公论曹操篡权，以为非取之汉而取之盗手。王若虚指出："及其论萧道成当讨苍梧，刘知远不必赴晋难，乃皆引以相明而不

① （金）王若虚：《滹南辨惑》卷5《论语辨惑二》，上海东大书局中华民国二十一年版，第9页。

② 同上书，第10页。

③ （金）王若虚：《滹南辨惑》卷4《论语辨惑一》，上海东大书局中华民国二十一年版，第9页。

废，何也？是非有定理，而前后反覆迁就己意，此最立言之大病也。"① 他反对迷信权威，认为"凡人有好则有恶，有喜则有怒，有誉则有毁，圣人亦何以异哉？而学者一以春风和气期之，凡忿疾讥斥之辞，必周遮护讳而为之说"。② 他批评啖助对于权威的敬畏。啖助谓《左传》的作者左氏非左丘明。王若虚评述啖助之说"无害也，然亦未免于畏其名。论事者顾是非何如耳，岂可以人而移之？圣贤之言，一是非也，刍荛之言，一是非也，盖亦独论左传之是非而已，其主名不必究也。自今观之，乖戾甚多。使其果出于丘明，可遂以为是乎？……啖助析辨其失，可矣。而必云别左氏，则其意亦以丘明之贤不应至是耳，故曰未免于畏其名也"。③ 其实，作为学者各自有其尊崇的先贤圣人。王若虚本人之于尧舜汤武孔孟不也是尊崇备至吗？如孔子言"丧欲速贫，死欲速朽"。曾子信之，有若疑之，子游证之。王若虚说："有若贤似过于曾子，要皆以孔子为准，而非其所自见也。使孟子处之，当不如此。"④ 又曾云："尧舜汤武皆古圣人，而其所行皆天理，初无优劣之殊。质之五经论孟，亦未尝有不足于汤武之意，直后人所见者小耳。"⑤ 可见雷希颜谓王若虚"持论太高"，并非虚评。

（三）重经而不废传

《滹南遗老集》彭应龙序云：王若虚"所尊者经，而于传记百氏弗尽信。见到处摆脱窠臼，而不依随以为是非"。关于资料的取舍，

① （金）王若虚：《滹南辨惑》卷30《议论辨惑》，上海东大书局中华民国二十一年版，第2—3页。

② （金）王若虚：《滹南辨惑》卷3《论语辨惑总论》，上海东大书局中华民国二十一年版，第3页。

③ （金）王若虚：《滹南辨惑》卷1《五经辨惑》，上海东大书局中华民国二十一年版，第8页。

④ （金）王若虚：《滹南辨惑》卷2《五经辨惑》，上海东大书局中华民国二十一年版，第1页。

⑤ （金）王若虚：《滹南辨惑》卷4《论语辨惑一》，上海东大书局中华民国二十一年版，第8页。

王若虚主张"宁舍史传而从经可也"。① 他认为"君子之学，亦求夫
义理之安而已。圣人之所必无也。传为经作，而经不为传作，信传而
诬经，其陋儒而已"。② 所以当他看到王通论述"三传作而春秋散"，
欧阳修讥讽学者不从圣人而从三子之时，即深表赞同。他还提出，
"学者盍亦信乎经而已"。③ 所以王若虚在对经典注释中有着明显的重
经轻传的倾向。

1. 对于不尊重经的言行议论，坚决反驳，毫不姑息

《汲冢书》记"伊尹放太甲而自立，太甲潜出杀之，而复立伊尹
子伊涉、伊奋"。杜预认为《尚书》的记载与左氏不附，所以不足
取。王若虚将杜预此论视为诬经之举，是小人行径。他说："呜呼，
伊尹圣人，其大义贯乎天地，诗书载之，孔孟论之，昭如日星，有不
可诬者。世之小人，往往以私意量之，妄生訾毁，而此说犹甚。"他
不仅将杜预比为"世之小人"，还指出杜预不尊重事实，为提高《左
传》地位曲解经文的用心，他认为杜氏的做法事与愿违，"于左氏亦
所谓欲盖而反弊也"。④

2. 对史传的记载提出质疑

如，许悼公之卒也，《经》言世子止杀之，而《三传》皆以为进
药不尝而已。王若虚质疑说："《春秋》人情之书也，若是之类，可
谓近人情乎？自《传》考之，称国者未必无道，称臣者岂皆有道，
参差不齐，自相为戾者，多矣。"⑤ 他又说，"舜命群臣，自伯禹而下
二十二人，姓名职掌，见于虞书，班班可考"。而"左传载季文子恺

---

① （金）王若虚：《滹南辨惑》卷1《五经辨惑》，上海东大书局中华民国二十一年
版，第2页。

② 同上书，第5页。

③ （金）王若虚：《滹南辨惑》卷32《杂辨》，上海东大书局中华民国二十一年版，
第2页。

④ （金）王若虚：《滹南辨惑》卷1《五经辨惑》，上海东大书局中华民国二十一年
版，第6—7页。

⑤ 同上书，第3页。

八元之说，何所本？"① 王若虚还对孔子家语的诸多记载提出质疑，家语载孔子言妇有七出和三不去。他说："斯果孔子意乎？曰：非也。"家语曰女有五不取，他说"此亦非也。君子之娶妇，固有所择，而此五者，固在所疑之，然不至皆可弃也。今立言而使之勿取，是绝物也。圣无绝物之法"。②

3. 虽然重经，但并非唯经是从

最为明显的是，王若虚认为《周礼》"迂阔烦渎；不可施之于世，谓之《周礼》已自不可信，又可谓古帝王之典乎？"他对礼的诸多记载提出否定和质疑。如《礼器》云："礼之近乎人情者，非其至者也。"王若虚认为"此最害礼，夫圣人制礼，未尝不出于人情，而曰近之者，非其至，是岂君子之言耶"。③

王若虚重视五经，对史传多有批评，但是他并不完全否定传记的存在价值，主张重经而不废传。关于"子路有姐之丧，可以除之矣而弗除"的记载，王若虚对照《檀弓》与《家语》，将子路和孔子的问答反复参详印证，"事乃详焉"。由此，他指出，"经传之间，可以相互发明者多矣，是故闻见贵乎博"。④ 至此，我们则不难理解王若虚何以博览群书，无书不读了。

（四）遍驳诸子，断以己意

广泛征引诸家之说断以己意是王若虚注解经典的一个突出特征。王若虚一生于经学著述涉猎甚广，据不完全统计，他在《滹南遗老集》中征引的经学家达 70 余人。这么多的经学家对不同的问题都有各自的立场和见解，往往观点各异、歧议层出、真伪难辨，王若虚对各家之说进行了详细的分疏辩驳。

---

① （金）王若虚：《滹南辨惑》卷 32《杂辨》，上海东大书局中华民国二十一年版，第 2 页。

② （金）王若虚：《滹南辨惑》卷 2《五经辨惑》，上海东大书局中华民国二十一年版，第 10—11 页。

③ 同上书，第 5 页。

④ （金）王若虚：《滹南辨惑》卷 1《五经辨惑》，上海东大书局中华民国二十一年版，第 11—12 页。

1. 考证文献之真伪，批驳论释者以己意妄加注解

王若虚对"孔子诛少正卯"一事的历史真实性提出怀疑。"孔子诛少正卯事，谁所传乎？始见于荀卿之书，而《吕氏春秋》、刘向《说苑》《家语》《史记》皆取而载之，作《王制》亦依仿其意，著为必杀之令，后世遂信以为圣人之大节而不复疑。以予观之，殆妄焉耳。"他认为孔子诛少正卯一事，与孔子断父子讼之事一样，是荀卿"设过正之事以惊世俗，以为众疑于无罪者而遽诛之，疑于必杀者而卒赦之，操纵无常，开合不测，此孔子所以异于凡人者"，王若虚批评这是学者通行陋学之病，是学者根据个人的意志，完全不顾历史文献真实性的妄加注解。①

2. 指出由于文本脱字、错字而造成的经义误解

《乐记》末章，子贡与师乙问答声歌之义，而终之曰：子贡问乐。若虚认为此必重出，或有阙文。但是郑玄注为"上下同美之也"。王若虚评价为"大是谬说，无足信焉"。②

3. 指出注释者对经义的曲解和错误注解

王若虚提出，"圣人固有决定之论，亦有姑言大体而不尽其变者，非止此事也。学者一概用之而不能以意逆志，故常蔽而不通者"。③ 因为"蔽而不通"，学者们常常曲解圣人之意。关于"三年无改于父之道，可谓孝矣"。王若虚认为，"夫可改者不待三年，不可改者虽终身不可改。学者数能辨之，然其为说过正者何多也？"他批评苏轼、叶少蕴、胡寅"三说之曲，不辨可知"，慨叹"昔牟融、鲍昱援引此文以遂汉明之非，几累孝章之初政。而近代小人复有持继述之说，以误天下者。岂不诬经诡圣人甚哉？"④ 又如，《左传》载

①　（金）王若虚：《滹南辨惑》卷 2《五经辨惑》，上海东大书局中华民国二十一年版，第 7—8 页。

②　同上书，第 5 页。

③　（金）王若虚：《滹南辨惑》卷 5《论语辨惑二》，上海东大书局中华民国二十一年版。

④　（金）王若虚：《滹南辨惑》卷 4《论语辨惑一》，上海东大书局中华民国二十一年版，第 1 页。

"楚子将死，属群臣以寃殄之事"。杜预将寃殄二字解为长夜，王若虚认为"寃殄二字从穴，无疑其为冢圹了之称也"。"晏子之论陈氏曰'民人疾痛而燠休之'。"杜预解"燠休"为痛念之声。王若虚认为"未晓其说也"，"燠休云者，亦温煦安息之意耳"。① 在训诂方面，杜预功底未及汉儒，后来清代学者也尝批评杜预著作疏于训诂，曲解典章名物，昧于古历天算，以及望文生义的弊病。王若虚对杜预有此评价看来确有先见之明。

以上可以看出，王若虚对自汉以来诸儒观点不仅广征博引、有议有评，而且总要提出自己的观点和见地。由于他经学、文学、历史兼治，三者互相发明，他的见解和主张往往能发前人所未发、新意盎然。

二　学术特征

（一）汉唐经学是王若虚学术根基之所在

王若虚虽然以大量的文字批评汉唐经学，尤其是两汉经学。事实上王若虚自幼所受的是汉唐经学教育，深受汉唐经学的熏陶，所吸收的儒学思想资源均来自金代自立国以来奉为主流文化的汉唐经学，所以王若虚虽遍研诸子之学，浏览百家，于先秦、两汉、魏晋南北朝、隋唐、两宋儒学无所不入，追求力革前弊、推陈出新，但是他的经学思想和意识，包括基本的人生观、价值观、处世哲学依然与汉唐经学有着千丝万缕的联系。他继承了两汉经学重视名物训诂、章句考证，追求经文本意的传统；使自己的经学研究建立在扎实的考证训诂基础上，得到清代学者的高度评价。他吸纳了魏晋时期玄学家部分经解思想，此外，在他的经学著述中，还可以明显看出中唐以来疑古之风的影响。总之，他在对经典的注解诠释中，远绍两汉经学中的求是学风，近引中唐疑古精神，把疑古与求是结合起来，以实事求是、崇实通经相标尚，注重经文本义之求索，务求得其源头，汉唐经学可谓是

---

① （金）王若虚：《滹南辨惑》卷2《五经辨惑》，上海东大书局中华民国二十一年版，第11页。

王若虚学术研究根基之所在。

（二）王若虚的经学思想是对中唐以来经学传统的继承

自中唐以后，汉代的章句之学和传统的师法、家法遭到抛弃，传统的"疏不破注"的注疏经学方式遭到怀疑，疑古惑经、舍传求经、以己意解经风气日盛。陆游说："唐及国初，学者不敢议孔安国、郑康成，况圣人乎？自庆历后，诸儒发明经旨，非前人所及。然排《系辞》，毁《周礼》，疑《孟子》，讥《书》之《胤征》《顾命》，黜《诗》之序，不难于议经，况传注乎！"①在王若虚的《滹南辨惑》中，中唐以来这种疑古惑经、舍传求经、以己意解的学风有明显的体现。

（三）王若虚的解经方法和主旨走的是通经致用的理路

王若虚的解经主旨与宋代的范仲淹、欧阳修、王安石、司马光、苏氏父子一样，重在解决外王问题，力求通经致用。对于宋代理学重视"内圣"，以"收拾人心"为目的、"经以载道"的解经理路，王若虚颇不以为然。他认为宋儒解经"消息过深，揄扬过侈，以为句句必涵养气象，事事皆关造化，将以尊圣人而不免反累"。②他援引永嘉叶氏的论述直抒胸臆："今世学者以性为不可不言，命为不可不知，凡六经孔子之书，无不牵合其论而上下其词，精深微妙，茫然不可测识，而圣贤之实犹未著也。昔人之浅，不求之于心也；今世之妙，不止之于心也。不求于心，不止于心，皆非所以至圣贤者。"王若虚对叶氏之论击节称赞认为"可谓切中其病矣"。③他甚至认为圣人设教最终目的是使人"识天理"，但其手段却是走的外王的路子，所谓"圣人虽无名利之心，然常就名利以诱人，使之由人欲而识天理，故虽中下之人皆可企而及，兹其所以为教之周也"。④子张学干

---

① （元）王应麟：《困学纪闻》卷8《经学》，商务印书馆1935年版，1959年重印，第774页。

② （金）王若虚：《滹南辨惑》卷3《论语辨惑序》，上海东大书局中华民国二十一年版，第1页。

③ 同上书，第1—2页。

④ 同上书，第2页。

禄，夫子为言得禄之道。王若虚认为这正是孔子就利而使之思义耳。对张九成所作的解释，"圣人之门，无为人谋求利之说，禄之为义，自足而已"。他认为是"过高"之论。① 应该说王若虚对宋代理学家经解的认识是有道理的，几百年后皮锡瑞也说，"专持一理字，臆断唐虞三代之事，凡古事与其理合者即以为是，与其理不合者，即以为非"。②

三 总体评价

（一）王若虚是一位经学家，不是一位哲学家，更不是一位理学家

王若虚在经学领域成绩卓著，他继承和吸纳了汉唐、宋朝的经解成就，并在诸多方面抛弃了其陋习，弥补了其缺憾，与汉代经学的支离琐碎、宋代经学的空疏倾向相分殊，形成了自己的揆以人情约之中道、重经而不废传、依经立意崇实求真、遍引诸子断以己意的科学解经原则和特色，得到了当世学人的推重和后代儒者的认可。《四库全书提要》给予其较高的评价："其《五经辨惑》颇诘难郑学，于《周礼》《礼记》及春秋之传亦时有所疑。然所攻者皆汉儒附会之词，亦颇树伟观。""《议论辨惑》《著述辨惑》皆品题先儒是非，其间多持平之论，颇足破宋人之拘挛，《杂辨》二卷于训诂亦多订正。"《四库全书提要》对王若虚的评价与学者们对元代经学的评价形成鲜明反差。皮锡瑞曾批评元人之学云："若元人则株守宋儒之书，而于注疏所得甚浅。"③ 崔大华先生评价"元明两代也有自己的经学家和经学著作，但在理学思想笼罩下，其经学完全丧失了创造力，未能跨越出宋学的范围之一步"。④ 侯毓珩先生在《滹南辨惑》导言中也说"他（王若虚）纠正史书记叙的错失，或用可靠的材料来对勘，或就用本

---

① （金）王若虚：《滹南辨惑》卷 3《论语辨惑序》，上海东大书局中华民国二十一年版，第 3 页。

② （清）皮锡瑞：《经学通论·书经·论尚书义凡三变》，中华书局 1954 年版，第 71 页。

③ （清）皮锡瑞：《经学历史》，中华书局 1959 年版，第 283 页。

④ 崔大华：《儒学引论》，人民出版社 2001 年版，第 138 页。

书来比核，一经指摘，往往同老吏断狱一样，竟不复能提出抗辩，他有这样的整理与综合的能力，假若在清代极浓烈的学问空气中，安知不是个杰出的大师呢？"① 严格意义上说，就史料中所记载的王若虚的研究成果而言，王若虚甚至没有一部就某一经籍完整系统的解经著述，他的经学思想因而显得松散而难以把握，但是这并不影响我们对其经学成就的肯定，就《滹南遗老集》所反映的内容而言，王若虚有着扎实的经学根底和令人无法忽略的学术创建，是当之无愧的金代经学成就的最高代表。

（二）王若虚作为一位卓有成就的经学家、史学家、文学家，当然也有他的哲学思想

就其论述而言，反映较为明显的是他的历史哲学、政治哲学和道德哲学。王若虚在政治上主张取信于民，"宁去食而不可失信"。他认为"为政而不为民信，则号令日轻，纪纲日弛，赏不足劝而罚不足惩，委靡颓堕，无事不能立矣"，"盖理所必至，非徒立教之空言也"。② 王紫微说过，为臣者"仰以事君，必先馨尽忠赤，深结主知，而使上见信；俯以临民，必先诰诫号令，感化人情，而使下见信。下既见信，则以之役使，虽劳不怨，上既见信，则以之献替，无言不从。是道也，出于至诚而已"。王若虚评"其论甚佳"。他又进一步指出，无论是统治者还是臣民，要做到"信"，都要从自身做起。所谓"盖此信字，在我者之事耳。而世人多错认了。人臣畏罪而不言，辄以是借口曰'上不吾信也'，或一谏不从，则奉身而去，自谓无愧于信，鸣呼，彼亦尝先尽其在我者乎！"③ 从这个意义上说，王若虚认为信不只是一个政治哲学的概念，还是一个为人之本的概念；信不只是为了使上下见信、使百姓"虽劳不怨"、使君主"无言不从"的

---

① 侯毓珩：《滹南辨惑》导言，上海东大书局中华民国二十一年版。
② （金）王若虚：《滹南辨惑》卷6《论语辨惑三》，上海东大书局中华民国二十一年版，第3—4页。
③ （金）王若虚：《滹南辨惑》卷7《论语辨惑四》，上海东大书局中华民国二十一年版，第4页。

手段，信的内在本质是"尽其在我"，发自内心的"至诚"。由此可见，王若虚的政治哲学和道德哲学虽未与心性论相结合，但是从中可以看出他已受到孟子和《中庸》心性论的影响。

王若虚对于儒学中的重要概念"仁"也有所阐述，从他对"仁"的阐述中可以看出，他认为仁的内涵十分丰富广大，"仁"的境界非一般人所能达至。管仲不死子纠之难，孔子曰："如其仁。"王若虚认为"子纠桓公皆襄公庶弟而非冢嫡，各因畏祸而出奔，当之是时，立者从之，亦唯国人之听而已。桓公以高国之召，自莒先入，国人奉以为君，初无异议。则齐既为桓公之有，子纠虽长，而势不得争，实未成君也。管仲无必死之义，而有匡天下救生民之功，所慊者小，所成者大。孔子权其轻重而论之，故不以管仲为非仁，而亦仁耳"。张南轩说"夫子所以称管仲者，皆仁之功也。问其仁而独称仁之功，则其浅深可知。只为子路疑其未仁，子贡疑其非仁，故举其功以告之。若二子问管仲不以召忽为不当死？则所以告之者异矣。盖圣人抑扬之意"。他赞同张南轩的意见，也认为"仁"有"仁之本"与"仁之功"之分。[①] 王若虚对"仁"的论述，不仅反映出了他的道德哲学、政治哲学，也可看出他的历史哲学思想。他曾明确表示过对"正闰"史观的反对，但是在他对"仁"的论述中，我们分明可以感受到他非常重视"得天下之正"与"僭位"的差别。他说过，"以常道观之，以臣代君，与夫授国他人而废其子，均为不顺"。[②] 他在《五经辨惑》中还多次表示出了不赞成"弑君"的倾向。此外，王若虚对德刑关系、礼义问题等也有所论述。

总体看来，王若虚虽然也有自己历史哲学、政治哲学、道德哲学思想的表达，但是他的这种表达基本停留在常识和经验的层面，没有上升到哲学和理性的层面，更没有形成自己完整的哲学思想体系。虽

---

① （金）王若虚：《滹南辨惑》卷 6《论语辨惑三》，上海东大书局中华民国二十一年版，第 11 页。

② （金）王若虚：《滹南辨惑》卷 4《论语辨惑一》，上海东大书局中华民国二十一年版，第 8 页。

然他也关注到了理学，并对宋代诸位理学家的著述有所研究，但是他的这种研究和关注主要是从经学的视角而不是哲学尤其是理学的视角。他对经义的考辨批评，意在阐明六经本义，重在文之顺畅、理之贯通、史之明证，推究的是经义对现世的启示教化作用，他对于内圣之道没有深入探讨和研究。事实上他对宋代理学家的天理、心性之说也没有任何兴趣，甚至是颇不以为然。他曾对宋儒之性理之学如此评价说："考诸《论语》《六经》，夫子实罕言之（性与天道），故虽高弟，有不得闻者。自汉以来，学者莫敢轻议。而近代诸公皆以为闻而叹美之辞。或又曰：圣人文章，句句字字无非性与天道者。吾不知其果何所见也？欧阳子尝谓'圣人不穷性为言，或虽言而不究，学者当力修人事之实，而性命非其所急。'此于名教不为无功，而众共嗤黜以为不知道。高论既兴，末流日甚，中才庸质，例以上达自期。章句之未知，已指六经为糟粕，谈玄说妙，听者茫然。而律其所作，颠倒错谬者十八九，此亦何用于世哉？愚谓欧阳子不失为通儒，而是说饶饶者，未必无罪于圣门也。"①

（三）王若虚儒学思想中有着保守和封闭的一面

他在儒学研究中倡导博而约之，广征博引，容纳百家，在具体问题上倡导"权其轻重""约之中道"，主张做"通儒"，不做"陋儒"。但他对佛学有明显的排斥态度，不主张将佛学和道家哲学引入到儒家哲学的研究中来。他批评宋儒"名为排异端，而实流于其中"是儒家的罪人。②他多次批评苏东坡、杨时之论流于释氏，非圣人本意。子曰"《诗》三百，一言以蔽之，曰思无邪"。东坡解释为："易称无思、无为，寂然不动，感而遂通天下之故。凡有思者，皆邪也。而无思，则土木也。何能使有思而无邪，无思而非土木乎？此孔子之所尽心也。作《诗》者未必有意于是。孔子取其有会于吾心者耳。

① （金）王若虚：《滹南辨惑》卷5《论语辨惑二》，上海东大书局中华民国二十一年版，第3—4页。

② （金）王若虚：《滹南辨惑》卷3《论语辨惑序》，上海东大书局中华民国二十一年版，第1页。

孔子之于《诗》有断章之取也。如必以是说施之于《诗》，则彼所谓无敌无疆者，当何以说之？此近时学者之蔽也。"王若虚批评苏氏此论"流于释氏，恐非圣人之本旨"。① 孟子语人每言性善，王若虚认为只是说明"人之资禀皆可使为君子，盖诱掖之教"。而苏氏曰："孟子有见于性而离于善，善非性也，使性可以谓之善，则亦可以谓之恶。王若虚评其说曰："其说近于释氏之无善恶，辨则辨矣，而非孟子之意也。"② 杨时曾说："天下归仁，非兄弟而何？士或以无兄弟为忧者，皆自私之过也。"王若虚指出："杨氏语录以郭子仪不问发父塚之盗为忘物我，伤义既甚，而今复有此论，岂非流入于异端而不觉邪？"③ 他虽然晚而近道，但是明确表示了对庄子的怀疑和不满。他认为"旧说孔子问礼于老聃"，是"庄周寓言设老聃训诲孔子事以自尊"。他还批评庄周乃"诋訾孔子之徒"，"盖其学本于黄老，加以天资刻薄，猖狂恣睢而无忌惮，则其轻蔑吾儒，无足怪者"。④

王若虚是金代知名学者中极少数的明确表示排斥佛学思想的人之一。清代金史专家施国祁说过："金季士大夫多喜逃养虚名，高自位置，假借于道学，汩没于禅机，赵闲闲、李屏山其著也。求其潜心砥力，本经史通鉴之学为指归，生平不衍太极图，不作葛藤语者，惟王滹南为然。"⑤ 任何一种思想、理论、学说都不能是一成不变的，随着社会的发展、时代的变迁，一种思想、理论、学说要想葆有长久的存在价值就必须随时有所创新。人的原创性往往是有限的，他山之石可以攻玉，海纳百川，从其他方面吸取和借助有益的资源为我所用，

---

① （金）王若虚：《滹南辨惑》卷4《论语辨惑一》，上海东大书局中华民国二十一年版，第4页。

② （金）王若虚：《滹南辨惑》卷8《孟子辨惑》，上海东大书局中华民国二十一年版，第5页。

③ （金）王若虚：《滹南辨惑》卷6《论语辨惑三》，上海东大书局中华民国二十一年版，第3页。

④ （金）王若虚：《滹南辨惑》卷32《杂辨》，上海东大书局中华民国二十一年版，第1页。

⑤ 转引自葛兆光《金代史学与王若虚》，《扬州师范学院学报》1988年第4期。

应该是保持学术价值和创造性的最行之有效的办法。陈寅恪先生说：
"其真能于思想上自成系统，有所创获者，必须一方面吸收输入外来
之学说，一方面不忘本来民族之地位。此二种相反而适相成之态度，
乃道教之真精神，新儒家之旧途径，而二千年吾民族与他民族思想接
触史之所诏示者也。"① 陈先生所论极是。这在我们今天看来是一件
非常显而易见的事情，然而就古人而言，往往突破不了其固有的时代
和历史的局限性，所以我们也不必苛求古人。

　　虽然王若虚不是一位哲学家、理学家，还有着保守主义的倾向，
但是我们并不能因此而否定他在中国儒学史上的地位。"经学——对
儒家经典不同层次、不同方面的诠释，是儒学的初始形态和贯穿始终
的基本的学术内容，是儒家区别于中国传统思想中其他思想派别，诸
如道家思想、佛家思想的儒学本色"。"宽泛地说，经学也是儒学的
一种理论形态，而且，作为儒学的理论形态的儒家哲学观点，往往也
是以经学著作为载体而表现出来的。"② 经学在儒学研究中的基础地
位和王若虚本人的经学成就，足以使王若虚在中国儒学发展史上占据
一席之地。

---

① 冯友兰：《中国哲学史》附录《审查报告三》，中华书局 1961 年版。
② 崔大华：《儒学引论》自序，人民出版社 2001 年版，第 122 页。

第 四 章

理学研究

金绌北宋奄有北方后，在很长一段时间内，都是以承辽绍唐自任，视北宋为异端，所以金人一直接受的是汉唐经学，国家教育和科举，其教材以及考试内容的选择，全宗旧注。由于国家制度的推行，金代儒学自始至终都保持着汉唐经学的特色。直至元初，北方的乡间老儒依然"说经止传疏义，为文尽习律赋"，闻刘因之"讲贯"，阅刘因之论著"始则讪谤"。[①] 所以理学在金代长期以非主流学术隐性存在。直至金统治晚期，随着金继宋行土德之说的确定，南宋理学著述传入北方地区，理学研究才很快以其鲜明的时代特征、创新精神和哲学思辨，在金代形成较为深厚影响，其传播范围虽然有限，流传时间也较为短暂，但是其对金代儒学自身的发展产生了很深的影响，也为元代儒学的发展做了必要的准备。

第一节　洛学之北方余脉

二程一生以著书立说和从事教育为主。程颢为官十五六年，均为地方小官，程颐做官时间也不长，他们大部分时间著书立说，讲学授

---

① （元）苏天爵：《滋溪文稿》卷 8《静修先生刘公墓表》，中华书局 1997 年版，第111 页。

徒，培养了大量弟子。"程子之道广，而一时之英才辐辏于其门"。①
程颢曾任晋城令三年，"其俗朴陋，民不知学，中间几百年，无登科
者"。程颢到任，"择其秀异，为置学舍粮具，聚而教之"。"朝夕督
励，诱进学者，风靡日盛"。熙宁元丰间，"应书至数百，登科者十
余人"。程颢先后任㟃县主簿、知扶河县等，并和程颐游历过多处，
所到之处，洛学遗迹遍布。②

金灭辽和北宋后，中原学术重心随着宋政权南移，但洛学由于其
广泛影响和后学者众多，在北方依然保留了部分余脉。如刘因《泽
州长官段公墓碑铭》也曾有云："宋治平中，明道程先生为晋城三
年，诸乡皆立校。暇时亲至，为正儿童所读书句读。择其秀异者，为
置学舍粮具，而亲教之。去邑经十余年，服儒服者已数百人。由是，
尽宋与金，泽恒号称多士。"洛学之北方余脉有著名的郝氏家族。郝
氏家族世居河东南路泽州陵川，先人郝从义为程颢门人，至金代一再
传至郝震。郝震自号东轩老人，其"讲劀道艺，渊汇日邃，以经旨
授学者，折之以天理人情，而不专于传注，尤长于理学"。至金元之
际，郝氏后人郝经秉承家学源渊，综汇洛学与南传之程朱理学自成体
系，使理学在北方地区得到长足发展。

在金代洛学残支余脉衰而不绝意义深远。它意味着洛学成为原属
北宋领土后为金女真所统治的北方地区的本土文化。就此意义而言，
洛学是金代最早存在的儒家学派之一。北宋时期虽学派众多，一些学
派也在北方有着相当的影响，但是由于其不似洛学之盛，且后学不
继，加之宋代学术重心南迁之重大影响，所以到金女真统治时期，能
在北方继续薪火相继的学派微乎其微，硕果仅存的除二程洛学外，还
应有邵雍象数之学，但其影响远不及洛学，研习者也有限。总之，洛
学在北方之余脉不绝，为金晚期程朱理学的研究和金元之际北方理学
学派的形成奠定了基础。

---

①　《张载集》，《张子正蒙注序论》，中华书局 1978 年版，第 409 页。
②　《二程集》，《明道先生行状》，中华书局 1981 年版，第 328 页。

第二节 南宋理学北传

金所统治之北方地区，不仅有洛学遗脉，南宋理学也流传进来，受到金代学者的关注。这里我们所说的南宋理学，既包括南宋时期的理学，也包括与南宋理学家著述一同传入北方的北宋理学。

一 南宋理学北传时间考

关于南宋理学北传的最早时间，《元史》卷189《赵复传》云"北方知有程、朱之学，自复始"。① 《宋元学案》也因袭这一看法，这一说法一直流传下来，影响很大。这种认识所导致的结果是直接将金代的理学研究作为一种存在从历史上抹杀了。20世纪80年代始，陆续有学者对此提出质疑。魏崇武和美国学者田浩提出至迟在12世纪90年代，理学就已经传入金统治北方地区。② 本书则认为在1188年前理学传入金统治北方地区。

《陵川集》卷26《太极书院记》云："至宋，濂溪周子创图立说，以为道学宗师，而传之河南二程子及横渠张子，继之以龟山杨氏，广平游氏，以至于晦庵朱氏。中间虽为京、桧、佗冑诸人梗踏，而其学益盛。江淮之间，粲然朱氏之风矣。金源氏之衰，其书浸淫而北。赵承旨秉文、麻征君九畴始而闻之，于是自称道学门弟子。"③ 金源氏之衰始于章宗统治年间，即1190—1208年，朱氏之书北传当在此期间。

《诸儒鸣道集》是我国历史上第一部理学丛书，而且是我们所知

① 《元史》卷189《赵复传》，中华书局1976年版，第4314页。

② ［美］田浩：《金代的儒教——道学在北部中国的印迹》，载《中国哲学》第14辑，人民出版社1989年版；魏崇武：《金代理学发展初探》，《历史研究》2000年第3期。

③ （元）郝经：《太极书院记》，载《摛藻堂四库全书荟要》集部《陵川集》卷26，第18页。

道的我国历史上第一部丛书。① 据陈来先生考论，胡宪有可能为《诸儒鸣道集》的编者，其编成年代在 1158—1168 年，最晚不迟于 1179年。② 据李纯甫在《鸣道集说》言，"伊川之学今自江东浸淫而北矣"，"予亦出入其中几三十年，尝欲笺注其得失，而未暇也，今以承乏于秋闱，考经学数十余日，予乘间漫笔于小稿"。③ 刘祁《归潜志》《金史》李纯甫传皆载高琪诛死后，李纯甫"连知贡举"④。胡传志考证李纯甫典知贡举在 1221 年。⑤ 魏崇武考为 1119 年⑥。李纯甫所欲笺注之伊川之学在此前近 30 年左右即已见到，应该是不足 30年。那么伊川之学传入北方的时间应为 1190 年之前，或 1193 年之前。另据《佛祖历代通载》言，李纯甫以《诸儒鸣道集》为根据作《鸣道集说》，我们据此似可推断，李纯甫《鸣道集说》卷 5 所言"伊川之学，"可能是《诸儒鸣道集》的代言，那么李纯甫见到《诸儒鸣道集》的时间还是应该在 1190—1193 年。

王若虚《道学发源后序》说："国家承平既久，特以经术取人，使得参众论之所长，以求夫义理之真，而不专于传疏，其所以开廓之者至矣。而明道之说，亦未甚行。"⑦ 王若虚此论是说金朝在 1188 年恢复经义考试，使儒学教育和发展进入一个新的阶段。但"经术取人"并未使"明道之说"得到长足发展。"明道之说"胡传志、李定乾两位先生所校注之《滹南遗老集》作"鸣道之说"。史载南宋理学文集《诸儒鸣道集》传入北方，李纯甫著有《鸣道集说》，乃专就《诸儒鸣道集》而作。《佛祖历代通载》曰："《鸣道集说》所摘引

---

① 参见陈来《略论〈诸儒鸣道集〉》，《北京大学学报》（哲学社会科学版）1986 年第 1 期。
② 同上。
③ 《鸣道集说》卷 5，（日）中文出版社景享保四刊本，第 143—144 页。
④ （金）刘祁：《归潜志》卷 1，中华书局 1983 年版，第 6 页。《金史》卷 126《李纯甫传》，中华书局 1975 年版，第 2734 页。
⑤ 胡传志：《李纯甫考论》，《社会科学战线》2000 年第 2 期。
⑥ 魏崇武：《金代理学发展初探》，《历史研究》2000 年第 3 期。
⑦ （金）王若虚：《滹南遗老集》卷 44《道学发源后序》，商务印书馆中华民国版，第 291 页。

《诸儒鸣道集》，217 种之见解，是皆迷真失性，执相循名，起斗净之端，结惑业之咎，盖不达以法性融通者也。屏山居士深明至理，悯其瞽智眼于昏衢，析而论之，以救来学之蔽"。① 由此推断"明道之说"似特指《诸儒鸣道集》一书。然《鸣道集说》所录入之张载《东铭》《西铭》并不在《诸儒鸣道集》之中，所以"明道之说"乃指理学思想。由王若虚所述，道学在 1188 年经义考试恢复之时虽然并未得到广泛认可但是已初见端倪，所以我们认为金朝理学著述传入北方的最早时间当在 1188 年之前。

二　南宋理学北传著述考

关于南宋理学著述之北传，清赵翼《瓯北诗话》云："南宋理学诗文诸名流，则流于金源者甚少。"② 此论与北方知有理学自赵复始同调。事实上南宋理学著述传入北方的还是不少的。孔凡礼《南宋著述入金述略》《南宋著述入金考》做了专门考述。③ 胡传志《宋金文学的交融与演进》一书，以南宋人的著述为经，以经史子集为纬详加罗列。④ 本书以《诸儒鸣道集》《滹南遗老集》《鸣道集说》《闲闲老人滏水文集》为主要依据，对传入金的南宋理学著述加以必要补充。

前文提到《诸儒鸣道集》乃中国现已发现最早文集，于 1188 年前后传入北方。据《宋史·艺文志》所载："《诸儒鸣道集》七十二卷，濂溪、涑水、横渠等书。"《郡斋读书志附志》言："《诸儒鸣道集》七十二卷，右集濂溪、涑水、横渠、二程、上蔡、元成、龟山、横浦诸公议论著述也，于中有江民表《心性说》一卷，安正《忘筌

---

① 转引自杨曾文《金朝护法居士李纯甫及其〈鸣道集说〉》，《法原》2006 年总第 23 期。

② （清）赵翼：《瓯北诗话》卷 12，人民文学出版社 1981 年版，第 181—182 页。

③ 参见孔凡礼《南宋著述入金述略》，《文史知识》1993 年第 7 期；《南宋著述入金考》，《文史》2007 年第 3 期。

④ 参见胡传志《宋金文学的交融与演进》第 14 章《南北文献交流考论》，人民出版社 2003 年版，第 241—261 页。

集》十卷，崇安《圣传论》二卷。"《直斋书录解题》对《诸儒鸣道
集》也有记载。

《诸儒鸣道集》总目为：

> 濂溪《通书》、刘先生《谭录》一卷
> 涑水《迂书》、刘先生《道护录》一卷
> 横渠《正蒙》八卷
> 江民表《心性说》一卷
> 横渠《经学理窟》五卷
> 龟山《语录》四卷
> 横渠《语录》三卷
> 安正《忘筌集》十卷
> 二程《语录》二十七卷
> 崇安《圣传论》二卷
> 上蔡先生《语录》三卷
> 横浦《日新》二卷
> 元城先生《语录》三卷

所收入的主要是两宋著名的理学家著述，包括周敦颐、司马光、
张载、程颐、程颢、谢良佐、刘安世、杨时、张九成、刘子翚以及江
公望、潘子醇的著述。

《诸儒鸣道集》十二家著述，《直斋书录解题》谓"其去取不可
晓"，认为该书收录的这十二家著述没有明确的学脉取向。陈来先生
则提出："从后来道学的眼光看，此书表现的学术传承的看法，的确
近乎不伦不类，但其对学派源流的见解大体上还是不难看出的。二程
出自濂溪，与涑水、横渠为讲友；上蔡、龟山皆程门高足，而元城为
涑水门下第一，且元城与龟山关系甚密，江民表列元祐元符党人，可
能私淑涑水；刘子翚为洛学私淑，潘殖为刘子翚同调；张九成则出于

龟山门下。"① 由此我们可以认为,《诸儒鸣道集》所收皆二程师友门人和再传弟子及私淑者著述。

除《诸儒鸣道集》中所载诸书之外,还有朱熹《四书章句集注》《论孟集义》《小学》,吕祖谦《左氏博议》,张栻《癸巳论语解》《癸巳孟子说》,尹醇《论语解》,胡安国《春秋传》,叶少蕴《论语释言》,林之奇《论孟讲义》《尚书全解》,胡寅《论语详说》,郑厚《艺圃折衷》,叶适《水心别集》等诸书相关内容,也可在王若虚之《滹南遗老集》、李纯甫之《鸣道集说》、赵秉文之《闲闲老人滏水文集》中找到相关引征、论述。我们认为流传入金的即便不是这些著述本身,也是与之相关内容,这种情况还包括游酢、吕大临、邵伯温等人著述。

三 南宋理学北传途径略析

由于史料所限,金代南宋理学北传的途径无法详细考证,现根据少数史料研究略析之。

途径之一是使者往来。宋金海上联盟以来,使节交往频繁,双方每年遣使至少两次,多时七八次。双方使节都要给对方带去礼物,书籍往往是重要内容。

途径之二是榷场贸易。宋金议和以后,双方在边境线上设榷场,进行互市贸易。据赵永春先生考证,宋朝先后在盱眙军、楚州的北神镇、楚州的杨家寨、淮阴的磨盘、安丰军的花靥镇、安丰军的水寨、霍邱县的封家渡、枣阳军、信阳军的齐冒镇、光州光山县中渡、天水军等地设立榷场。金朝则陆续在泗州、寿州、颍州、蔡州、唐州、邓州、息州、凤翔府、秦州、巩州、洮州、密州胶西县等地设立榷场。南宋禁书令不及北宋严,主要禁止的是"事干国体及边机军利害文集",如"举人时务策"等。

途径之三是民间往来。前文言许有壬云:"天限南北,时宋行人

---

① 陈来:《略论〈诸儒鸣道集〉》,《北京大学学报》(哲学社会科学版)1986年第1期。

箧《四书》至金，一朝士得之。"①

途径之四是走私贸易。宋金双方除榷场贸易之外，还有走私贸易。"其间穷僻无人处，则私得以渡，水落石出之时，则浅可以涉。"②

第三节　理学研究概貌

虽然北方一直留存洛学余脉，但金代理学研究长期隐性存在，还是滞碍了其发展，金代的理学研究成就远不及经学研究，但也自有其特色。金代的理学研究并无专门著述，其理学思想基本散见于赵秉文的《闲闲老人滏水文集》和李纯甫的《鸣道集说》，所涉门派主要为二程洛学，对朱子理学也有涉猎。此外如陈来先生所论，"理学的正式诞生虽然在北宋中期，但理学所代表的儒学复兴运动及他所由以发展的一些基本思想方向在中唐的新儒学运动及宋初的思想演变运动中可以找到直接渊源"。③ 不仅中唐，隋朝王通等儒者的理性思考亦可称为助推宋朝理学形成之先声，金代的儒家学者显然也有此共识。

一　理学先声——王通思想研究

金代儒者对王通推崇有加。赵秉文谓"文中子，圣人之徒与，孔孟而后，得其正传，非诸子流也。自唐皮氏司空氏，始知尊尚，宋司马公为之传，其书大行"。④ 他还专就《中说》作《中说类解》，对文中子学术研究在历史上的发展和影响作了简要述介。赵秉文对《中说》条分缕析，将之"纂为三类"："一明续经有为而作，二明问

---

① 《至正集》卷33《性理一贯集序》，转引自韩钟文，《中国儒学史》宋元卷，广东教育出版社1998年版，第601页。

② 赵永春：《"澶渊之盟"对宋辽关系的影响》，《社会科学辑刊》2008年第2期。

③ 陈来：《宋明理学》，生活·读书·新知三联书店2001年版，第23页。

④ （金）赵秉文：《闲闲老人滏水文集》卷15《中说类解引》，商务印书馆中华民国二十四年版，第208页。

答与圣道不异，三明文中子行事"，藉以"使学者知圣贤践履之实"。① 足见其用功之深。李纯甫对朱熹批评王通的言论表示不满。"朱子诟之以乡原小人，波及王通，吾亦不知其何说耶。"② 李纯甫虽然赞赏王通对释道之说的宽容态度，但对王通所说佛教乃"西方之教也，中国则泥"，他认为"不可不深为之辨"。他提出王通有此说法是因为"只知其一而不知其二，见其小而不见其大。传听阿罗汉独觉之法，而未尝闻诸佛菩萨之行略，谈小乘阿舍等之语，而未尝读华严维摩之说经，发此言良可惜也"。③ 刘祁明言"文中子一世纯儒，其著述动作全法圣人，虽未能造其域，亦可谓贤而有志者"。他对于韩愈道统说未将王通"比数于荀子之列"表示不理解，他说："遗书在世，韩子亦不容不见之，而未尝比数于荀子之列，其意以为无足取邪？其偶然邪？"他还提到司马君实作文中子补传，怪隋书不为文中子立传之事，并分析隋书不为文中子立传，是因为隋唐之政治派系斗争使然。刘祁此论无疑显示出他对王通学术的认可。④ 王恽有文赞曰："显允文中，希圣之徒，阐教河汾，宛然泗洙。斤斤随文，不足与事，挟策归来，心醉经史。曰魏曰房，曰杜曰李，学传圣心，有乐有礼。贞观之治，有三代风，论夫源委，先生之功。千古而下，与唐比隆。"⑤

王通之所以受到金代儒者推重，我们认为"三教合一"是金代儒家思想的一个重要表现，王通"三教可一"思想与金代大多数人的思想主张相契合，此其一。其二，"三教可一"思想是王通作为一名儒家学者，将儒学、佛学、道学理论与现实社会相结合所作出的理

---

① （金）赵秉文：《闲闲老人滏水文集》卷15《中说类解引》，商务印书馆中华民国二十四年版，第208页。

② （金）李纯甫：《鸣道集说》卷5，（日）中文出版社景享保四刊本，第161页。

③ （金）李纯甫：《鸣道集说》卷5《杂说》，（日）中文出版社景享保四刊本，第173页。

④ 参见（金）刘祁《归潜志》卷13，中华书局1983年版，第146页。

⑤ 李修生主编：《全元文》卷200《文中子》，江苏古籍出版社1999年版，第6册第666页。

性思考。他对三教与政治的关系作了明确定位。他提出"《诗》《书》盛而秦世灭，非仲尼之罪也；虚玄长而晋室乱，非老庄之罪也；斋戒修而梁国亡，非释迦之罪也。《易》不云乎：苟非其人，其道虚行"。（《文中子中说·周公》）儒释道都只是一种学术思想，它们可以对政治产生一定的影响，但并不必然地决定政治的进程和结果。在这个前提下，他对三教本身进行了较为客观的评价。《文中子中说·周公》载：或问佛，子曰："圣人也。"曰："其教何如？"曰："西方之教也，中国则泥。轩车不可以适越，冠冕不可以之胡，古之道也。"有人问长生神仙之道，王通回答曰："仁义不修，孝悌不立，奚为长生？甚矣人之无厌也！"他认为佛教是西方之教，不附合中国要求，道教追求长生久视，是贪得无厌的表现。他认为儒学无疑可以作为统治思想。"吾视千载以上圣人在上者，未有若周公焉，其道则一而经制大备，后之为政有所持循。吾视千载而下，未有若仲尼焉，其道则一而述作大明，后之修文者，有所折中矣。"（《文中子中说·天地》）王通提出从历史上的教训和经验来看，对佛教与道教不能轻言废弃。他说："真君、建德之事，适足推波助澜，纵风止燎尔。"（《文中子中说·问易》）在这种前提下，他提出了"三教可一"的主张。我们认为王通"三教可一"思想的贡献在于，在当时社会和历史条件下，在承认三教独立存在价值的前提下，坚持捍卫儒学立场。他的这种理性的态度，以及他所作出的理性思考为儒家真正消化、吸纳释道二教的思想资源，实现儒学自身的内在超越，提供了有益的思考，对唐代儒学及宋代理学的发展形成一定的影响。自唐至清代多数的理学家如石介、邵雍、程颐、朱熹、王阳明、李光地等都不同程度地肯定过王通对于理学形成的贡献。由此可见，王通确可称为促进隋唐儒学变革和助推宋代理学形成的一个极为重要的先驱者。

二　洛学研究

洛学在北方原本留有余脉，是原由北宋统治后为金女真占领的北方地区的本土文化，尤其是金晚期洛学著述大量流入，为学者研习洛学提供了便利条件。所以与其他学术派别相比较，金代学者们对于洛学的研究最为重视和深入。李纯甫云，"伊川之学今自江东浸淫而北矣，缙绅之士负高明之资者皆甘心焉，予亦出入了其中几三十年"。[①]由此可见，李纯甫出入伊川之学几三十年，对伊川之学定然有着较为深入的体认，其"心说""性说"乃至"鬼神说"皆可见洛学影响。

　　赵秉文在宋代诸位儒家中尤为尊崇周敦颐、程颐，所谓"孟子之后，不得其传，独周程二夫子，绍千古之绝学，发前圣之秘奥，教人于喜怒未发之前求之，以戒慎恐惧于不闻不见，为入道之要，此前圣之所未到"。[②]在《闲闲画像》长诗中郝陵川谓其"每欲杖履寻伊川"。[③]在《闲闲老人滏水文集》中赵秉文两次提到蓝田吕氏，蓝田吕氏指吕大临。吕大临先师事张载，张载去世后转入二程门下，一生著述颇丰，程门弟子中在南宋理学的影响仅次于谢显道、杨时。但更为重要的是，吕大临曾与程颐展开过一场关于中和问题的争辩，《二程集》中的《与吕大临论中书》《宋元学案》之《未发问题》都对这场论辩有详细记载。已发未发学说作为一种心性哲学，为理学的修养方法提供了重要的理论基础。诚如徐远和先生所论：罗从彦教导李侗"于静中看喜怒未发时作何气象"，李侗又以之教导朱熹"体验于未发之前"的修养宗旨，"成为龟山门下相传指扶"（朱熹语）。湖湘学派胡宏、张栻等人主张的重识端倪，以及茸山学派的"慎独"说，无不基于已发未发学说而推导出的修养方法论。[④]历史上关于中和之说有过两次最为著名的讨论，吕氏与程颐之争论即为其中的一次，其意义至为深远。赵秉文在《中说》中引述吕大临所论，"寂然不动中也，赤子之心，中也"，又在《庸说》中谓"孟子言经正则庶民兴，

---

　　①　（金）李纯甫：《鸣道集说》卷5，（日）中文出版社景享保四刊本，第143—144页。

　　②　（金）赵秉文：《闲闲老人滏水文集》卷1《性道教说》，商务印书馆中华民国二十四年版，第2页。

　　③　（元）郝经：《闲闲画像》，载《摛藻堂四库全书荟要》集部《陵川集》卷10，第210页。

　　④　参见徐远和《洛学源流》，齐鲁书社1987年版，第246页。

此孟子所传于子思子者也，经即庸也，百世常行之道也，亲亲长长，尊贤贵贵而已，有亲亲之等，尊贤之差，又在夫时中而已，此权所以应时变也，吕氏论之祥矣"。"大中说"是赵秉文儒学思想的重要内容之一，他对吕大临中和说的重视，说明他注意到了吕大临中和之说的特色之所在。从赵秉文对吕氏之论的肯定，我们可以看出赵秉文"大中说"的特色，我们也可以从中体会出赵秉文之于两程子学术思想的取舍。

三　朱子理学研究

朱熹以二程思想为基础，广泛吸收了周敦颐、张载、邵雍等北宋理学的思想，建立和完善了理学体系，是宋代理学的集大成者。

朱子著作传入北方时间比较晚。在许有壬记叙中我们无法辨断《四书》流入北方的具体时间，但从其"闻者叹竦，谓其学问超诣"，"是书实未睹也"，可以判断，绝大多数的人还未见过朱子之书。《太极书院记》载，"金源氏之哀，其书（朱氏）浸淫而北，赵承旨秉文、麻征君九畴始闻而知之，于是自称为道学门第子。及金之亡，淮汉巴蜀相继破没，学士大夫兴其书于中土，于是北方学者始得见而知之，然皆弗得其传，未免临深以为高也"。[①]《四库全书总目》卷 166《默安集提要》载："其门人苏天爵作（安）熙《行状》，称朱子《四书集注》初至北方，滹南王若虚起而辨之。"王若虚生于 1174 年，卒于 1243 年，王若虚作辨惑文字时年龄不会小于 20 岁，麻九畴生于 1183 年，"自称为道学门弟子"，年龄也不会太小。当时《四书集注》初至北方，所以朱熹著作传至北方的时间应不早于 12 世纪末。

据元好问记载，王渥在军中给女真人完颜彝讲授朱熹《小学》，完颜彝后来以身殉国，时人推为"中国百余年，唯养得一陈和尚

---

① （元）郝经：《太极书院记》，载《摛藻堂四库全书荟要》集部《陵川集》卷 26，第 17—18 页。

耳"。① 元好问《良佐镜铭》中也记载了相同的事例。"良佐忠于爱国，笃于事长，严于治军旅，又谦谦折节下士。从诸公授论语春秋，读新安朱氏小学，以为治心之要。"② 在军旅中女真人也学习朱熹的《小学》，可以想见朱氏之学在金代还是流传较为广泛的，只是限于文献记载，无从详考。

《道学发源》和《诸儒鸣道集》中均未见收录有朱熹的著述。目前在金代有明确文字记载，可直接展示朱熹儒学思想的文字，只能见诸李纯甫和王若虚的著作。李纯甫在《鸣道集说》摘引了8段朱熹的论述，其中有3次直接批佛的言论，3次直接批评老庄之学，2次关于理学思想的论述。李纯甫对朱熹的评论，虽然也有类似"朱子诟之以乡野小人，波及王通，吾亦不知其何说也"，"朱子之诬人亦太厚"的语言，但总的来说，他对朱子的批评是比较和缓的，反而有一些赞美之辞。诸如"朱子皇极之说固美矣"，"朱子之性学，盖尝深体之矣"。他把对朱熹的批评延伸至程氏之学，将朱熹的不是追溯为程氏之罪。他批评"朱子知中，而不知所以为中，止于程氏涵养之说"，"程子要知有十玄门哉，一入一切，一切入一，亦会归于一耳，程学求之于二，止谓世间法而已"。③ 对程氏的涵养之说不以为然，并认为程氏之学未达最高境界。朱熹批评老庄之学察理不精，李纯甫则追本溯源，批之为程氏之学察理不精。不仅李纯甫，王若虚也在批判朱熹思想时罪及程氏，关于子曰："知之为知之，不知为不知，是知也。"晦庵解释为"虽或不能尽知，而无自欺之弊，亦不害其为知"。王若虚评之为意已足矣。朱熹又解释说"由此而问，有必知之理"。王若虚驳之为"此又程氏之曲而不自觉也"。④ 从李纯甫、王若虚批评朱熹而罪及程氏来看，他们显然对朱学的了解是比较深切

---

① 《元好问全集》卷27《赠镇南军节度使良佐碑》，山西古籍出版社2004年版，第573页。

② （清）张金吾：《金文最》卷19《良佐镜铭》，中华书局1990年版，第256页。

③ （金）李纯甫：《鸣道集说》卷5，（日）中文出版社景享保四刊本，第161、160、159、158、155页。

④ 同上书，第5页。

的，也把握住了朱学的一些重要内容。

王若虚的《五经辨惑》《论语辨惑》《孟子辨惑》等中引征了朱熹观点 31 次，主要立足于经学阐释。但是从王若虚和李纯甫的著作中，我们可以窥见金人对朱熹儒学思想的态度，金代的儒家学者虽然都认为朱熹是宋代理学乃至经学成就的最高代表之一，但是他们对二程洛学的研究显然更为深入，我们认为这与二程洛学在北方长期存在，而朱熹闽学传入北方的时间又太短有直接关系。

程朱理学在金晚期传入北方地区，学者们多认为朱子学与北方洛学合流，使洛学发展呈上升趋势。然而就现有的研究和资料显示，赵秉文对朱熹之学没有研究的痕迹，王若虚关注的是朱熹经学，李纯甫主要从三教合一角度考察朱熹，所以从赵秉文、王若虚和李纯甫三大家的思想本身而言，在金代朱子学的传入确实刺激了北方儒学的发展，但是它与北方衰而不绝又承回流之势的洛学在思想上确无明显合流之势。直至金元之际，才由郝经继承北方原有"洛学余绪，同时又接受赵复传授的程朱性理之学，形成了以范畴论为中心的理学思想体系"。[1] 至此，洛学与朱子学在北方才真正实现了学术意义上的合流。

第四节　赵秉文的理学思想述评

就存世著作而言，在金代的儒家学者中，赵秉文的理学研究显然是最为深入，赵秉文被誉为金代"儒之正理"之主，所以本文专就赵秉文理学研究的主要内容、学术特征作以简要阐释和总体评价。

一　主要内容

赵秉文对理学的诸多概念范畴都有所阐释，有些阐释还比较独

---

① 徐远和：《洛学源说》，齐鲁书社 1987 年版，第 323 页。

到，比较有代表性的是道论、天理论、大中说、诚说。

（一）道论

儒家之"道"有"天道"与"人道"之分，孔子论道多就"人道"而言之，很少论及"天道"，《易传》言"道"有"形而下"与"形而上"之分。赵秉文认为"道"是一种绝对精神实体，但是真正的"道"应该是切近人伦日用的。

"道"有体用之分，无内外之别。赵秉文提出道有体与用、形而上与形而下之分。所谓"圣人有以明夫道之体，穷理尽性，语夫形而上者也。圣人有以明夫道之用，开物成物语夫形而下者也"。他认为道不可以内外言之，他说"言内外者，人情之私也"。道是"无彼无此，无小无大，备万物，通百氏"，人人皆可得之，所以"圣人不私道，道私圣人乎哉"。①

"道"非太高难行之道。赵秉文提出，"清虚寂灭之道，绝世离伦，非切于日用"，人们或者"行焉"，或者"否焉"，可以自行取舍。但是"君臣父子夫妇兄弟朋友"是"大经"，人生在世，一时一刻也无法脱离他们而存在，所谓"可离非道也"。真正的道都是切近于日用人伦，而不是"清虚寂灭""太高难行"之道。②

道之所以行之者，诚也。赵秉文认为"道"通过"诚"实现，"诚"的践履包括"养夫诚"与"学夫诚"两个层面，即内求心性之涵养，外求格物以致知，内外双修，互不偏废，才是得道的根本途径。

"道之所在，直之所在也"。邵雍曾以"直"论诚，赵秉文则引"直"论"道"。他提出，"人之心莫不好直而恶曲，其反是者，有物蔽焉尔"。他将"直"分为四种情况："直之名一，其别有四，有直而陷于曲者，有曲以全其直者，有直而过于直者，有直以遂其直

---

① （金）赵秉文：《闲闲老人滏水文集》卷1《原教》，商务印书馆中华民国二十四年版，第1页。

② （金）赵秉文：《闲闲老人滏水文集》卷1《诚说》，商务印书馆中华民国二十四年版，第5页。

者。”无论是哪一种情况，只有“不离其道”，才能“直”得其所。所谓“所贵君子者，动静语默，不离其道也”，“道之所在，直之所在也”。①

（二）天理论

赵秉文提出，“天理”是宇宙万物的本体，所谓“天地间有大顺至和之气，自然之理，根于心，成于性，虽圣人教人，不能与之以其所无”。②

天理是一切道德之源。“故爱亲者仁之源，敬亲者义之源，文斯二者礼之源，无所不体之谓诚，无所不尽之谓忠，贯之之谓一，会之之谓中，及其至也，蟠天地，溥万物，推而放诸四海而准，其源皆发于此。”③

天理还是人类情感的主宰。他说圣人也有喜有怒有哀有乐，“圣人之心无私如天地，喜怒哀乐通四时”，圣人“至喜无喜”，“至怒无怒”，“至哀无哀”“至乐无乐”。圣人虽与常人一样有喜怒哀乐，但是他们的情感表现都能恰到好处，“当理而已，当理则常也”。④

性即是天理。程颐曾提出“性即理也”，他认为天地之间有理和气，人禀受天地之气以为形体，禀受天地之理而为本性，这样人的本性与天地之理有了宇宙论的联系。赵秉文继承程颐哲学，又进一步阐述说：“中者天下之大本也，此指性之本体也，方其喜怒哀乐未发之际，无一毫人欲之私，纯是天理而已，故曰天命之谓性。”⑤ 他认为性的本体即是中，也就是天理。“天理”是天地间一切事物的本体，

---

① （金）赵秉文：《闲闲老人滏水文集》卷 14《直论》，商务印书馆中华民国二十四年版，第 202 页。

② （金）赵秉文：《闲闲老人滏水文集》卷 15《道学发源引》，商务印书馆中华民国二十四年版，第 206 页。

③ 同上。

④ （金）赵秉文：《闲闲老人滏水文集》卷 1《和说》，商务印书馆中华民国二十四年版，第 7 页。

⑤ （金）赵秉文：《闲闲老人滏水文集》卷 1《性道教说》，商务印书馆中华民国二十四年版，第 2 页。

也是性的本体，人禀受天地之理以成其性，所以说"天命之谓性"。自张载提出气质之性和天命之性的划分，宋代理学家们多以气质之性和天命之性言性，显然赵秉文对气质之性没有关注。赵秉文还从"性即天理"出发，提出了自己的性善论的基本主张。

理欲两分。在理与欲的关系问题上，赵秉文坚持理欲两分的观点。他认为"人欲之胜久矣"，是使"天理之辩"丧失的根本原因，关于如何"复其天理之真"，他提出"固当务学以致其知，先明乎义理之真，使一事一物；了然吾胸，习察既久，天理日明，人伪日消，庶几可以造圣贤之域，故圣人修道以教天下，使之遏人欲，存天理，此修道之谓教也"。①

（三）大中说

重视"中"是金代儒学的普遍特色，赵秉文提出了"大中说"。在赵秉文的儒学思想体系中，"大中"无所不在，无所不有，其地位非常超拔。正如他所描绘的那样，"以言乎体，则谓之不动；以言乎纯一，则谓之赤子；以言禀受，则谓之性；以言共由，则谓之道；以言其修，则谓之教；以言不易，则谓之庸；以言无妄，则谓之诚；中则和也，和则中也，以言其究，一而已矣"。②赵秉文对大中说的重视，甚至在他的诗赋中也有所体现。他曾这样写道："盍虚已以求复兮，究大中之所存。"③"悲世俗之侧僻兮，偭规矩而诡驰，摘荒途以冥行兮，失大中之所宜。"④

1. 何谓"大中"

赵秉文对"大中"有明确定义，他说佛教和道家所说的中"非

---

① （金）赵秉文：《闲闲老人滏水文集》卷1《性道教说》，商务印书馆中华民国二十四年版，第2页。

② （金）赵秉文：《闲闲老人滏水文集》卷1《中说》，商务印书馆中华民国二十四年版，第5页。

③ （金）赵秉文：《闲闲老人滏水文集》卷1《黄河九昭》之《发源》，商务印书馆中华民国二十四年版，第8页。

④ （金）赵秉文：《闲闲老人滏水文集》卷1《黄河九昭》之《匡俗》，商务印书馆中华民国二十四年版，第9页。

吾圣人所谓大中之道也"。"其所谓大中之道者何也？天道也，既尧舜禹汤文武周公孔之道也。书曰执厥中，《易传》曰易有太极，极，中也。"① 关于"大中"之道的形成，他提出，"自尧舜禹相授受，以精一大中之道，历六七圣人，至孔子而大备"。② 关于"大中"之内涵，他是这样阐述的。首先，大中乃人性所固有。所谓"及其发于人伦事物之间，喜无过喜，喜所当喜，怒无过怒，怒所当怒，只是循其性固有之中也"。其次，大中是天下正理。"停停当当，至公至正，无一毫之私意，不偏倚于一物，当是时不谓之中，将何以形容此理哉。"其三，"大中"是天命之性纯是天理。所谓"中者和之体，和者中之用，非有二物也，纯是天理而已。故曰，天命之谓性，中之谓也"。其四，大本之中与中庸之道是有区别的。"凡此四者已发而中节者也，言中庸之道可也，言大本则未可。"③ 言外之意，只有未发之中，方称得上是大本之中。

2. "大中"的思想来源

赵秉文"大中"思想的形成，有两个方面的思想来源。一是先秦的中和天道观念。《中庸》说"中也者，天下之大本也，和也者，天下之达道也"，把性、命、天道融通为一体，赵秉文秉承这种观念，以大中为天命之性、人性所固有。二是对宋代思想家某些思想的借鉴。吕大临说过"既云'率性之谓道'，则循性而行莫非道。此非性中别有道也，中即性也。在天为命，在人为性，由中而出者莫非道，所以言道之所由出也，与'率性之谓道'之义同，非道中别有中也"，"圣人之学，以中为大本"，"此心之动，出入无时，何从而守之乎？求之于喜怒哀乐未发之际而已"。④ 程颐在注解《中庸》时，

---

① （金）赵秉文：《闲闲老人滏水文集》卷 1《中说》，商务印书馆中华民国二十四年版，第 3 页。

② （金）赵秉文：《闲闲老人滏水文集》卷 13《叶县学记》，商务印书馆中华民国二十四年版，186 页。

③ （金）赵秉文：《闲闲老人滏水文集》卷 1《中说》，商务印书馆中华民国二十四年版，第 4 页。

④ 《程氏文集》卷 9《与吕大临中书》，《二程集》，中华书局 1981 年版，第 606 页。

也将中与和、性、道联系起来，但他反对吕大临"中即性"的观点，他说"'中即性也'，此语极未安"，"中止可言体，而不可与性同德"。在吕大临和程颐之间，赵秉文显然更为认同吕大临的观点，事实上他们的论述也多有相近之所在。

（四）诚说

儒家诚学视宇宙为生生不息的生命体，天人一体，相感共生，人道本于天道，又赞助天地之化育，这就是儒家诚的哲学，也是天人合一的哲学。历代儒家中孟子始正式言诚，他提出"诚者，天之道也；思诚者，人之道也"。（《孟子·离娄上》）《中庸》提出"天命之谓性，率性之谓道，修道之谓教"；"不诚无物""至诚无息"；"自诚明谓之性，自明诚谓之教"；"赞天地之化育，与天地参"。对诚说有了全面的论述。后来相继有李翱以佛说诚、周敦颐以《易》说诚、邵雍以"直"说诚、李贽以"道"说诚。赵秉文诚说的特色在于将诚分为五种境界。

其一"不欺"境界。赵秉文所谓不欺之诚主要就人伦社会而言。"不欺自妻子始，身不行道，不行于妻子。使身自刑家，家自刑国，由近以及远，由浅以至深，无骇于高，无眩于奇，无精粗小大之殊，一于不欺而已。"①

其二"无妄"境界。无妄即真实必然之意。"今夫雷始发声也，蛰者奋，萌者达譬犹啐啄相感，无有先后，及乎十月而雷，物不兴之矣。故曰天下雷行，物与无妄，使伏羲垂唐虞之衣裳，文王制周公之礼乐，亦妄矣。"②

其三"不息"境界。天"未尝少息也"，"未尝一岁误万物，圣人未尝一息非天道"。③ 他说不息之诚无间断，颜回三月不违仁，其有间断，非不息之诚。

----

① （金）赵秉文：《闲闲老人滏水文集》卷1《诚说》，商务印书馆中华民国二十四年版，第5页。

② 同上书，第6页。

③ 同上。

其四"赞化育"境界。赵秉文认为"成己成物,合内外之道"就是"赞化育之诚"的境界。①

其五"无言动之迹"境界。赵秉文认为赞化育之诚并没有达至诚的最高境界,因为其"见而敬""言而信""动而变""行而成"犹有"言动之迹"在,至于"不动而变""不行而诚""不怒而威""不言而信""无声无臭"才是诚之至也。②

赵秉文对诚的地位和作用也有评价和定位,他说:"惟诚能虚能盈,能动能静,虚而不诚则馁,盈而不诚则亢,动而不诚则躁,静而不诚则槁,皆非道之正也,故曰不诚无物。"③

赵秉文提出诚自"不欺"入,自"学诚"始。他说:"诚自不欺入,固当戒谨恐惧于不见不闻之际,所以养夫诚也。"孟子尝言存心养性,赵秉文虽未明确论述诚与性的联系,但是从他对"养夫诚"的提出,可见他认为诚是内在人心的概念。他还提出"诚由学始,博学、审问、慎思、明辨、力行五者,所以学夫诚也"。④ 他又说:"人之性无不善,其所以陷溺其心者,利欲蔽之耳,使吾一旦加澄治之功,如水斯清,如火斯明,不为难矣,然则如之何?学以精之,使自明之;力以行之,使自诚之,其去古人也不远矣。"⑤

二　学术特征

(一) 尊崇周程二夫子,归本伊洛

赵秉文在《性道教说》中尝云:"故圣人修道以教天下,使之遏

---

① (金) 赵秉文:《闲闲老人滏水文集》卷1《诚说》,商务印书馆中华民国二十四年版,第6页。

② 同上。

③ (金) 赵秉文:《闲闲老人滏水文集》卷20《题异壶图》,商务印书馆中华民国二十四年版,第237页。

④ (金) 赵秉文:《闲闲老人滏水文集》卷1《诚说》,商务印书馆中华民国二十四年版,第5页。

⑤ (金) 赵秉文:《闲闲老人滏水文集》卷13《商水县学记》,商务印书馆中华民国二十四年版,第187页。

人欲，存天理，此修道之谓教也。孟子之后，不得其传，独周程二夫子，绍千古之绝学，发前圣之秘奥，教人于喜怒未发之前求之，以戒慎恐惧于不闻不见，此前圣之所未到，其最优者乎。其徒遂以韩欧诸儒为不知道，此好大人之言也。"赵秉文对不同的学术流派，从不同的角度虽有不同程度的肯定，但他显然更为尊崇周程之学，奉周程之学为道学正宗。正如他所说的那样，"或曰，欧阳之学失之浅，苏氏之学失之深，杂而不纯。何？曰：欧苏长于经济之变，如其常，自当归周程"。① 他的这种思想在他的诗中也有反映，"河南夫子两程子，要与洙泗继后尘。濂溪先生为张本，舞雩风里浴沂春"。② 明确表达了自己对周敦颐和二程子的尊崇。

《宋史·道学传》将周敦颐列为道学之首，后世学者视其为道学开山之祖，主要著作是《太极图说》和《通书》。赵秉文的诸多思想可以看出脱胎于周氏的痕迹。如周敦颐《太极图说》云："圣人定之以中正仁义，而主静，立人极焉。"赵秉文则有云："人受天地之中以生。天地能生之，不能成之，父母能育之，不能教之。有圣人出，范以中正仁义，中天地而立，其功与天地并，人极立焉。"③ 又如，赵秉文也同周敦颐一样以太极为宇宙万物的本体，所谓"独阳不生，独阴不成，一则神，二则化，所谓一太极也"。他们的区别在于，周敦颐直接以太极言诚，认为"诚"是"五常之本，百行之源"；而赵秉文直接以"太极"言中，所谓"极，中也。人受天地之中以生"。④ 赵秉文以仁义礼智信为天下通道，而仁义礼智信则"不外乎

---

① （金）赵秉文：《闲闲老人滏水文集》卷1《性道教说》，商务印书馆中华民国二十四年版，第3页。

② （金）赵秉文：《闲闲老人滏水文集》卷9《和杨尚书之美韵四首》，商务印书馆中华民国二十四年版，第128页。

③ （金）赵秉文：《闲闲老人滏水文集》卷13《叶县学记》，商务印书馆中华民国二十四年版，第186页。

④ 同上。

大中"。①

赵秉文明确表示尊崇的是周程二夫子,除周敦颐外,在二程中他所推重的是程颐而非程颢,这从二程的分歧和赵秉文自身的学术特征可以看得比较清楚。

二程同为洛学的创始人,其共同的理论基础是以理为本体的唯心主义思想理论,他们在诸多问题上如天理论、人性论、认识论、道德观等保持着基本的一致,但也存在着明显的分殊。程颢自始至终贯彻的是主观唯心主义的路线,而程颐的学术思想则经历了由主观唯心主义向客观唯心主义的转变,与程颢"心即理"的观点不同,他提出了"性即理"的命题。在诚的问题上。人道之诚可以分为"自诚明"和"自明诚"两种情况,程颢主张从尊德性或诚意正心入手达于圣贤,是"自诚明";程颐主张从道学问或格物致知入手而达于圣贤,是"自明诚"。程颢重视主敬的修养论,程颐则认为"气须是养,集义所生,积集既久,方能生浩然气象,人但看所养如何,养得一分,便有一分,养得二分,便有二分。只将敬,安能便到充塞天地处?"②赵秉文所支持的显然是程颐"性即理"的主张。他尝云:"中者天下之大本也,此指性之本体也,方其喜怒哀乐未发之际,无一毫人欲之私,纯是天理而已。"③又云:"圣人有以明夫道之体,穷理尽性。"④在人生修养论上,他坚持的也是程颐"涵养"与"致知"相结合的主张。他提出"致诚"不仅要"养夫诚",还要"学夫成"。所以赵秉文的儒学思想理路与程颐颇为相近,他的理学思想显示出明显的以伊川洛学为指归的特征。

---

① (金) 赵秉文:《闲闲老人滏水文集》卷 1《原教》,商务印书馆中华民国二十四年版,第 1 页。

② 《河南程氏遗书》卷 18,《二程集》,中华书局 1981 年版,第 207 页。

③ (金) 赵秉文:《闲闲老人滏水文集》卷 1《性道教说》,商务印书馆中华民国二十四年版,第 2 页。

④ (金) 赵秉文:《闲闲老人滏水文集》卷 1《原教》,商务印书馆中华民国二十四年版,第 1 页。

（二）从不同历史时期、不同的儒学研究中汲取营养

赵秉文认为，"闻道有浅深，乘时有先后"，不同时期学术研究往往受到当时的历史条件和学术环境影响与局限，但自有其独特的学术价值。他认为如果董仲舒、扬雄、文中子能够"游于圣人之门，则游夏矣"。① 他批评汉学是"汉儒俗学欺盲聋"② 但是又提出如果没有传统的传注之学为基础，诸儒"岂能遂先毛郑哉"？③ 赵秉文对不同历史时期的儒学研究和不同儒学流派的学术价值与历史作用的肯定，显出了可贵的客观和理性的态度，表现出了以肯定成绩为主，积极地学习和吸纳的态度。他说："至于诗文之意，当以明王道，辅教化为主，六经吾师也，可以一艺名之哉。贾谊、董仲舒、司马迁、扬子云、韩愈、欧阳修、司马温公，大儒之文也，仆未之能学焉。"④ 他的这种客观理性与虚怀若谷也表现在他对待同时代学者的态度上。李纯甫视赵秉文为丈人行，是赵秉文的晚辈，但赵秉文公开承认"经学与文章，不及李之纯"⑤，又曾表示"议论经学，许王从之，散文许李之纯、雷希颜"⑥。可见，赵秉文无论是对同时代的学者，还是对待前人的学术研究，其态度都显得较为大气和宽容，显示出了金代文坛盟主、"儒之正理"之主的胸怀和气度。从这个意义上说，他十分反感宋儒之间的学派之争，认为他们的相互攻讦，是争强好胜、"不忠厚"的表现。他说："大抵唐贤虽见道未至，而有忠厚之气，至于宋儒多出新意，务抵斥，忠厚之气衰焉，学圣人之门，岂以胜劣

---

① （金）赵秉文：《闲闲老人滏水文集》卷1《性道教说》，商务印书馆中华民国二十四年版，第2页。

② （金）赵秉文：《闲闲老人滏水文集》卷19《和杨尚书之美韵四首》，商务印书馆中华民国二十四年版，第129页。

③ （金）赵秉文：《闲闲老人滏水文集》卷1《性道教说》，商务印书馆中华民国二十四年版，第2页。

④ （金）赵秉文：《闲闲老人滏水文集》卷19《答李天英书》，商务印书馆中华民国二十四年版，第231页。

⑤ （金）赵秉文：《闲闲老人滏水文集》卷19《复麻知己书》，商务印书馆中华民国二十四年版，第233页。

⑥ （金）刘祁：《归潜志》卷8，中华书局1983年版，第202页。

为心哉?"① 他还有诗云:"诸公辨论助怔惊,削去训传非人情,大公至正本无我,吾道初如日月明"②,对于诸儒的"有我"学风表示出了不以为然。

赵秉文虚怀若谷的治学理念还体现在他对吕祖谦的欣赏上。吕祖谦是赵秉文唯一特别提出并加以赞赏的南宋理学家。吕祖谦,学者称其为东莱先生,与朱熹、张栻并称"东南三贤"。他秉承家学,致学不私一家,兼取众长,理学思想中带着明显的调和折衷朱陆之学的色彩。赵秉文有诗赞云:"东莱两本不朽计,读书原委有来因,伤哉绝笔大事记,续经未了已身亡。"③

(三)分殊儒释道之异同

《宋元学案》评赵秉文《滏水集》"夹杂佛老家矣"。的确,赵秉文的哲学思想中有着明显的三教兼修的思想特征,他说:"天下殊途而同归,一致而百虑。"《归潜志》载,赵秉文"晚年自择其文""其为二家(佛道)所作文,并其葛藤诗句另作一编,号《闲闲外集》"。④《闲闲外集》今已不传,无从得知赵秉文是书对佛教、道家思想的论述,但是从存世的赵秉文著《道德真经集解》中可以明显看到他以儒家哲学解释道家哲学的特点。另外,《闲闲老人滏水文集》虽经赵秉文自己删削,"凡主张佛老二家者皆削去",但依然保留有明显的杂糅佛道、以儒为主、援释道入儒的特征。所谓"教有方内有方外"⑤,"苏黄门云,喜怒哀乐未发谓之中,即六祖所谓不思善恶之谓也;发而皆中节谓之和,即六度万行是也"⑥。又所谓"不

① (金)赵秉文:《闲闲老人滏水文集》卷15《中说类解引》,商务印书馆中华民国二十四年版,第208页。

② (金)赵秉文:《闲闲老人滏水文集》卷19《和杨尚书之美韵四首》,商务印书馆中华民国二十四年版,第129页。

③ 同上书,第128页。

④ (金)赵秉文:《归潜志》卷9,中华书局1983年版,第106页。

⑤ (金)赵秉文:《闲闲老人滏水文集》卷1《原教》,商务印书馆中华民国二十四年版,第1页。

⑥ (金)赵秉文:《闲闲老人滏水文集》卷1《中说》,商务印书馆中华民国二十四年版,第3页。

偏之谓中，不倚之谓中，中者天下之正理，夫不偏不倚正理，似涉于喜怒哀乐已发而中节者也。然未发之前亦岂外是哉？学者固不可求之于气形质未分之前（老），胎胞未具之际（佛）"。①

从《闲闲老人滏水文集》的内容来看，赵秉文虽然认为"天下殊途而同归"，主张三教合一，但是为了突出儒学的主导地位，保持儒学的纯粹性，他在具体的内容阐释中，通常做的不是促使其"三教合一""殊途同归"的努力，而是着力分殊儒道异同，揭示其"一致而百虑"之所在。诚如他所论，"殊途同归，世皆知之，一致百虑，未之思也"。他说，"夫道一而已，教有别焉，有虚无之道，有大中之道"。他具体区分了儒释道三者之中道的不同，"不断不常，不有不无，释氏之所谓中也；彼是莫得其偶，谓之道枢，枢始得乎环中，以应无穷，老庄之所谓中也，非吾圣人所谓大中之道也"。② 他还区分了佛教之性、老氏之性与吾圣人之性的不同，他说"佛则灭情以归性，老氏则归根以复命，非吾所谓性之中也"，"方其喜怒哀乐未发之际，无一毫人欲之私，纯是天理"之中，才是吾"圣人之性"。③

在赵秉文所处的历史和文化背景下，标榜儒学的立场，倡导儒学真精神固然重要，但是如何促使儒学实现对佛、道的有效吸收及合理消化，从而实现儒学内部的提高同样重要，赵秉文在这方面所作的思考显然不够。他一直努力在做的是原原本本地将孔子的还给孔子，将佛陀的还给佛院，他的这种做法，在金代三教合一思想占主流的文化背景下，对儒学本身的发展，所起的积极作用和消极作用可谓兼而有之。

---

① （金）赵秉文：《闲闲老人滏水文集》卷1《中说》，商务印书馆中华民国二十四年版，第4页。

② 同上书，第5页。

③ （金）赵秉文：《闲闲老人滏水文集》卷1《性道教说》，商务印书馆中华民国二十四年版，第2页。

三　总体评价

评价一名学者的学术研究所具有的学术价值主要应该着眼于两个方面：一是思想内容本身的创新与完善；二是对一种思想和学说的推广和扩大影响。

（一）关于赵秉文儒学思想本身的创新和完善

赵秉文对儒学思想尤其是理学思想的研究和阐述，杨云翼《闲闲老人滏水文集》引云："粹然皆仁义之言也。盖其学一归诸孔孟，而异端不杂焉，故能周到如此，所谓儒之正理之至尽在是矣。""天下学者，景附风靡，知所适从，虽有狂澜横流，障而东之，其有功吾道也大矣。"赵秉文的理学研究显然较王若虚更为深入，较李纯甫更为正统。他对理学中的一些重要范畴和概念如性、道、理、中、和、诚等都有所阐述，尤其是他对大中说、诚说、道论、天理论的阐述，体现了金代理学研究的特色之所在。他的关于诚的"五境界"说，他的关于中的"大中说"，应该说都具有一定创新和独到之处，但是他并未就此形成完整的理论体系。

（二）关于赵秉文对儒学的推广和扩大影响

赵秉文为儒学在金统治北方地区的推广做出了相当大的努力。12世纪末，同省诸生傅起等倡导公开刊行《道学发源》，这是目前所知金代第一部公开刊行的理学文集，赵秉文闻之"喜而不寐"，并亲自为之撰写前言，对《道学发源》的刊行寄以厚望，词情殷殷，足见其对儒学事业的热忱和关注。方亨《赵闲闲游草堂诗跋》云："先生以道学发其本源，涵泳既久，妙入圣人之心法，及乎得志，思与天下共之，遂取前贤笺注，有力于圣教者，以清俸刊行之。俾雕章绘句之流知所归宿。庶乎士风不变，薄俗复厚。"① 方亨所言不虚，赵秉文时刻不忘对后学的引导，他在写给吕子谦的信中说："《论语》未有印者……《孟子解》，先寄去。《中庸》《大学》相次了里，续当寄

---

① （清）张金吾纂辑：《金文最》卷47《赵闲闲游草堂诗跋》，中华书局1990年版，第680页。

去，足下高才博学，留心经学，研究圣心，宜矣。科举之学，有命存焉，不足置意。"①《与杨焕然先生书》又云："足下才高智明，当以孔孟之学启导一方，万一未遂，亦不虚生也。"② 极力倡导金代学有所成的儒家学者用心儒学教育。赵秉文为儒学在北方的传播付出了艰苦的努力，对于引领后学，在金代形成理学研究的风尚起到了重要作用。

（三）赵秉文对儒、释、道三家学说的复杂态度辨析

评价赵秉文的儒学思想不能不涉及他对儒、释、道三家学说的复杂态度。对此金代学者和当代学者都有所关注。刘祁说："赵闲闲本喜佛学，然方之屏山，颇畏士论，又欲得扶教传道之名，晚年自择其文，凡主张佛老二家者皆削去，号《滏水集》，首以中和诚诸说冠之，以拟退之原道性。""然其为二家所作文，并其葛滕诗句另作一编，号《闲闲外集》。""二集皆行于世。"王若虚讥讽赵秉文这种做法为"藏头露尾"。③ 当代学者魏崇武先生也指出："赵秉文心理十分矛盾，他出入佛老，醉心于佛学，却'颇畏士论，又欲得扶教传道之名'……他批评蜀学'杂佛而言'的毛病，但对佛学本身又多所回护，并时常诱导从游后生学佛。"④ 我们认为赵秉文对待三家学说这种矛盾心理有其内在的思想根源。

首先，儒释道三教相融是赵秉文儒学思想的主导思想。赵秉文一生与佛教有着很深的渊源，他也写过大量的与道家人士交往的文字，著有《道德真经集解》，他在《与刘京叔书》中说："慎不可轻毁佛老二教，堕大地狱，则无及矣。闻此必大笑，但足下未知大圣人作为

---

① （清）张金吾纂辑：《金文最》卷54《与吕子谦书》，中华书局1990年版，第786页。

② （清）张金吾纂辑：《金文最》卷54《与杨焕然先生书》，中华书局1990年版，第784页。

③ （金）刘祁：《归潜志》卷9，中华书局1983年版，第106页。

④ 魏崇武：《金代理学发展初探》，《历史研究》2000年第3期。

耳。"① 他提出"佛老之说皆非与？曰非此之谓也，天下殊涂而同归，一致而百虑"。②

其次，赵秉文为学尊崇周程（程颐）二夫子，受张载、程颢影响也颇深，周敦颐、张载、二程子都曾深研佛学，皆无所得而归本六经，他们治学的心路历程对赵秉文不能不产生一定的影响。

最后，在赵秉文的哲学思想中，儒学的地位和作用是超拔于释道的。他说："自尧舜禹相授受，以精一大中之道，历六七圣人，至孔子而大备，其精则道德性命之说，其粗则礼乐刑政经纶，君臣父子兄弟夫妇朋友之大经，立天下之大本，赞天地之化育。其教人始于戒慎恐惧于不见不闻之间，其极至于配天地高明博厚，其学始于致知格物，正心诚意，至于治国平天下。下至道术阴阳名法兵农，一本于儒。裁其偏而救其失。要其归而会之中，本末具备，精粗一致，无太高难行之论，无荒虚怪诞之说，圣人得其全，贤者得其偏，百姓日用而不知，天地以此位，日月以此明，江河以此流，万物以此育。"③

受到以上三种因素的影响，赵秉文对儒、释、道三家学说心态的复杂则不难理解。不管他是否如刘祁所论"颇畏士论，又欲得扶教传道之名"，但是赵秉文确实是以"扶教传道"为己任，大行其"扶教传道"之实。元好问谓其"周旋于正广、道宗、平叔之间，而独能绍圣学之绝业"。④ 赵秉文批评道学有"以中为正位，仁为种性，流为佛老而不自知"的弊端，他从儒学本位的角度认为，这种弊端"反有甚于传注之学"。⑤ 他为弘扬儒家学说所做出的努力，在以女真

---

① （清）张金吾纂辑：《金文最》卷54《与刘京叔书》，中华书局1990年版，第785页。

② （金）赵秉文：《闲闲老人滏水文集》卷1《中说》，商务印书馆中华民国二十四年版，第5页。

③ （金）赵秉文：《闲闲老人滏水文集》卷13《叶县学记》，商务印书馆中华民国二十四年版，第186页。

④ （清）张金吾纂辑：《金文最》卷21《赵闲闲真赞》，中华书局1990年版，第284页。

⑤ （金）赵秉文：《闲闲老人滏水文集》卷1《中说》，商务印书馆中华民国二十四年版，第3页。

为主体民族、释道盛行的金代社会历史大环境下，学术价值和现实意义确实不可小视。从这个意义上说，赵秉文是金代当之无愧的儒学领袖、"儒之正理"之主。《宋元学案》卷 100 仅将赵秉文列为"李纯甫"讲友，谓《滏水集》"夹杂佛老家矣"，显然是更多地注意到了赵秉文援释道入儒的思想特征，而忽略了其对理学研究和传承的贡献，甚至就此将金代理学的存在也一笔抹杀，这是不公平、不客观的。

（四）赵秉文理学研究乃至金代理学在历史上长期受到忽略的原因

《元史》有云："北方知有理学，自复始。"[①] 这种看法一直延续下来，直至 20 世纪 80 年代才陆续有人提出质疑。我们认为，赵秉文理学研究乃至金代理学在历史上长期受到忽略固然与后儒反感金代理学的三教合一特色不可分割，但也与金代儒学自身的普及推广程度不够有关。

1. 金代儒学普及自身努力不足

学界对赵秉文理学研究乃至金代理学的忽略与金元之际赵复为理学在北方的传承所作出的突出贡献是分不开的。宋理宗端平二年（1235），元军攻陷德安，赵复被俘到了北方。他著有《传道图》《伊洛发挥》《师友图》《希贤录》。《元史》卷 189《赵复传》载："复以周程以后，其书广博，学者未能贯通，乃原羲农、尧、舜所以继天立极，孔子、颜、孟所以垂世立教，周、程、张、朱氏所以发明绍续者，作《传道图》，而以书目条列于后。""别著《伊洛发挥》，以标其宗旨。""朱子门人散在四方，则以见诸登载与得诸传闻者，共五十有三人，以作《师友图》，以寓和淑之志。又取伊川颜渊言行，作《希贤录》使学者知所向慕，然而求端用力之方备矣。"[②] 这四部书都没有传下来，但是我们从《元史》的记载可以看出，它们对程朱理学学脉发展作了系统的介绍，其特点是重在学说推广而不在思想的创新，在金元之际蒙古人入主中原的历史条件下，所起到的绍述儒学尤

---

① 《元史》卷 189《赵复传》，中华书局 1976 年版，第 4314 页。

② 同上。

其是程朱理学的作用非常之大，可以说使北方的学术空气为之一变。但是赵秉文包括王若虚、李纯甫等金代儒家学者对程朱理学都没有像赵复一样，以推广为目的撰写专书予以介绍。《道学发源》是目前所知唯一在金代公开刊行的介绍宋代理学的文集，但是它所收录的书目十分有限，对宋代理学的介绍也是支离的、偏颇的。

2. 金代儒学普及的外在环境不够优越

元代统治者非常重视儒学。成吉思汗和蒙哥在征战中即注重网罗儒学人才，忽必烈有"儒教大宗师"的称号。统治者的支持和社会历史发展的大趋势，为赵复在北方以半官方的形式设馆讲学创造了优越的条件，其声势和影响已非寻常可比。赵秉文在金代虽为文坛盟主多年，但是并没有也不可能有赵复这样的政治条件和社会环境。金王朝与元不一样。它虽然以儒学为其统治主体思想，但是其前期国策一直是祖唐承辽抑宋的，宋学在金代的早期、中期没有发展繁荣的土壤，直至金德运之说成为定论以后，宋学在金代才真正得到了官方的认可。但此时金国力日衰，政治日趋腐败，与元朝建国之初锐意进取、万象更新的景象迥异。所以金统治晚期，金代儒学虽然进入新的发展阶段，但就儒学普及而言，已经失去了其必要的政治条件。包括赵秉文在内金代的儒家学者当此之时，虽然尽其所能，但也回天无力。

第五节　李纯甫儒学思想简述

关于理学、非理学的分疏学界见解不尽相同。张立文将宋明理学划分为主流派和非主流派。他认为宋代儒学中以濂、洛、关、闽加之邵雍、司马光、张栻、陆九渊为主流派，王安石、苏轼、苏辙、吕祖谦等为非主流派。[①] 崔大华则提出新学、蜀学不是理学，他们和理学

---

① 参见张立文《宋明理学研究》，中国人民大学出版社 1985 年版，第 680 页。

存在明显的学理分殊。不可否认的是，两宋理学家多于释道有所涉，《宋元学案》将李纯甫归为"王苏余派"。赵秉文甚至自承理学研究不及李纯甫。所以本文姑且将《鸣道集说》所反映出的李纯甫的儒学思想，作为金代理学研究的一部分在这里作一略述。

李纯甫在《鸣道集说》中，关于儒家哲学中一些十分重要概念范畴的阐述多杂以佛老或以佛为主而言之，如仁、礼、中庸、中和等虽有涉及，但内容往往欠系统，阐述比较完整的是心说、性说、鬼神说。

一　心说

心之为物。李纯甫对于心是如此定义的，"夫道生天生，以为气母，自根自本者，即此心也"。① 他以心为宇宙万物的本原，客观世界的本体。心生天生地，自本自根，不依赖外物，自感自知，独立存在。"心虽见闻，而不在耳目矣"，它通过自己的思维感知世界，所谓"思，心之官也"。②

心迹之判。程明道尝谓"夫心迹一也"，将心与迹的关系绝对统一起来，李纯甫不同意这种观点，他认为心迹关系应该是对立统一的，人的思维与行动是既区别又相互联系的。"洗心退藏于密"是"圣人之心"，"吉凶与民同患"是"圣人之迹"。他称赞文中子关于心迹关系的阐述，曰："文中子深于易者，故曰心迹之判久矣，乐天知命吾何忧，穷理尽性吾何疑，天下皆忧吾独不忧乎，天下皆疑吾独不疑乎，此心迹之说也。"同时他指出文中子言犹未尽之处，"虽然，请以近喻，圣人之心，如天上之月，圣人之迹，如水中之月，亦即亦非，或同或异，此文中子所未言者，表而出之"。③

"人心"与"道心"。如宋代诸儒一样，李纯甫也主张将"人心"与"道心"区分开来，但他认为区分两者的标准不应该是人欲

① （金）李纯甫：《鸣道集说》卷1，（日）中文出版社景享保四刊本，第27页。
② （金）李纯甫：《鸣道集说》卷3，（日）中文出版社景享保四刊本，第104页。
③ （金）李纯甫：《鸣道集说》卷2，（日）中文出版社景享保四刊本，第57页。

天理，而应该是"知"与"无知"。他关于"人心惟危，道心惟微，惟精惟一，允执厥中"是如此注解的，"人心惟危"在于"知而无知"，"道心惟微"在于"无知而知"，"惟精惟一"应是"择之惟精，无入而随，守之惟一，无出而离"，"允执厥中"的精要在于"四无所依"，这是"可以神会"，而"难以理推"的。①

"圣人之心"。李纯甫哲学思想中有着强烈的理想主义色彩，满怀着对圣人境界的憧憬。他认为达到圣人境界最重要的是要有圣人之心，圣人之心如同日月一般，无生无死，无增无减。司马光将"圣人之心"喻作"宿火"，李纯甫驳之曰："圣人之心，未尝生死，岂如宿火之乍明乍暗耶。深而不消者，终消也。久而不灭者，终灭也。"他又说："圣人之心如日月焉，但以尘念蔽之，如浮云之翳，阴气之蚀耳。尘念消烁既如死灰，而天光始发，初无增损，其有灭乎？此孔子所谓与日月合其明，庄子又谓进于日者舆，世俗不知也。"② 关于达至圣人境界的功夫次第李纯甫主"静"，其要在于"事上无心"，"心如死灰"，"形如槁木"。所谓"心如死灰矣，故知周万物而不遗，形如槁木矣，故动容周旋而中礼"。③

二　性说

性与习。关于性说，李纯甫赞成孔子"性相近，习相远"的说法，他说"性相近也"，乃"初无善恶"，"习相远"，则使"善恶分至焉"，"至其甚也"，则导致"上智与下愚不移"，此"亦习使之然耳"。他的这种观点与江公望颇为相近，所以他说"江子之性说几尽矣"。所不同的是江公望不认同"上智与下愚不移"，他说"习至于成不可移。虽曰不移，又何尝不移哉"。此外，江公望认为人的本性是不固定的，所谓"性如珠在，虽未尝变，如白受色，随染而化，无有定色"。而李纯甫主张性是固定不变的，他说："如珠在，未尝

①　（金）李纯甫：《鸣道集说》卷2，（日）中文出版社景享保四刊本，第71页。
②　（金）李纯甫：《鸣道集说》卷1，（日）中文出版社景享保四刊本，第19页。
③　（金）李纯甫：《鸣道集说》卷2，（日）中文出版社景享保四刊本，第65页。

变者，正性也。如白受色，随染而化，故习也。白受色则亡其白矣，习可亡也，性可亡乎？"①

性与气。宋明理学论性多与气相联属，自张载提出"天命之性"，"气质之性"之分别，二程、朱熹一脉相承，朱子认为人之所以有善有不善，"只缘气不同禀"。②李纯甫则旗帜鲜明地反对以气论性，"言性而杂之以气，程氏（明道）膏肓之病也"。他说"孟子所谓浩然之气，即以志为帅，盖以心能使其气耳。程氏谓气甞自生而有善恶，而又能夺其性，非孟子意也"。人性之善与不善皆"心"使之然，与"气"无碍，所谓"程氏之言性也，杂之以气亦与孟子不合。又言才甞於气而有清浊，孟子之言曰志者气之帅，故谓之浩然之气。又曰若夫为不善非才之罪也，岂有清浊之间也"。③李纯甫的这种论点，与其同时代的陆九渊有相通之处，陆认为心与性为一，而气质与人性之善恶并无必然联系，"由是而言，则所谓清浊智愚者，殆不可以其行之贤不肖论也"。④

性与情。李纯甫认为性与情是两分的，他提出喜怒非出于性的观点，他说"如喜怒哀乐真出于性，虽圣人安能去之"。他认为圣人之性与常人之性是相同的，"至于性，圣人岂远于常人哉"。圣人之"情"与常人之"情"是不同的，故"圣人能致中和，常人未能至耳"，他将性比作水，将喜怒喻为尘垢，"常人澄之尚浊"，"圣人散之亦清"。"圣人之灵府故异于常人，喜怒哀乐不鲜人者久矣。虽喜怒哀乐而非喜怒哀乐也。以喜怒哀乐未发之中，即喜怒哀乐未发之和，故皆中节焉。"他批判程子的性情之论是"自相矛盾"，赞同李翱"圣人有性未尝有情"的观点，他认为李翱的说法出于庄子，而庄子的观点又与佛教的见解相同。⑤

---

① （金）李纯甫：《鸣道集说》卷5，（日）中文出版社景享保四刊本，第133页。
② 《朱子语类》卷4，中华书局1986年版，第67页。
③ （金）李纯甫：《鸣道集说》，（日）中文出版社景享保四刊本，卷2第60页，卷3第96页。
④ 《陆九渊集》卷6《与包祥道》，中华书局1980年版，第81页。
⑤ （金）李纯甫：《鸣道集说》卷3，（日）中文出版社景享保四刊本，第102页。

"天成之性，存而勿失。"李纯甫提出"性"即天成，人只要"成性存存"，使之"存而勿失"，就可以步入道义之门。如何"成性"，如何入于道义之门，其关键在于一"存"字。"存而勿失"，"方得其喜怒哀乐未发之中，则道是也"，"又得其发而皆中节之和，则义是也"；"道入而静，义之体也；义出而动，道之用也。一阖一开，故谓之门"。① 李纯甫区分"成性存存"之"存"与"操之则存"之"存"不同，后者"乃求放心之谓也"，前者是指"存其所当存者"。至于"存而勿失""存其所当存"的功夫，主要是"无思""无为"。所谓"方其无思也，无为也，则道是已。其感而遂通天下之故，则义是已"。②

三 鬼神说

鬼神之有无。关于鬼神之有无问题，他明确反对程明道否定鬼神存在的观点，他针对程子"好谈鬼神者，皆是烛理不明，传以为信，假使实见，或是目病"的说法，提出"鬼神，五经同载，千古共传，虽吾夫子，存而勿论者也。程子穷阮脩衣裳之遗说，范缜刀刃之陈言，谓神灭而无鬼，其穷理之学不及康节远矣"③。他分别考察了程明道、张横渠、谢上蔡的鬼神观，认为三子各执圣人之一偏："予观圣人之言，各有所主，大抵有生有死，或异或同，无生无死，非同非异，人即有形之鬼，鬼即无形之人，心有即有，心无即无，圣人复生，不易吾言矣。"④

鬼神之产生。关于鬼神之产生，张载尝言"鬼神者，二气之良能也"。李纯甫认为"天自天，人自人，鬼神自鬼神，非二气也"。天地之寒暑、风雨雷电与鬼神无关。所谓"天之寒暑，气之屈伸，鬼神何预焉。伊川亦曰：鬼神者，造化之迹，江东诸子，至有以风雨

① （金）李纯甫：《鸣道集说》卷2，（日）中文出版社景享保四刊本，第71页。
② （金）李纯甫：《鸣道集说》卷5，（日）中文出版社景享保四刊本，第150页。
③ （金）李纯甫：《鸣道集说》卷2，（日）中文出版社景享保四刊本，第70页。
④ （金）李纯甫：《鸣道集说》卷4，（日）中文出版社景享保四刊本，第116页。

为鬼神，其疎甚矣"。他分析宋儒这种观点的产生是由于相信汉儒误解《中庸》所致。《中庸》有"鬼神体物而不可遗"句，"汉儒训体为生，谓万物以鬼神之气生"。① 值得注意的是，在这里李纯甫言鬼神与自然现象没有关系，但他又说，"天地雷霆风雨岂幽乎哉，谓有鬼神主之可也，谓即鬼神，可乎?"可见其鬼神思想，前后有自相矛盾之处。此外他还提出，"明则有礼乐，幽则有鬼神"只是"圣人教人之有所忌惮耳"的一种说法。②

鬼神之为何物。关于鬼神究竟是何物，李纯甫有几种解释。首先他认为鬼神即是物的影子。"予谓，鬼神虽弗见弗闻，然以物为体，而影附之，不可遗也。故洋洋乎如在其上与左右也。何以二气为哉?"③ 其次，鬼神即为魂魄。张载言"气生于人，人生而不死，游散谓魂；聚而成形，质虽死而不散为魄"。李纯甫则认为魂与魄本为一物，是"动静之精神"，其"形质既成，生而不能腐；形质既坏，死而不能散，游然而变，或为鬼神"。④ 再次，鬼神即无形之人物。所谓"人物，有形之鬼神；鬼神，无形之人物"。因为其"无异于人物"，所以我们可以"知鬼神之情状"，从这个意义上说，人之生死祸福皆与鬼神无关，所谓"其祸福亦从吾之好恶焉，岂神主生而鬼主死"。⑤ 由是观之李纯甫的鬼神观是相对进步的。

---

① （金）李纯甫：《鸣道集说》卷1，（日）中文出版社景享保四刊本，第29—30页。
② （金）李纯甫：《鸣道集说》卷3，（日）中文出版社景享保四刊本，第94页。
③ （金）李纯甫：《鸣道集说》卷1，（日）中文出版社景享保四刊本，第30页。
④ 同上书，第33页。
⑤ 同上书，第32页。

第 五 章

三教合一思潮

　　"三教合一"是在中国思想领域所形成的以儒学为主、儒释道合流的思想文化现象，"三教合一"在金代有明显表现，并对金代的儒家思想开展产生了重要影响。金代"三教合一"思潮的盛行，既有其历史发展的必然性，更与当时的社会背景、社会思想文化发展、统治者的支持以及三教人士的主张密不可分。

第一节　时代背景

一　政治背景

　　金建国之初对中原文化采取兼收并蓄的政策。女真人在征辽伐宋战争中，俘掠了一些汉族僧侣，他们将佛教带到女真人中间，道教也由辽地汉族道士传入金朝。《大金国志》多处记载了金代统治者对佛教、道教的扶持。金太宗曾皈依佛门，熙宗及其皇后裴满氏都是虔诚的佛教信徒。当时"虽贵戚望族，多舍男女为僧尼"。[①] 世宗规定有三事不许臣谏，其一即是"饭僧"。"金国崇重道教，与释教同。自奄有中州之后，燕南、燕北皆有之，所设道职，于帅府置司，正曰道箓，副曰道正。择其法箓精专者授之，以三年为任，任满则别择人。

---

① （宋）宇文懋昭：《大金国志》卷36《浮图》，中华书局1986年版，第517页。

其后，熙宗又置道阶，凡六等，有侍宸、授经之类。"① 终金一代，统治者为了维护其政治统治，对佛教和道教既保护又限制，既提倡也取缔，但总体而言，金代统治政策为金代"三教合一"思想的滋生和发展，并使之成为金代社会多数人接受的意识形态提供了土壤。

二 学术背景

儒释道是我国传统思想和文化的主要组成部分，中国近千年来思想文化发展史就是一部儒释道相互斗争与融合的"三教合一"历史。这个发展过程经历了三个主要阶段，即魏晋南北朝、隋唐及宋元明清。隋唐时期是三教融合的第二个阶段。隋朝结束了三国两晋南北朝的分裂格局，大一统的政治局面需要统一的意识形态，王通就提出了以儒学为中心的"三教合一"说。唐朝国力强盛、文化繁荣，是中国封建社会的鼎盛时期。有唐一代总的宗教政策是三教并存，提倡"三教合一"，也形成了在唐朝的文人士大夫中研习三教典籍的风气。统治者的提倡、学子士人的研究，大大地促进了三教融合的深入发展，三教融合成为各界人士的共识。金代在基本国策和思想文化上承辽绍唐，隋唐三教融合思潮对金代产生重要影响。

南宋与金朝同时代而并存，宋学对金朝的影响不容忽视。"三教合一"思想发展到宋代产生了质的飞跃。"三教合一"在宋以前发展状态如余英时先生所论，"印度佛教传入中国曾产生了重大的影响，但仍与基督教在西方中古文化中所取得的绝对的主宰地位有别。六朝隋唐之世，中国诚然进入了宗教气氛极为浓厚的时代，然而入世教（儒）与出世教（释）之间仍然保持着一种动态的平衡。道教也处于出世与入世之间。故中国中古文化是三教并立，而非一教独霸"。②入宋以后，儒、佛、道三教在新的社会环境中出于生存、发展的共同需要而相互融摄、相互渗透、相互补充，在思想层面上开始了深层的、广泛的、有机的融合，逐渐形成了以儒学为主体，佛、道为辅翼

---

① （宋）宇文懋昭：《大金国志》卷36《道教》，中华书局1986年版，第518页。

② 余英时：《士与中国文化》，上海人民出版社2003年版，第6页。

的"三教合一"的思想文化格局。① 如胡适 1920 年在与诸桥辙次的
笔谈中指出：宋代承唐代之后，其时印度思想已过"输入"之时期，
而入于"自己创造"之时期。天台、华严、禅宗三宗皆中国人自己
融化印度思想之结果。唐末宋初又有道教之复兴，其影响及于政治
（如宋代之《天书》等），又及于学术（如邵雍、周敦颐之论
《易》）。当此之时，儒学吸收佛道二教之贡献，以成中兴之业，故开
一灿烂之时代。

第二节　三教合一思潮的表现

一　儒家学者本身为居士、道士，与释道中人过从甚密

金代最重要的儒学代表人物赵秉文和李纯甫本身都是居士。赵秉
文身为"儒之正理"为主，自言"吾生前是一僧"，又曰"吾生前是
赵抃阅道"，"深戒杀生，中年断荤腥"。② 他不仅自己信佛，还劝导
他人信佛，他曾"屡诱"刘祁学佛，亲自教授石抹嵩企隆持香炉三
棹脚作礼。杨云翼、王若虚、齐希谦都有诗文记述赵秉文寻僧问道的
事迹。对于藏云先生，他"每见必厚相慰藉"。③ 赵秉文作醮平凉，
于善庆真人充济度师，赵秉文"高其节，图象荐诸朝"。李纯甫自言
"我本儒家子"，又言"我所学者净名庄周"。他为清凉相禅师"护
持，苟可以用力，则无不至"。④ 颇喜"僧德普"之"俊爽不羁"。⑤
全真教的于善庆真人到京师，"若密国公璹，侯莘公挚、杨尚书云
翼、许司谏古、冯内翰璧、诸相贵近，争相景慕"。⑥

① 张玉璞：《宋代的三教合一思潮述论》，《孔子研究》2011 年第 5 期。
② （金）刘祁：《归潜志》卷 9，中华书局 1983 年版，第 106 页。
③ 《元好问全集》卷 31《藏云先生袁君墓表》，山西古籍出版社 2004 年版，第 653
页。
④ 《元好问全集》卷 31《清凉寺禅师墓铭》，山西古籍出版社 2004 年版，第 638 页。
⑤ （金）刘祁：《归潜志》卷 6，中华书局 1983 年版，第 65 页。
⑥ 王庆生：《金代文学家年谱》上册，凤凰出版社 2005 年版，第 364 页。

二 与释道中人文字往还，为方外文友、诗友

被金人称为一代文脉正传之宗的党怀英，"儒道释诸子百家之说，乃至图讳篆籀之学，无不淹贯"。① 撰有多篇释道文字，如《请照公和尚开堂疏》《中都十方大天长观普天大醮感应碑》等。李纯甫"多为浮屠作碑记传赞"，"诸僧翕然归向，因集以板之，号《屏山翰墨佛事》"。② 赵秉文先后撰写了《利州精严禅寺盖公和尚塔铭》《圭峰法语》《达摩面壁庵赞》《慈圣西宫重修寺碑》，还将自己为释道二家所作诗文编为《闲闲外集》。他作为"金代第一手"，著名书法家，多次为释道题字。曾为全真真人于善庆书"活死人墓"四字。《金石汇目分编》又载："巩县：金'方丈'二字，赵秉文正书，兴定庚辰。"③ 木庵英上人，被时人视为诗僧，他的《山堂夜寂》《梅花》等诗传入京师，"闲闲赵公、内相杨公、屏山李公及雷、李、刘、王诸公，相与推激，至以不见颜色为恨"。④ 《雪庭裕公和尚语录序》云："雪庭初参万松秀公，万松得法雪岩上人，纵横理窟，深入佛海，至于游戏翰墨，与闲闲、屏山二居士互相赞叹，为方外诗友。"⑤

三 探究学理，三教兼修

《归潜志》载："兴定间，（李纯甫）再入翰林。时赵闲闲为翰长，余先子（刘从益）为御史，李钦止、钦叔、刘光甫俱在朝，每相见，辄谈儒佛异同，相与折难。"⑥ 从这段论述我们可以看出，当时在学者中从学理上探讨儒释异同已成为大家共同的兴趣之所在。作

---

① （金）赵秉文：《闲闲老人滏水文集》卷11《中大夫翰林学士承旨文献党公神道碑》，商务印书馆中华民国二十四年版，第163页。

② （金）刘祁：《归潜志》卷10，中华书局1983年版，第119页。

③ 王庆生：《金代文学家年谱》上册，凤凰出版社2005年版，第280页。

④ 《元好问全集》卷37《木庵诗集序》，山西古籍出版社2004年版，第772页。

⑤ 李修生主编：《全元文》卷167《雪庭裕公和尚语录序》第6册，江苏古籍出版社1999年版，第201页。

⑥ （金）刘祁：《归潜志》卷9，中华书局1983年版，第105页。

为学者，他们不满足于仅仅是作为一名普通信徒信奉释道二教，也不满足于文字间的往还游戏，他们追求更深层次的从学理上把握释道之精髓。赵秉文曾著有《道德真经集解》四卷，对老子的道德经进行了注解和阐释。他还注有《心经》和《南华略释》等。不仅儒家学者在研究佛教哲学、道家和道教哲学，而且道家学者、道教学者也在研究儒家哲学。元好问《皇极道院铭》载："虚白处士赵君，已入全真道，而能以服膺儒教为业，发源语孟，渐于伊洛之学，方且探三圣书而问津焉……处士名素，字才卿，河中人，虚白其赐号云。"①

在金代儒家学者中，从理论上探究儒释道三教学说，三教兼修，用力最深者、成就最高者是李纯甫。他一生儒释道兼修，"始知读书，学赋以嗣家门；学大义以业科举，又学诗以道意，学议论以见志，学古文以得虚名。颇喜史学，求经济之术，深爱经学，穷性理之说。偶于玄学似有所得，遂于佛学亦有所入"。②他曾先后著有《中庸集解》《老子解》《庄子解》《鸣道集解》《楞严外解》《金刚经别解》《般若经解》《赞释迦文》《达摩祖师梦语》《赘谈》等，耶律楚材《屏山居士金刚经别解序》云："伟哉屏山居士，取儒道两家之书，会运奘二师之论，牵引杂说，错综诸经，著为《别解》一编。莫不融理事之门，合性相之义，析六如之生灭，拍四相之键关，谓真空不空，透无得之得，序圆顿而有据，识宗说之相须。辨因缘自然，喻以名著，诸佛众生，避之圆镜，若出圣人之口，冥契吾佛心，可谓天下之奇才矣。"③

《中州集》小传曰：李纯甫"三十岁后，遍观佛书，能悉其精微，既而取道学书读之，著一书，就伊川、横渠、晦翁诸人所得者而商略之，毫发不相贷，且恨不同时与相诘难也"。由此可初步推断李

---

① （清）张金吾纂辑：《金文最》卷19《皇极道院铭》，中华书局1990年版，第259页。

② （金）刘祁：《归潜志》卷1附录，《重修面壁庵记》，中华书局1983年版，第7页。

③ （元）耶律楚材：《湛然居士文集》卷13《屏山居士金刚经别解序》，中华书局1986年版，第278—279页。

纯甫《鸣道集说》作于 30 岁以后。又据李纯甫《鸣道集说》卷 5 自述："伊川之学今自江东浸淫而北矣，缙绅之士负高明之资者皆甘心焉，予亦出入其中几三十年。尝欲笺注其得失，而未暇也。今以承乏于秋闱，考经学数十余日，乘间漫笔于小稿。"李纯甫知贡举在兴定五年（1221），这时李纯甫 45 岁，距其去世有一年多时间。耶律楚材云："屏山临终出此书付敬鼎臣，曰：'此吾末后把交之作也，子其秘之，当有赏音者。'鼎臣闻余购屏山书甚切，不远三数百，徒步之燕，献的稿于万松老师转致于余。"① 两者所述比较吻合，所以我们据以上资料认为，李纯甫完成《鸣道集说》应该在其晚年，而该书之刊行当在其谢世以后。

第三节　李纯甫的"大道合一"思想

李纯甫虽自称"吾所学者净名庄周"，但他更加推崇佛学。对佛学的倾倒，对宋代诸大儒不遗余力的批评，使得他既为当世所不容，又为后世所不齿。他大谈儒释之异同，招致"环而攻之"。② 大力倡导"大道合一"以佛为主，《宋元学案》讥其言论为"不有狂风怪雾，无以见皎日之光明也"。③ 但李纯甫也恰恰因此在中国儒学史上占据一席之地。

一　以佛释儒　以儒证佛

李纯甫阅读《诸儒鸣道集》后，与佛道学说比较参详，反复印证，对于其中 217 条论述尤其是毁佛谤道的言论颇不以为然，遂将其逐句逐段摘引下来，又逐句逐段地予以评议、批评、驳斥，汇集成书

---

① （元）耶律楚材：《湛然居士文集》卷 14《屏山居士鸣道集序》，中华书局 1986 年版，第 308—309 页。

② （金）刘祁：《归潜志》卷 1，中华书局 1983 年版，第 7 页。

③ （清）黄宗羲：《宋元学案》卷 100，中华书局 1986 年版，第 3316 页。

即《鸣道集说》。耶律楚材为之作序曰："江左道学倡于二程，和之者十有余家。涉猎释老肤浅一二，著《鸣道集》……屏山哀矜，作《鸣道集说》，廓万世之见闻，正天下之性命。"又曰"昔余尝见《鸣道集》，不平之，欲为书纠其荒缪而未暇，岂意屏山先我著鞭，遂为序列，引以针江左书生膏肓之病为，中原学士大夫有斯疾者，亦可发药矣"。① 在《鸣道集说》中，李纯甫儒学思想与佛学思想的相互交叉、渗透、互为佐证相当明显。

（一）以佛释儒

李纯甫佛学造诣颇深，元好问评之曰"三十岁后，遍观佛书，能悉其精微，既而取道学书读之，著一书合三家为一，就伊川、横渠、晦庵诸人所得者而商略之，毫发不相贷，且恨不同时与相诘难也"。② 对于许多儒学问题，他常以佛学思想来解释回答。譬如关于"无为""有为"的问题，伊川说："老子曰：无为，又曰无不为，当有为而以无为为之，是乃有为也，圣人言之无为也。戒夫，作为即曰感而遂通，未尝为一偏之说。"李纯甫评之曰："伊川此言似之矣，犹未也。"他引《华严经》解释说："菩萨于有为界，示无为性，亦不破坏有为之相。于无为界，示有为相，亦不分别无为之性。故非有为亦非无为也。古人尝问一禅者曰：'何为'？曰：'无为'。曰：'何以知之'？曰：'闲坐'。曰：'如许即有为也'。此非三圣人之心欤？"他进一步说："此事如大火聚，不容著眼；如金刚剑，无处下足。程子划为两端，去道远矣。"③

再如朱子对程子中夜思考"天地之间真无一物兀然无对而孤立者"，进而"手舞而足蹈也"，大发赞同之叹，李纯甫耻笑其不读佛书，他说："入楞伽经一百八句，皆对待法，岂止上下前后左右多寡

---

① （元）耶律楚材：《湛然居士文集》卷14《屏山居士鸣道集序》，中华书局1986年版，第308—309页。

② 姚奠中主编，李正民增订：《元好问全集》增订本卷41，《中州集》"屏山李先生纯甫"小传，山西古籍出版社2004年版，第870页。

③ （金）李纯甫：《鸣道集说》卷3，（日）中文出版社景享保四刊本，第87页。

哉？此真生死心也。程子未能洗去此心，谓有生则有死，任之以自宽耳。岂道也哉。盖荣□期之徒尔。或谓法界中，无孤单法，岂程子意欤？是又不然，程子安知有十玄门哉。一入一切，一切入一，亦会归于一耳。程子求之于二，止谓世间法而已"。①

（二）以儒证佛

两宋儒者多数对佛教思想持排斥和否定的态度，李纯甫在对其"不经之谈"的批驳中，常以子之矛，攻子之盾，借儒家思想以印证佛家思想的博大精深。程伊川批评"释氏自言觉悟又却须要印证，是未知也"，李纯甫以儒家经典反驳之曰："此吾书之所谓博学之，审问之，明辨之也。倘不如是，正恐如吾党小子斐然成章，不知所以裁之耳。"伊川又批判佛家出世和断食的主张。李纯甫借用孟子和庄子的言论以批驳之。他说：这正是"孟子所谓出入无时，莫知其乡。庄子所谓其疾俛仰之间，再抚四海之外者，吸风引露不食五谷矣。程子自索之于形骸之内，岂独无姑射之神人乎？"②

二 《程伊川异端害教论辨》

李纯甫云："伊川之学今自江东浸淫而北矣，缙绅之士负高明之资者皆甘心焉，予亦出入了其中几三十年。"③李纯甫自言出入伊川之学几三十年，他对伊川之学定然有着较为深入的体认。值得思考的是李纯甫是一位旗帜鲜明的援儒入佛主义者，公然提出"学至于佛则无可学者，乃知佛即圣人，圣人非佛，西方有中国之书，中国无西方之书也"④，二程则是坚定的儒家道统论者，一生以卫道排佛为己任。李纯甫在《鸣道集说》中摘引程颢排佛论述 36 条，程颐排佛论述 40 条，并专作《程伊川异端害教论辨》，对二程之排佛思想进行

---

① （金）李纯甫：《鸣道集说》卷 5，（日）中文出版社景享保四刊本，第 155 页。

② （金）李纯甫：《鸣道集说》卷 3，（日）中文出版社景享保四刊本，第 90 页。

③ （金）李纯甫：《鸣道集说》卷 5，（日）中文出版社景享保四刊本，第 143—144 页。

④ （金）刘祁：《归潜志》卷 1 附录《重修面壁庵记》，中华书局 1983 年版，第 7 页。

了严厉的批判。宋代持排佛论的儒家学者不在少数，北宋前期有柳开，中期有欧阳修、李觏、孙复、石介、胡瑗，晚期有张载，何以李纯甫专作《伊川异端害教论辨》，针对程学起而驳之？原因在于李纯甫深感"诸儒排佛者之言，无如此说之深且痛也"，所以李纯甫对程氏的批评也更加言辞激烈，情绪激动。"况程氏之学出于佛书，何用故谤伤哉。又字字以诚教人，而自出此语，将以欺人则愚，将以自欺则狂。惜哉，穷性理之说，既至于此，而胸中犹有此物，真病至于膏肓者也夫。"① 程伊川认为，佛氏之学与儒学存在着根本的不同，"以迹观之，逃父出家，便绝人伦"。这种行为不仅"非圣人之心，亦不可为君子之心"，以理性而言之，只是"怖死爱生之利心"。屏山驳之曰"太伯奔于句吴，名为至德，伯夷饿于首阳，称以仁人。皆吾夫子之语也。程子剽佛说以鲜经，极口反噬，诬之以怖死爱生，虽三尺之童，亦不信也，奚待予言"。②

　　除二程外，李纯甫在《鸣道集说》中还多处摘引评论其弟子杨时和谢良佐的论述。朱熹尝云："程门高弟，如谢上蔡、游定夫，杨龟山辈，下梢皆入禅学去，必其程先生当初说得高了，他们只睟见一截，少下面著实工夫，故流弊至此。"③ 的确，二程弟子多流于禅，"以禅论儒"是谢良佐理学思想的一大特色，他毫不隐晦地以禅论儒，或直接以禅言儒，或融佛入儒。他曾说："释氏所谓性，尤吾儒所谓心，释氏所谓心，尤吾儒所谓意。"④ 杨时晚年也具有明显的融合佛道学说的倾向。杨时对佛教的基本态度是批评，但在方法论上他主张只有"操戈入室"方可"攻"之，要想达到此一目的，必须"深造而自得之"，所谓"儒佛之论造其极致则所差眇忽耳，其义难知而又其辞善遁，非操戈入室未易攻也。虽横渠之博辨精深未能屈之

---

① （清）张金吾纂辑：《金文最》卷 60《程伊川异端害教论辨》，中华书局 1990 年版，第 860 页。
② （金）李纯甫：《鸣道集说》卷 3，（日）中文出版社景享保四刊本，第 88 页。
③ 《朱子语类》卷 101《程子门人》总论，中华书局 1986 年版，第 2556 页。
④ 《朱子语类》卷 101《程子门人》之谢显道，中华书局 1986 年版，第 2563 页。

为城下之盟，况余人乎！置而勿论可也，要当深造而自得之，则其辨自见矣"。① 游酢也曾说过"前辈先生，往往不曾看佛书，故诋之如此之甚，其所以破佛者，乃佛书自不以为然者也"。② 显然他们对待佛教的态度较之二程显得更为理性和宽容。也许正因为此，李纯甫于谢良佐、杨时等人的批评，较之二程温和得多。如《鸣道集说》卷5评杨时之论曰"杨子见处甚高，知禅者有力于佛，即知庄子有力于圣人矣，由譬广喻，张大儒者之说，儒者反疾之，何也"。卷4又评谢良佐之论曰："谢子所问于程氏者，是渠事中事也，其所见处甚高，正中拙禅和弄精魂之病。"

三 "大道合一" 以佛为主

（一）"大道合一"是儒释道三教合一

打破儒释道门户之见，将三者融会贯通，合而为一，是李纯甫毕生追求的学术理想。他在《鸣道集说》卷5综述中强调，自己"与诸君子生于异代"，既"非元丰元祐之党"，又"同为儒者，无黄冠缁衣之私"，也"非好辨也"，之所以"呕出肺肝，苦相订正，止以三圣人之教不绝如发，互相矛盾，痛入心骨"，"三圣人之道支离而不合亦不得已尔，如肤有疮疣，膏而肉之，地有坑堑，实而土之。岂抉其肉而出其土哉"。③ 耶律楚材评李纯甫"尊孔圣与释老鼎峙"。又说"（屏山）会三圣人理性之学，要终指归佛祖而已"。④ 李纯甫将佛学的位置提升到儒道之上，以佛学统摄儒学与道家学说。在《重修面壁庵记》中，他将诸多儒道著述悉归本于佛学，谓"清凉得之以疏华严，圭峯得之以钞圆觉，无尽得之以解法华，颍滨得之以释老子，吉甫得之以注庄子，李翱得之以述中庸，荆公父子得之以论周

---

① 《杨时集》卷16《与杨仲远其六》，福建人民出版社1993年版，第409页。

② 《游酢文集》卷5，《四部丛刊》集部。

③ （金）李纯甫：《鸣道集说》卷5，（日）中文出版社景享保四刊本，第161页。

④ （元）耶律楚材：《湛然居士文集》卷14《屏山居士鸣道集序》，中华书局1986年版，第308页。

易，伊川兄弟得知以训诗书，东莱得之以议左氏，无垢得之以说语论孟"。① 同时又断言："学至于佛则无可学者，乃知佛即圣人，圣人非佛，西方有中国书，中国无西方书也。"② 在《鸣道集说·杂说》中，他将儒释道三者作了明确的比较，对于儒学他是如此定位的，"孔子游方于内，其防民也，深恐其眩于太玄之说，则荡而无所归。故约之以名教"。对于道家学说他认为是"老子游方于外，其导世也。切恐其昧于至微之辞，则塞而无所入，故示之以真理"。他对佛学的评价明显高于儒道，他说："吾佛之书，既东则不如此，大包天地而有余，细入秋毫而无间。""阴补礼经素王之所未制，经开道学玄圣之所难言，教之大行，谁不受赐"，"道冠儒履皆菩萨道场。"③

（二）"大道合一"是历史发展的必然结果

在对儒、释、道进行深入研究的基础上，李纯甫提出，儒释道在本质上是一致的，"大道合一"是历史发展的必然结果。他说："三圣人者，同出于周，如日月星辰，合于扶桑之上，如江海淮汉汇于尾闾之渊，非偶然也。其心则同，其迹则异；其道则一，其教则三。"④ 他又说："疑其以儒而盗佛，以佛而盗儒，是疑东邻之井盗西邻之水，吾儿时之童心也"。⑤ 意谓儒佛本同源，这种担心本身是非常幼稚可笑的。在诸多问题的论述中，他常以儒释道兼举，譬如关于心的论述，他先后引孔子、老子、佛的观点，"孔子云：易有太极，是生两仪。老子云：有物混成，先天地生。佛云：空生太觉中，如海一沤发"，然后提出自己的观点。此外关于宇宙万物的生成问题、心性问

---

① （金）刘祁：《归潜志》卷1附录《重修面壁庵记》，中华书局1983年版，第7页。

② （元）耶律楚材：《湛然居士文集》卷12《楞严外解序》，中华书局1986年第272页。

③ （金）李纯甫：《鸣道集说》卷5，（日）中文出版社景享保四刊本，第182—183页。

④ （清）张金吾纂辑：《金文最》卷60，李纯甫《程伊川异端害教论辨》，中华书局1990年版，第860页。

⑤ （金）李纯甫：《鸣道集说》卷5《杂说》，（日）中文出版社景享保四刊本，第167页。

题等的论述，也皆可以看出李纯甫认为儒释道乃殊途同归、异曲同工的基本主张。他指出两宋诸儒在构建自己的哲学思想体系时，多有借重佛教思想之处，也恰恰是用事实证明了"大道将合"不可逆转的历史发展潮流。他说："诸儒阴取其说，以证吾书自李翱始。至于近代王介甫父子倡之于前，苏子瞻兄弟和之于后，《大易》《诗》《书》《论》《孟》《老》《庄》，皆有所解，濂溪、涑水、横渠、东莱、伊川之学，踵而兴焉；上蔡、龟山、元城、横浦之徒，又从而翼之；东莱、南轩、晦庵之书，蔓衍四出，其言遂大。""小生何幸，见诸先生之论议，心知古圣人之不死，大道之将合也。恐将合而又离，笺其未合于古圣人者，曰鸣道集说。"①

（三）"大道合一"理想的实现在理论上以心学为凭借

李纯甫就"大道合一"的实现途径作了论证，他提出，"大道合一"理想的实现在理论上以心学为凭借。儒释道皆重心学，在心的层面圆融三教应该是存在着一定的理论根据。所谓"儒也，释也，老也，皆名焉而已，非实也。实也者，心也。心也者，所以能儒能佛能老者也……知此乃可与言三家一道也"。② 李纯甫在《心说》上下篇中，融摄儒释道经典著述中的相关论述，以全新的逻辑重新梳理，表达了自己构建心学思想体系的基本设想。该体系主要包括心为主宰的宇宙生成观、无为主静的人生修养观、不离于真的精神境界观等主要内容。惜乎李纯甫其他著作皆已散佚，我们无从深入考察这一思想体系的具体内容，但我们从《心说》上下篇中，或可体会出其糅合儒释道三家思想精髓，为实现大道合一所做出的不懈努力。

四　李纯甫的学术归属

（一）李纯甫不是一名佛教徒，是儒家弟子

李纯甫研习佛学，推崇佛学，但并不是一名佛教徒，仍然是孔子

① （金）李纯甫：《鸣道集说》自序，（日）中文出版社景享保四刊本。

② 转引自张玉璞《三教融摄与宋代士人的处世心态及文学表现》，《孔子研究》2005年第2期。

门生，儒家弟子。在他撰写的《重修面壁庵记》中，开篇即言"屏山居士，儒家子也"。① 在《鸣道集说》一书的综述中他也强调自己的儒者身份，"我本儒家子"，"无黄冠缁衣之私"。李纯甫虽晚而喜佛但一生难解自己的淑世情结，儒家"天下兴亡、匹夫有责"的忧患意识在李纯甫的思想中根深蒂固。他"中年度其道不行"，方"无仕进意"，"得官未尝成考，旋即归隐"。即便在"惟以文酒为事，啸歌祖裼"之时，也是"每酒酣，历历论天下事"②，时刻心忧天下，念念不忘天下百姓，帝王天子之德。只不过是因为生逢末世，又不为时人所重，才表现出一种出世的倾向。我们知道佛学与儒学的根本区别在于，儒学以入世为理论归宿，佛学以出世为理论归宿。从这个意义上说，李屏山虽然对佛学推崇备至，但他依然不失为一个儒家学者。美国学者田浩先生所言是值得我们借鉴的："李纯甫是三教调和论者，而不是狭隘的佛教信徒。"③

（二）李纯甫对于宋儒的批评，并不代表他对儒学思想本身的态度

李纯甫说："仆与诸君子不同者，尽在此编矣。此编之外，凡鸣道集所载及诸君子所著大易、诗、书、中庸、大学、春秋、（论）语、孟（子）、孝经之说，洗人欲而白天理，划伯业而扶王道，发心学于言语文字之外，索日用于应对洒扫之中，治性则以诚为地，修身则以敬为门，大道自善而求，圣人自学而至。嗣千古之绝学，立一家之成说。"他担心因为自己的批评，导致后学对儒学本身的误解，又一再表示"学者有志于道，先读诸君子之书，始知仆尝用力乎其中，如见仆之此编，又以借口而病诸君子之书，是以瑕而舍玉，以噎而废食，不惟仆得罪于诸君子，亦非仆所望于学者吁"。④ 我们认为李纯

---

① （金）李纯甫：《归潜志》卷1附录《重修面壁庵记》，中华书局1983年版，第7页。

② （金）刘祁：《归潜志》卷1，中华书局1983年版，第7页。

③ ［美］田浩：《金代的儒教——道学在北部中国的印迹》，载《中国哲学》第14辑，人民出版社1988年版。

④ （金）李纯甫：《鸣道集说》卷5，（日）中文出版社景享保四刊本，第162页。

甫更加反感的，可能是"伊川诸儒虽号深明性理，发扬《六经》圣人之学，然皆窃吾佛书者"①，却又不遗余力地持谤佛、排佛的态度。程伊川叹"今人不学则已，如学焉，未有不归于禅者"，李纯甫批之曰："禅与吾异，彼自反焉。禅与吾同，归之可也。又何患欤？"② 可见他对宋代儒家拘泥于门户之见，极力排斥佛学思想的不满。

总而言之，李纯甫的儒学思想有着明显的三教合一的特征，他援儒入佛，以佛释儒，使许多儒学问题得到精妙阐发，其诸多论述不囿成说，不拘门户之见，确实卓有见地。然而由于绝大多数著作的遗失，《鸣道集说》乃是章句摘引评议之作，客观上使我们难以系统准确地把握其儒学思想之全貌。此外，李纯甫对宋儒的批判往往有失严肃，常有意气批评乃至人身攻击，资料的引用也有失严谨之处，在主观上也影响了后世学者对其儒学思想的学术价值的正确评价。但无论如何，对于他汇通三家学说、为实现大道合一所做出的努力我们都应给予肯定。他的这种努力，对于促进儒学在北方少数民族地区的传播，对于儒家思想乃至佛家思想、道家思想的深入研究都是有所裨益的。

第四节　三教合一思潮影响

一　金代关于"三教合一"的不同声音

在金代以儒为主，三教合一得到学术界和思想界普遍认同，但也有不同意见存在。刘祁尝说，"予尝观道藏书"，"又观佛书"，"因思吾道，天地日月照明，山河草木蕃息，其间君臣、父子、兄弟、夫妇、礼文粲然，而治国治家焕有条理。赏罚绌陟立见，荣辱生死穷通，互分得失，其明白如此，岂有惑人以不可知之事者哉？而世之愚俗，徒以二氏之诡诞怪异出耳目外，则波靡而从之，而饮食起居日在吾道中而恬不自知，反以为寻常者，良可叹也。呜呼，愚俗岂可责

---

① （金）刘祁：《归潜志》卷9，中华书局1983年版，第105页。
② （金）李纯甫：《鸣道集说》卷3，（日）中文出版社景享保四刊本，第95页。

邪？而士大夫之高明好异者，往往为所诱，不亦悖哉"。① 王若虚也有云："按《论语》《中庸》《系辞》所载，盖夫子之于颜氏博之以文，约之以礼，使欲罢不能，而彼其所从事者，皆迁善改过，服膺克己之实。若乃灰支体，黜聪明，心斋坐忘等语，此出于庄周之徒，而吾党引之以为美谈，诬先贤而惑后学，其风殆不可长也。"② 他们代表了一部分人的意见，他们的批评没有也不可能阻止金代学者融合三教、三教兼修的潮流；反之，正是从他们的批判中，我们更可以看出金代三教合一思潮之盛行。

二　金代的"三教合一"是中国古代"三教合一"思潮的一个历史阶段

任何一种思想都有着不可割断的历史继承性和连续性，金代三教合一思想的产生和发展，是中国古代学术自身的积累和发展。自后汉佛教传入、道教创立以来，儒、释、道"三元共轭"成为中国文化的基本结构。三者既相互矛盾和斗争，力争各自的主体地位，又相互影响和渗透，出现了以调和三者关系为实质的三教合一论。两晋南北朝和隋唐五代时期中国历史出现了两次三大教的融合趋势，宋代儒家学者融摄释道思想之精华，创建了程朱理学，实现了儒学自身的内在超越，也最终确立了儒学在三教中的主体地位。崔大华先生说过，"从理学的形成中，儒学发展获得的一个历史经验是：要消化和吸收异己思想，不能拒绝或沉溺于异己思想"。③ 就金代的儒家学者而言，李纯甫属于"沉溺"于佛学者，他说："道家之说与儒者之言，其相合如左右券。""吾自读金刚经，可以径破二家之误。"④ 王若虚、刘祁完全拒绝释道思想，赵秉文既不拒绝释道思想，又未"沉溺"其

① （金）刘祁：《归潜志》卷 12《辨亡》，中华书局 1983 年版，第 141 页。

② （金）王若虚：《滹南辨惑》卷 5《论语辨惑》，上海东大书局中华民国二十一年版，第 6 页。

③ 崔大华：《儒学引论》人民出版社 2001 年版，第 471 页。

④ （金）李纯甫：《鸣道集说》卷 5《杂说》，（日）中文出版社景享保四刊本，第168 页。

中，但是从儒学本位而言，他也没有做出更多的对释道的消化和吸收的工作。事实上，为了树立一醇儒形象，他一直在做着努力将释道的影子从自己的儒学著述中清理出去的工作，所以说赵秉文本人的三教合一思想未形成突出特色。李纯甫虽然因为倡导"学至于佛则无所学"而"大为诸儒所攻"，但在中国古代思想史的发展长河中，李纯甫确实因为身为儒家学者而能提出大胆独到的以佛学为主，授儒入佛的"大道合一"之论而受到当世和后人的注意，《宋元学案》卷98《荆公新学略》以李纯甫为"王学余派"，《宋元学案》卷99《苏氏蜀学略》又谓"李纯甫，苏学余派"。而《宋元学案》卷100《屏山鸣道说略》只将赵秉文列为屏山讲友。

三　应客观评价李纯甫的"大道合一"思想

李纯甫毕生为实现"三教合一""大道合一"奔走呼号，不屈不挠，不避垢谤，其情可感，其志可嘉。虽然如此，我们也不宜对李纯甫以佛为主，融合三教的"大道合一"理论评价过高。儒释道三家学说相互影响、相互渗透、相互融通是可以实现的，但三教合而为一，糅为一体，在现实生活中是不可能的。儒释道是三种不同的学问，在思维传统、实践方法、理论归宿上皆存在明显的差异，李纯甫糅合三家以为"三教合一"的努力，并不能消解儒释道之间的区别，反而使三者之间的不同更加凸显出来，加之后儒对之不遗余力的批驳，更使三者之间尤其是儒家与佛教之间自古存在的紧张关系更加紧张化了。借用李广良先生的话说，"从理的层面上说，我们应当超越儒佛思想的对立，但在事的层面上说，我们应该把佛陀的还给佛院，把孔子的还给孔子。马一浮说得好，'儒、佛、老庄，等是闲名，生没真常，俱为赘说。达本则一性无亏，语用则千差竟起。随处做主，岂假安排。遇缘即宗，不妨施设。若乃得之象外，自能应乎寰中。故见立则矫乱纷陈，法空则异同俱泯矣'"。[①]

---

① 李广良：《近代儒佛关系史述略》，《学术月刊》2000年第2期。

第 六 章

金代的女真人与儒家思想文化

作为一种学术思想，儒学在金代的承载者和接续者主要是汉族学者，金代儒学的主要代表人物和绝大多数儒家学者都是汉人。但是儒学作为一种文化和观念，尤其是作为一种意识形态，自金建国伊始，即受到女真人的积极欢迎、吸纳和有效运用。作为金朝的主体民族，女真人对儒家文化的学习、接受和研习，是构成金代儒学的重要内容，也是评价金代儒学历史地位的一个不可或缺的重要方面。

第一节　以儒学为主要内容的女真教育与科举

与契丹人不同，金女真人非常重视自身文化素质的提高。在教育方面，他们设立了专门的女真学校；在科举方面，他们针对女真人设立了专门的考试科目，其教育和科举考试的内容全以儒家文化为主要内容。

一　官学教育

金朝为了强化女真人自身的教育，实行的是汉学与女真学并行的官学教育体制。为了创设女真学校，他们做了长期的准备和铺垫工作。"金人初无文字"，"太祖命希尹撰本国字"，"天辅三年八月，字书成，太祖大悦，命颁行之"。"其后熙宗亦制女直字，与希尹所制字具行用，希尹所撰谓之女真大字，熙宗所撰谓之小字。"① 天会年间，各路设女真学，学习女真《字书》，并从中选拔一批优异者送至京师学习，学成后成为各路女真学的教授。大定四年，设译经所，以女真大小字翻译儒家经典。清钱大昕撰《补辽金元史艺文志》译语类载，金国语有《易经》《书经》《孝经》《论语》《孟子》《老子》《扬子》《文中子》《刘子》《新唐书》，以上皆大定中译。随后，世宗"命颁行女直大小字所译经书，每谋克选二人习之"。大定九年，"选异等者得百人，荐于京师，廪给之，命温迪罕缔达教以古书，作诗策"。②

经过长期准备，各项条件基本成熟，大定十三年（1173），金世宗下诏"始设女直国子学，诸路设女直府学，以新进士为教授"。金国共有府州学 22 所，分布在中都、上京、胡里改、恤频、合懒、蒲与、婆速、咸平、泰州、临潢、北京、冀州、开州、丰州、西京、东京、盖州、隆州、东平、益都、河南、陕西等地。③ 大定二十八年建女真太学，自此金代从中央到地方建立起了完整规范的女真教育机构。女真官学教育使用的语言是女真大小字，教授的主要内容是以女真字翻译过来的儒家经典，主要有《易》《书》《论语》《孟子》《老子》《扬子》《文中子》《列子》以及《新唐书》。所选派的教师皆为"宿儒高才者"。④ 其考核的内容与汉生相同，"凡会课，三日作策论一道，季月私试如汉生制"。⑤ 显示出了世宗一向倡导的女真民族文化与儒家文化并重的倾向。在金代的官学教育中，女真语言只是一种工具，女真教育的核心内容、实质内容是儒家文化和思想观念，因为女真人没有自己的书籍和经典文化，接受儒学教育是金女真人的必然选择。

---

① 《金史》卷 73《完颜希尹传》，中华书局 1975 年版，第 1684 页。
② 《金史》卷 51《选举志》，中华书局 1975 年版，第 1140 页。
③ 同上书，第 1133—1134 页。
④ 《金史》卷 8《世宗本纪下》，中华书局 1975 年版，第 200 页。
⑤ 《金史》卷 51《选举志》，中华书局 1975 年版，第 1134 页。

二　宫廷和私学教育

女真统治者非常重视自身素质的提高，他们对宫廷教育非常重视，普遍有较高的儒学修养。熙宗"得燕人韩昉及中国儒士教之"①，"读《尚书》《论语》及《五代》《辽史》诸书，或以夜继焉"②。他"赋诗染翰，雅歌儒服，烹茶焚香，弈棋象戏"。尽"徙祖宗之旧习"，与"旧大功臣之道殊不相合。渠视旧大功臣则曰：无知之辈也。旧大功臣视渠则曰：宛然一汉家少年子也"。③

辽王宗干（海陵王父）听说张用直"少以学行称"，于是延置门下，使教海陵与其兄。④ 这样，海陵王自幼"延接儒生"，长成后"嗜习经史，一阅终身不复忘，见江南衣冠文物朝仪位著而慕之"。⑤海陵王即位后，又以张用直为签书徽政院事、太常卿、太子詹事。他对张用直说"朕虽不能博通经史，亦粗有所闻，皆卿平昔辅导之力，太子方就学，宜善导之，朕父子并受卿学，亦儒者之荣也"。⑥

世宗不仅注重对儒家经典的学习，而且强调必须力行之，学以致用。他说，"经籍之兴，其来久矣，垂教后世，无不尽善。今之学者，既能诵之，必须行。然知而不能行者多矣，苟不能行，诵之何益"。⑦ 大定二年四月，世宗立第二子完颜允恭为皇太子，赐名允迪，告诫他说："在礼贵嫡，所以立卿。卿友于兄弟，接百官以礼，勿以储位生骄慢。日勉学问，非有召命，不得侍食。"⑧ 允恭"专心学问，与诸儒臣讲义于承华殿。燕闲观书，乙夜忘倦，翼日辄以疑字付儒臣

①　《三朝北盟会编》卷 166《金虏节要》，上海古籍出版社 1997 年版，第 1197 页。
②　《金史》卷 4《熙宗本纪》，中华书局 1975 年版，第 77 页。
③　《三朝北盟会编》卷 166《金虏节要》，上海古籍出版社 1997 年版，第 1197 页。
④　《金史》卷 105《张用直传》，中华书局 1975 年版，第 2314 页。
⑤　《大金国志》卷 13《海陵炀王》，中华书局 1986 年版，第 185、187 页。
⑥　《金史》卷 105《张用直传》，中华书局 1975 年版，第 2314 页。
⑦　《金史》卷 7《世宗本纪中》，中华书局 1975 年版，第 164 页。
⑧　《金史》卷 19《世纪补·显宗本纪》，中华书局 1975 年版，第 410 页。

校正"。① 金末刘祁说他"读书喜文，欲变夷狄风俗，行中国礼乐如魏孝文"。② 宣孝太子对儒学非常醉心和痴迷，儒学修养也非常高，以至世宗对其不知女真风俗深感忧虑，"东宫不知女直风俗，第以朕故，犹尚存之。恐异时一变此风，非长久之计"。③ 他曾当面告诫允恭和诸皇子说："汝辈自幼惟习汉人风俗，不知女直纯实之风，至于文字语言，或不通晓，是忘本也。"④ 太子太保完颜爽也对允恭说过这样的话："殿下颇未熟本朝语，何不屏去左右汉官，皆用女直人？"⑤

章宗自幼受到儒家伦理文化的熏陶，刘祁评价他"聪慧，有父风，属文为学，崇尚儒雅，故一时名士辈出"。⑥ "天资聪悟，诗词多有可称者。"⑦

金代的宫廷教育还包括侍卫教育。世宗说"且教化之行，当自贵近始"。⑧ 他不仅重视宗室贵族学育，对亲军侍卫的教育也颇重视。他认为只要使女真人稍通古今之理，他们就不会做非分之事。于是他规定侍卫亲军也要学习用女真字翻译的儒家典籍。大定二十三年，"以女直字《孝经》千部付点检司分赐护卫亲军"。⑨ 章宗即位后诏"其护卫、符宝、奉御、奉职、侍直近密，当选有德行学问之人为之教授"。⑩ 统领亲军的点检司专设教授若干名进行文化教育。泰和年间，"诏亲军三十五岁以下令习《孝经》《论语》"。⑪ 金廷重视近身侍卫礼仪道德教育的一个非常现实的原因是，金廷多次发生宫廷政变的历史事实促使统治者对侍卫的问题格外重视，从他们对侍卫的儒学

---

① 《金史》卷 19《世纪补·显宗本纪》，中华书局 1975 年版，第 410 页。
② 《归潜志》卷 12，中华书局 1983 年版，第 136 页。
③ 《金史》卷 7《世宗本纪中》，中华书局 1975 年版，第 158—159 页。
④ 同上书，第 159 页。
⑤ 《金史》卷 19《世纪补·显宗本纪》，中华书局 1975 年版，第 412 页。
⑥ 《归潜志》卷 12，中华书局 1983 年版，第 136 页。
⑦ 《归潜志》卷 1，中华书局 1983 年版，第 3 页。
⑧ 《金史》卷 7《世宗本纪中》，中华书局 1975 年版，第 160 页。
⑨ 《金史》卷 8《世宗本纪下》，中华书局 1975 年版，第 184 页。
⑩ 《金史》卷 9《章宗本纪一》，中华书局 1975 年版，第 210 页。
⑪ 《金史》卷 12《章宗本纪四》，中华书局 1975 年版，第 270 页。

教化来看，儒家传统的道德观念已成为他们解决现实政治问题的一个有力武器。

女真上流社会和富有家庭还延请老师设私学教授其弟子。江南名士朱弁滞留金达 14 年之久，"金国名王弟子多遣子弟就学"。① 完颜希尹延请洪皓教授其子孙。由此可见，在女真人中，尤其是女真上流社会，学习儒家文化已经成为一种风尚。

三　女真进士科与经童科

金代在大兴女真教育的同时，又专为女真人设立了策论进士又称女真进士的科举考试科目，以选择女真人才。考试内容包括策、诗。策用女真大字，诗用女真小字。与女真进士科同时创立的还有女真经童科，是为选拔优秀的女真少年儿童所设的科目。

大定十三年，金代在京师举行了首科女真进士考试，"策"的题目是："贤生于世，世资于贤。世未尝不生贤，贤未尝不辅世。盖世非无贤，惟用兴否，若伊尹之佐成汤，傅说之辅高宗，吕望之遇文王，皆起耕筑渔钓之间，而其功业卓然，后世不能企及者，盖殷、周之君能用其人，尽其才也。本朝以神武定天下，圣上以文德绥海内，文武并用，言小善而必从，事小便而不弃，盖取人之道尽矣。而尚忧贤能遗于草泽者，今欲尽得天下之贤而用之，又俾贤者各尽其能，以何道而臻比乎？"② 在这一科考试中，中选者有徒单镒以下 27 人。此后至哀宗正大七年，金代共举行了 20 科的女真进士科的考试。在科举考试中中选的女真进士往往得到优厚的政治待遇，参加科举考试成为女真人重要的进身之阶，这在一定程度上极大地促进女真人学习儒家文化的积极性，使女真人的整体儒学水平得到了很大的提高。

---

① 《宋史》卷 373《朱弁传》，中华书局 1977 年版，第 11559 页。
② 《金史》卷 51《选举志》，中华书局 1975 年版，第 1141 页。

第二节　儒家思想是统治者"致治"的指导思想

《金史》载皇统三年，宗弼遣使奏捷，侍臣多进诗称贺。熙宗览之曰："太平之世，当尚文物，自古致治，皆由是也。"① 大定二十六年，世宗也尝谓侍臣曰："朕于圣经不能深解，至于史传，开卷辄有所益。每见善人不忘忠孝，检身廉洁，皆出天性。至于常人多喜为非，有天下者苟无以惩之，何由致治。"② 熙宗和世宗都从不同角度提出了"致治"的想法。金绌辽灭宋建立其政治统治之后，历代统治者励精图治，追求"致治"成为他们共同的人生理想和政治目标。自熙宗始，金历代帝王皆受到良好的儒家文化教育，有着较高的儒学修养，儒家哲学中所蕴含的丰富的政治哲学智慧，成为他们"致治"的指导思想。

一　以德为本

儒家政治哲学倡导德刑兼治以德为主。孔子说："道之以政，齐之以刑，民免而无耻；道之以德，齐之以礼，有耻且格。"（《论语·为政》）严刑峻法只能起到治标的作用，只有施之以教化，导民向善，才能达到治本的目的，真正建立起稳固和谐的社会政治秩序。世宗提出"天下大器归于有德"，"海陵失道，朕乃得之，但务修德，余何足虑"。③ 他用人赞同"德器为上，才美为下"。④ 又说"人之有干能，固不易得，然不若德行之士最优也"。⑤ 章宗就"今之察举，皆先才而后德"的现状表示不满，提倡"官吏有能务行德化者，擢

---

① 《金史》卷4《熙宗本纪》，中华书局1975年版，第77页。
② 同上书，第195页。
③ 《金史》卷7《世宗本纪中》，中华书局1975年版，第157页。
④ 《金史》卷99《徒单镒传》，中华书局1975年版，第2185页。
⑤ 同上书，第193页。

而用之"。① 尚书省奏报升迁大兴主簿蒙括蛮都，宣宗说"蛮都浇浮人也，升之可乎？与其任浇浮，孰若用淳厚。况蛮都常才，才如过人犹不当用，恐败风俗，况常才耶"。② 儒家以民为本思想也得到了金代统治阶级的认同。熙宗说过"四海之内，皆朕臣子，若分别待之，岂能致一"。③ 徒单镒曾说过"稽于众，舍己从人"。路伯达"人君以四海为家"。世宗尝谓臣下说："昨夕苦暑，朕通宵不寐，因念小民比屋卑隘，何以安处"④，爱民忧民之心溢于言表。《章宗本纪中》也有多处关于章宗体恤臣下关心百姓疾苦的记载。如泰和三年，宣宗宴四品以上官员，因"天气方暑"，"命兵士甲者释之"，又尝"喻省司，宫中所用物，如民间难得，勿强市之"。⑤ 就连海陵王也说过，"国家吉凶，在德不在地"。⑥

二 善于纳谏

中国历史上历代有道明君，莫不广开言路，虚心纳谏，诸葛亮劝刘禅"亲贤臣，远小人"，唐太宗任用直谏之臣魏徵成为一代佳话。以史为鉴、以人为鉴是历代有识帝王的明智选择。金世宗明确表示："朕常慕古之帝王，虚心受谏。卿等有言即言，无缄默以自便。"⑦ "唐、虞之圣，犹务兼览博照，乃能成治。正隆专任独见，故取灭亡。"⑧ 他对官吏评价的一个重要标准即是否正直、敢于直谏。有司奏右司郎中卒，他深为惋惜，说"是人甚明正，可用者也"。他批评说，"如知登闻检院巨构，每事但委顺而已"。他对燕人"自古忠直者鲜"表示轻视，"辽兵至则从辽，宋人至则从宋，本朝至则从本

---

① 《金史》卷10《宣宗本纪二》，中华书局1975年版，第227页。
② 同上书，第233页。
③ 《金史》卷4《熙宗本纪》，中华书局1975年版，第85页。
④ 《金史》卷8《世宗本纪下》，中华书局1975年版，第184页。
⑤ 《金史》卷11《章宗本纪》，中华书局1975年版，第260页。
⑥ 《金史》卷5《海陵本纪》，中华书局1975年版，第97页。
⑦ 《金史》卷8《世宗本纪下》，中华书局1975年版，第195页。
⑧ 《金史》卷6《世宗本纪上》，中华书局1975年版，第128页。

朝”，认为“其俗诡随”。他对南人的气节表示赞叹，谓之“劲挺，敢言直谏者多，前有一人见杀，后复一人谏之，甚可尚也”。① 他晚年曾谓宰臣云：“朕虽年老，闻善不厌。孔子云：‘见善如不及，见不善如探汤’，大哉言乎。”②

章宗时期，奉御完颜阿鲁带使宋北还后，奏报韩侂胄市马厉兵，将谋北侵，章宗闻之大怒，“笞之五十，出为彰州府判官”，后来淮平陷落，证明完颜阿鲁带所言不虚，章宗马上将之提升为安国军节度副使。并且“喻尚书省，士庶陈言皆从所司以闻，自今可悉令诣阙，量与食有，仍给官舍居之，其言切直及系利害重者，并三日内奏闻”。③ 以此鼓励忠言直谏，为广纳善言创造了条件。

三　选贤任能

儒家政治哲学重德轻法，官吏的道德水平和执政水平，关系着国家政治之兴衰成败。只有任用贤良之才方能有清明的政治统治，所谓“尊贤使能，俊杰在位”，“然而不王者，未之有也”。（《孟子·公孙丑上》）荀子也说“强国荣辱在于取相”。（《荀子·王霸》）金代历史的发展也证明了儒家这一理论，在金统治前期，统治者将辽宋人才吸收到自己的统治阶层队伍中并委以重用，实现了初期政治统治的平稳建立和巩固。中期，金世宗提出著名的“好儒恶吏”之主张，他说：“儒者操行清洁，非礼不行，以吏出身者，自幼为吏，习其贪墨，至于为官，习性不能迁改，政道兴废，实由于此。”④ 金代中期诸帝王皆求贤若渴，世宗多次说：“天下至大，岂得无人，荐举人材，当今急务也。”⑤ 他批评宰臣不荐贤，他说：“仁杰虽贤，非娄师德何以自荐乎？”⑥ 章宗在位时急于求贤，主张不拘一格任用人才，

---

① 《金史》卷8《世宗本纪下》，中华书局1975年版，第184页。
② 同上书，第195页。
③ 《金史》卷11《章宗本纪三》，中华书局1975年版，第261页。
④ 《金史》卷8《世宗本纪下》，中华书局1975年版，第185页。
⑤ 同上书，第193页。
⑥ 《金史》卷7《世宗本纪中》，中华书局1975年版，第168页。

举贤不避亲。他对宰臣说："自今内外官有阙，有才能可任者，虽资历未及，亦具以闻，虽亲故，毋有所避。"① 在人才的使用上，世宗提倡任用"实材"，他说："海陵不辨人才优劣，惟徇己欲，多所升擢。朕即位以来，以此为戒，止取实才用之。"② 对人才的取舍，他主张"咸试以事"，他认为"凡人言辞，一得一失，贤者不免"，他还主张用人"不以独见为是"，"众所共与者用之"。③ 章宗也提倡真才实学。他说："凡称政有异迹者，谓其断事有秩才也。若只清廉，此乃本分，以贪污者多，故显其异而。"④

四　崇俭去奢

在儒家哲学中，节俭对个人而言是每一个人必备的品德。对国家而言，是富国裕民的重要手段，节俭还是统治者爱民的重要表现，所谓"节用而爱人，使民以时"。（《论语·述而》）

世宗"久典外郡"⑤，对于吏治民情都有较为深刻的体察，颇知民众疾苦，其为政强调"务为纯俭"，"朕于宫室惟恐过度，其或兴修，即损宫人岁费以充之，今亦不复营建矣"。⑥ 皇统元年，世宗将"如中都"，诏中都转运使曰："凡宫殿张设毋得增置，无役一夫以扰百姓，但谨围禁、严出入而已。"⑦ 章宗承继大统后，居安思危，诏谕宰臣"何以使民弃末而务本，以广储蓄"。户部尚书邓俨等说"用度有节，著积自广矣"。右丞履、参知政事守贞、镒说："凡人之情，见美则愿，若不节以制度，将见奢侈无极，费用过多，民之贫乏，殆由此致。今方承平之际，正宜讲究此事，为经久法。"⑧ 章宗对完颜

① 《金史》卷 11《章宗本纪三》，中华书局 1975 年版，第 247 页。

② 《金史》卷 6《世宗本纪上》，中华书局 1975 年版，第 140 页。

③ 《金史》卷 7《世宗本纪下》，中华书局 1975 年版，第 176 页。

④ 《金史》卷 10《章宗本纪二》，中华书局 1975 年版，第 227 页。

⑤ 《金史》卷 8《世宗本纪下》"赞"，中华书局 1975 年版，第 203 页。

⑥ 《金史》卷 6《世宗本纪上》，中华书局 1975 年版，第 141 页。

⑦ 同上书，第 124 页。

⑧ 《金史》卷 9《章宗本纪一》，中华书局 1975 年版，第 215 页。

履的意见表示赞同，崇尚节俭、节用爱民也成为章宗朝一以贯之的原则。泰和二年，章宗初荐新于太庙。谕有司曰："金井捺钵不过二三日留，朕之所止，一凉厦足矣。若加修治，徒费人力。其藩篱不急之处，用围幕可也。""又敕御史台，京师拜庙及巡幸所过州县，止令洒扫，不得以黄土覆道，违者纠之。"①

第三节　女真人伦理观念的儒学化

大定二十三年九月，当译经所进所译经书时，世宗谓宰臣说："朕所以令译《五经》者，正欲女直人知仁义道德所在耳！"② 世宗强调对儒家思想不仅要"知之"，还要"行之"，"苟不能行，诵之何益？"章宗一以贯之，自此重视道德践履成为金朝历代帝王倡导儒学的重要内容。在统治者的大力倡导下，经过长时间的女真学教育，儒家伦理道德观念被女真人广泛学习和吸收，并转化到具体的行动中。女真人的伦理道德观念和行为发生了明显的儒学化转变。

一　孝道观念

"孝"在儒家文化中是为仁之本的概念，"孝悌也者，其为人之本欤"。（《论语·学而》）孝最通常的含义是对在世父母的奉养之责，所谓"用孝养厥父母"。（《尚书·酒诰》）西汉时期，有了专门阐述孝道的《孝经》问世，以孝为"天之经也，地之义也，民之行也"。（《孝经·三才》）宋代以后，《孝经》被列入《十三经》广为流传。金人对"孝"道非常重视，他们以女真文翻译的第一批儒家经典中就有《孝经》，多数的儒家学者和帝王都对孝道有所论述。金代的统治者大力提倡孝道，世宗皇帝说："惟忠惟孝，匡救辅益，期致太

---

① 《金史》卷11《章宗本纪三》，中华书局1975年版，第258页。
② 《金史》卷8《世宗本纪下》，中华书局1975年版，第184页。

平。"① 他训诫皇太子及亲王说："人之行，莫大于孝弟。孝弟无不蒙天日之祐。汝等宜尽孝于父母，友于兄弟。"② 金统治者以孝道为选拔官吏的重要标准，章宗说："孝义之人素行已备，稍可用即当用之，后虽有希觊作伪者，然伪为孝义，犹不失为善，可检勘前后所申孝义之人，如有可用者，可具以闻。"③ 在统治者的大力倡导下，金代涌现出大量的孝子和孝行，帝王本纪和《孝友传》记载受表彰的孝子多为汉人，但是也有女真人表现相当突出者，女真人温迪罕斡鲁补年十五丧父，"庐于墓侧。母疾，刲股肉疗之"。④

二　忠义观念

《孝经》将人本有的对父母的孝心与忠君联系起来，所谓"君子之事亲孝，故忠可移于君"。（《孝经·广扬名》）《忠经》有云："忠能固君臣，安社稷，感天地，动神明，而况人乎？忠兴于身，著于家，成于国，其行一也。"（《忠经·天地神明》）金代统治者对孝道的提倡，一方面是为了移风易俗，在全社会形成优良的道德风尚，一方面是因为看重孝所具有的这种"移孝作忠"的政治教化功能。世宗亲赐侍卫《孝经》，就是为了使他们先知孝顺父母，然后知忠于君主。他对忠义之士表现出了极大的赞赏，说："朕观前代人臣将谏于朝，与父母妻子诀，示以必死。同列目视其死，亦不顾身，又为之谏。此尽忠于国者，人所难能也。"⑤ 哀宗在蒙古兵围城时面谕群臣，"纵死王事，不失为忠孝之鬼"。⑥ 《金史·忠义传》记载，金末死于王事、尽忠国家的女真义士 43 人。如术甲法心，蓟州猛安人，官至北京副留守。贞祐二年守密云县。家属被蒙古兵俘获，蒙古兵指其家属相要挟，法心说："吾事本朝受厚恩，战则速哉，终不能降也，岂

---

① 《金史》卷 88《纥石烈良弼传》，中华书局 1975 年版，第 1951 页。
② 《金史》卷 7《世宗本纪中》，中华书局 1975 年版，第 161 页。
③ 《金史》卷 9《章宗本纪一》，中华书局 1975 年版，第 220 页。
④ 《金史》卷 127《温迪罕斡鲁补》，中华书局 1975 年版，第 2746 页。
⑤ 《金史》卷 7《世宗本纪中》，中华书局 1975 年版，第 172 页。
⑥ 《金史》卷 18《哀宗本纪下》，中华书局 1975 年版，第 401 页。

以家人死生为计耶。"城破，死于阵。① 泰和三年进士完颜仲德，有
文武之才。哀宗迁蔡，仲德带兵赴国难，死守孤城，城破壮烈殉国。
《金史》本传评论说："南渡以后，将相文武，忠亮始终无瑕，仲德
一人而已。"②

三　贞节观念

自北宋中期以后，宋代的理学家提出"饿死事极小，失节事极
大"，坚决反对妇女改嫁，南宋朱熹将"夫为妻纲"列为"三纲"之
首，"贞节"成为儒家乃至全社会衡量妇女道德水平的最重要标准。

金初没有明显的贞节观念。女真人流行收继婚遗风，"妇女寡
居，宗族接续之"。后来经过长期的儒家文化教育和熏陶，女真妇女
也有了较强的贞节观念。世宗昭德皇后乌林答氏是其中最具代表性的
一位。海陵王即位后，深忌葛王（后来的世宗），有一次乘葛王在外
之际，欲召乌林答氏赴中都。乌林答氏为使自身不受侮辱和葛王免遭
戕害，自杀身死。③ 金晚期，国势衰败，战争频繁，涌现出了一大批
贞节烈女，《金史》卷130《烈女传》载：

撒合辇之妻独吉氏。撒合辇留守中京，大兵围之，"独吉氏度城
必破"，"乃取平日衣服米庄具玩好布之卧榻，资货悉散之家人，艳
妆盛服过于平日，且戒女使曰：'我死则扶置榻上，以衾覆面，四围
举火焚之，无使兵见吾面'"，撒合辇知夫人死，说"夫人不辱我，
我肯辱朝庭乎？"遂死战，不果，投水死。

完颜长乐之妻蒲察氏。逢崔立之变，"驱纵官妻子于省中，人自
阅之"，"浦察氏闻，以幼子付婢仆"，"与家人诀曰：'崔立不道，强
人妻女，兵在城下，吾何所逃，惟一死不负吾夫耳'"，"遂自缢而
死，欣然若不以死为难者"。

陀满胡土门之妻乌古论氏。"崔立之变，衣冠家妇女多为所污，

———————

① 《金史》卷121《忠义一》，中华书局1975年版，第2654页。
② 《金史》卷119《完颜仲德传》，中华书局1975年版，第2610页。
③ 参见《金史》卷64《后妃传》，中华书局1975年版，第1521—1522页。

乌古论氏谓家人曰：‘吾夫不辱朝庭，吾敢辱吾兄及吾夫乎。’即自缢，一婢从死。"①

女真人对孝道、忠义、贞节观念的重视和践行，在一定程度上受到本民族文化传统的影响。"女直旧风最为纯直，虽不知书，然其祭天地，敬亲戚，尊耆老，接宾客，信朋友，礼意款曲，皆出自然，其善与古书所载无异。"② 但不可否认的是儒家文化在其中起到了主导性作用。据云乌林答氏临行曾为葛王留下一封遗书，书中多有"女之事夫，其心惟一"，"贞女不更二夫"之言，又云"妾幼读诗书，颇知义命"，"妾之死为纲常计"，"为后世为臣不忠为妇不节之劝也"。明确表示了自己受儒家文化教育多年，严守贞节的决心。③ 承晖在中都陷落饮药自杀之前曾说："承晖于《五经》皆经师授，谨守而力行之，不为虚文。"④ 我们也应该清醒地认识到，金代女真人的儒家伦理道德观念，同中原汉人相比，还是存在着程度上和普及面上的差异。

第四节　女真人与儒学研究

经过长期的女真儒学教育和儒家文化的浸染与熏陶，在女真人中出现了一批习儒通经、雅好儒学之士。完颜弼，护卫出身，宣宗朝累官知东平府事。"生平无所好，惟喜读书，闲暇延引儒士，歌咏投壶以为常。"⑤ 金末名将完颜陈和尚，初补护卫亲军，"雅好文史，自居侍卫日，已有秀才之目"，在军中从经历官王渥受《孝经》《论语》《春秋左氏传》，尽通其义。⑥ 《归潜志》小传亦云："良佐为人爱重

① 以上均见《金史》卷 130《烈女传》，中华书局 1975 年版，第 2800—2803 页。
② 《金史》卷 7《世宗本纪中》，中华书局 1975 年版，第 164 页。
③ 《金文最》卷 50《上世宗书》，中华书局 1990 年版，第 734 页。
④ 《金史》卷 101《承晖传》，中华书局 1975 年版，第 2227 页。
⑤ 《金史》卷 102《完颜弼传》，中华书局 1975 年版，第 2255 页。
⑥ 《金史》卷 123《忠义传》，中华书局 1975 年版，第 2680 页。

士大夫，王渥仲泽在其兄幕府，良佐从之游，学仲泽书，极可观。且同讲经学，读书不辍，亦一时弟兄良将也。"纳邻猛安虎邃，"虽贵家，刻苦为诗如寒士，喜与士大夫游。裴满亨，大定年间收充奉职"，"性教敏习儒"，世宗鼓励他"其勿忘为学也"。① 大定二十八年中进士；完颜仲德，"少颖悟不群，读书习策论，有文武材。初补亲卫军，虽备宿卫而学业不辍，中泰和三年进士第"，居官后"虽在军旅，手不释卷"。②

　　在这些爱好儒学文化的女真人中，徒单镒的成绩比较突出，他"明敏方正，学问该贯，一时名士皆出其门，多至卿相"。他"尝叹文士委顿，虽巧拙不同，要以仁义道德为本，乃著《学之急》《道之要》二篇，太学诸生刻之于石，有《弘道集》六卷"。③《金史》本传中，大段记载了徒单镒的上疏，我们从中可以看出他的儒学思考。他说："仁、义、礼、智、信谓之五常，父义、母慈、兄友、弟敬、子孝谓之五德。今五常不立，五德不兴，缙绅学古之士弃礼义，忘廉耻，细民违道畔义，迷不知返，背毁天常，骨肉相残，动伤和气，此非一朝一夕之故也。今宜正薄俗，顺人心，父父子子夫夫妇妇，各得其道，然后和气普洽，福禄荐臻焉。"关于"为政之术"，他提出"其急有二"。一是正臣下之心，二是导学者之志。关于正臣下之心。他说："窃见群下不明礼义，趋利者众，何以责小民之从化哉。其用人也，德器为上。才美为下，兼之者待以不次；才下行美者次之，虽有才能，行义无取者，抑而下之，则臣下之趋向正矣。"关于导学者之志。他说："教化之行，兴于学校。今学者失其本真，经史雅奥，委而不习，藻饰虚词，钓取禄利，乞令取士兼问经史故实，使学者皆守经学，不惑于近习之靡，则善矣。"④

　　《滑州重修学记》载，女真状元奥屯忠孝担任滑州长官时，曾自

---

① 《金史》卷97《裴满亨传》，中华书局1975年版，第2143页。
② 《金史》卷119《完颜仲德传》，中华书局1975年版，第2605页。
③ 《金史》卷99《徒单镒传》，中华书局1975年版，第2191页。
④ 同上书，第2187、2188页。

注《孝经》，刊印后发给郡内乡民，他说："王道之基，莫先教化；教化之源，始于学校，学校不立，何以化人。"①

有些人虽然没有著书立说，但对儒家思想的研习把握也比较深入。完颜匡任显宗侍读时，寝殿小底驼满九住问他如何评价伯夷和叔齐。完颜匡说："孔子称夷、齐求仁得仁。"九住说："汝辈学古，惟前言是信。夷、齐轻去其亲，不食周粟饿死首阳山，仁者固如是乎？"完颜匡回答他说："不然，古之贤者行其义也，行其道也。伯夷思成其父之志以去其国，叔齐不苟从父之志亦去其国。武王伐纣，夷、齐叩马而谏。纣死，殷为周，夷、齐不食周粟遂饿而死。正君臣之分，为天下后世虑至远也，非仁而能若是乎？"显宗听说了他们两人的问答，称善良久，谓"不以女直文字译经史，何以知此。主上立女直科举，教以经史，乃能得共渊奥如此哉"。又谓驼满九任说："汝不知不达，务口辨以难人。由是观之，人之学、不学，岂不相远哉。"② 表现出对完颜匡对"仁"论述的夸奖。世宗曾从修身的角度论及中庸思想，"凡修身者喜怒不可太极，怒极则心劳，喜极则气散，得中甚难，是故节其喜怒，以思安身"。③ 章宗也曾说过"时异事殊，得中为当"④，从为政角度对中庸有所阐述。

总体来看，女真人对儒学的学术研究还停留在比较浅的层面。他们的研究主要是为儒学应用而作，而不是做深入的学术上的探讨，他们对儒家思想本身的思考，主要集中于伦理道德修养和政治道德层面，对于形上层面和本体层面、心性层面的内容完全没有涉及。

---

① 靳一玉：《滑州重修学记》，载阎梧主编《全辽金文》，山西古籍出版社 2002 年版，第 2132 页。

② 《金史》卷 98《完颜匡传》，中华书局 1975 年版，第 2164 页。

③ 《金史》卷 8《世宗本纪下》，中华书局 1975 年版，第 202 页。

④ 《金史》卷 9《帝宗本纪上》，中华书局 1975 年版，第 212 页。

第 七 章

金代的孔庙与庙学

庙学是指依附于孔庙，以传授儒家理论为宗旨的学校。在我国从唐代以后庙学逐渐成为一种定制，直到清末西学传入中国之前，庙学制度贯穿了中国古代社会中后期的历史，可以毫不夸张地说，其间的教育史其实就是一部庙学发展的历史，庙学史也是一部思想发展的历史。[①] 张鸣岐先生曾对学校和庙学称谓的关系有过辨析，他提出官设各级儒学，按国家教令或行政区划称为州学、县学；而在士大夫论述学校的著作中则称为庙学，二者是一码事，只是从不同的角度称谓不同罢了。[②] 张先生所作的辨析给我们提供了很大帮助，虽然州县学和庙学是一码事，只是称谓不同，但是至少可以使我们从中看出与金代儒学有两点密切联系：（1）庙学即是州县学，是金代的地方教育机构，这又一次有力证明了儒学在金代的地位；（2）州县学既以庙学的形式存在，其教学的宗旨和主要内容必然以儒学为主。王若虚有一段论述也可以证明这一点，他说："国家自承平以来，文治蔚兴。下至僻邑。莫不有庙学以为教。其于崇儒重道，不可谓不至。"[③] 范寿琨先生据《金文最》统计，金代修建孔庙 47 座。[④]《世界孔子庙研

---

① 参见胡务《元代庙学——无法割舍的儒学教育链》，巴蜀书社 2005 年版，第 1 页。

② 参见张鸣岐《金元之际庙学考论》，《北京师范大学学报》1990 年第 6 期。

③ （清）张金吾编纂：《金文最》卷 28《行唐县重修学记》，中华书局 1990 年版，第 394 页。

④ 参见范寿琨《论金代的孔庙建置及其作用》，《社会科学辑刊》1993 年第 2 期。

究》一书提出金朝 102 个京府、散府、节镇、防御州学校应该都建设了
孔子庙。① 本文据《全辽金文》《辽金元石刻史料全编》统计，以修建次
数而论，金代共修建孔庙和庙学 83 座，101 次。② 金代因学尊庙，又以
庙表学，庙学的广泛建立，使金代的儒学和教育同时得到了发展。

第一节　发展脉络

有文献可考、可以确定修建时间的金代孔庙和庙学 60 座，73 次，大
体可以分为三个历史时期。第一阶段为平稳发展时期，即太祖、太宗、
熙宗、海陵王统治时期；第二阶段为相对繁荣时期，即世宗、章宗统治
时期；第三阶段为衰落时期，即卫绍王、宣宗、哀宗统治时期。

一　平稳发展时期

太祖、太宗、熙宗、海陵王统治金 48 年，共修建孔庙和庙学 13
座，16 次。太祖完颜阿骨打建国后统治 9 年，在创建制度、力行改
革的同时，不断攻打辽朝诸路，对中原文化持吸收借鉴态度，为金代
孔庙和庙学的修建奠定了很好的基础，但孔庙和庙学修建尚未顾及。
太宗、熙宗、海陵王统治时期，基本上平均 2—3 年修建一座孔庙和
庙学，属平稳发展时期。

太宗 12 年统治时期，举辽灭宋，大体上奠定了有金一代疆
土，在此期间金代共修建孔庙 5 座次。天会八年修建冀州文庙
（冀州庙学），天会九年修建太原府庙学，天会十二年修建大城县
庙学，天会年间修建渔阳宣圣庙、赵州庙学。这一时期金代孔庙
修建的特点有二：一是规模小，多在原有基础上因陋就简，或就地
取材。如冀州文庙（冀州庙学）"节度使太师贾公倡导，以城隅观

---

① 参见孔祥林等《世界孔子庙研究》（上），中央编译出版社 2011 年版，第 81 页。
② 此数字统计除下文所述孔庙和庙学外，含无法确定修建时间、修建地点的孔庙和庙学。

宇改建"。① 二是因处于征伐阶段，所以孔庙的倡导者多为比较开明、文化程度较高的军事首脑。如太原府学文庙，"耶律公来师是邦"，"但取故宫舍余材以成之"。②

熙宗统治 14 年，修建孔庙 5 座次。天会十五年修建上京孔子庙，天眷三年重修兖州宣圣庙，天眷年间重修博州庙学，皇统元年修建曲沃县庙学，熙宗统治时期重建渔阳宣圣庙。③ 这一时期金与南宋两次签署和议，虽无大的对外战争，但是金代统治集团内部斗争非常激烈，这应该是孔庙和庙学修建没有发展的根本原因。

海陵王统治 13 年间，虽然荒淫残暴，但是修建孔庙和庙学 5 座 6 次。正隆初年修缮太原府学文庙，正隆元年新修洺州宗城县宣圣庙，正隆之后 2 次增修长子县文庙，正隆二年重修密州州学，正隆二年原址重建京兆府学。海陵王统治时期金代孔庙和庙学的修建略呈上升态势，究其原因，这是海陵王本人接受汉文化和正统观念的必然结果，也符合其加强中央集权统治的现实需要。

太祖、太宗、熙宗、海陵王统治时期修建孔庙及庙学一览表

	名称	修建时间	修建形式	倡议或修建人	文献出处
太祖统治 9 年修建 0 座次					
太宗统治 12 年修建 5 座次	大城县庙学	天会十二年	重建	邑令姚公	刘光国《大城县重建庙学碑》，《全辽金文》④第 1259 页
	渔阳宣圣庙	天会年间	重建	太守高□等，曾崇修庙貌	施宣生《渔阳重建庙学碑》，《全辽金文》第 1109 页

① 张亿：《创建文庙学校碑》，载阎凤梧主编《全辽金文》，山西古籍出版社 2002 年版，第 1223 页。

② 赵沨：《太原府学文庙碑》，载阎凤梧主编《全辽金文》，山西古籍出版社 2002 年版，第 1755 页。

③ 参见施宣生《渔阳重建庙学碑》，载阎凤梧主编《全辽金文》，山西古籍出版社 2002 年版，第 1109 页。

④ 参见阎凤梧主编《全辽金文》，山西古籍出版社 2002 年版，以下表格中皆省略为《全辽金文》。

续表

	名称	修建时间	修建形式	倡议或修建人	文献出处
太宗统治12年修建5座次	冀州文庙冀州庙学	天会八年	创建	节度使太师贾公倡导	张亿《创建文庙学校碑》,《全辽金文》第1223页
	太原府学文庙	天会九年		耶律公来师是邦	赵沨《太原府学文庙碑》,《全辽金文》第1755页
	赵州庙学	天会以来始立庙学		郡守赵公某	元好问《赵州学记》,《全辽金文》第3148页
熙宗统治14年修建5座次	上京孔子庙	天会十五年			脱脱等《金史》卷七列传四十三孔璠传第2311页
	渔阳宣圣庙	推算约为熙宗统治时期	重建	儒生刘子元等首倡	施宣生《渔阳重建庙学碑》,《全辽金文》第1109页
	兖州宣圣庙	天眷三年	重修	同知泰宁军节度使赵谦牧主倡	崔先之《兖州重修宣圣庙碑》,《全辽金文》第1286页
	博州庙学	天眷年间	重修	赵大夫创建	王去非《博州重修庙学碑》,《全辽金文》第1125页；王遵古《庙学碑阴》,《全辽金文》第1733页；元好问《博州重修学记》,《全辽金文》第3146页
	曲沃县庙学	皇统元年		邑宰宋公	史中和《曲沃县建庙学记》,《全辽金文》第1291页
海陵王统治13年修建5座6次	太原府学文庙	正隆初		完颜宗宪	赵沨《太原府学文庙碑》,《全辽金文》第1755页

续表

	名称	修建时间	修建形式	倡议或修建人	文献出处
海陵王统治13年修建5座6次	长子县宣圣庙	正隆之后两次	重修、增修	官吏、士人	史倬《长子县重修宣圣庙碑》，《全辽金文》第2037页
	襄陵庙学		创修		孔天监《襄陵县创修庙学记》，《全辽金文》第1932页
	密州州学	正隆二年	重修	节副张天宇	王堪《密州修学碑》，《全辽金文》第1483页
	京兆府学	正隆二年	原址重修	亚尹韩希甫首倡，韩公又出己俸	《京兆府重修府学碑》，《全辽金文》第1470页；《京兆府学教养碑》，《辽金元石刻史料全编》第2册第574页；《京兆府提学所碑帖》，《辽金元石刻史料全编》第1册第59页
	洺州宗城县宣圣庙	正隆元年	新修	县簿高元、同事赵居道	傅慎微《洺州宗城县新修宣圣庙记》，《辽金元石刻文献全编》第2册第1013页

二　相对繁荣时期

世宗、章宗统治时期金朝社会发展到了鼎盛时期，所谓"治平日久，宇内小康"。[①] 世宗即位后，以海陵王为鉴，实行一系列"于民休息"的政策，以保证社会稳定和经济发展。大定五年宋金签署

---

① 《金史》卷12《章宗本纪》四，中华书局1975年版，第285页。

"乾道之盟"，又称隆兴和议，自此后双方 40 年未发生大的战争，基本保持了和平对峙局面，为金朝各项事业的发展创造了良好的社会环境。上京城内外已经有了专门的商业区，街道两侧店铺林立，市井繁荣。章宗在位 21 年，"正礼乐，修刑法，定官制，典章文物粲然成一代治规"。① 赵秉文《郏县文庙创建讲堂记》云："皇朝自大定累洽重熙之后，政教修明，风俗臻美。及明昌改元，尝诏天下兴学。刺郡之上，官为修建；诸县听从士庶，自愿建立，著为定令。由是庙学，在处兴起。"② 这一时期孔庙的修建不仅数量，而且在建筑规模上都超过金朝其他时期。尽管如此，依然与宋朝、元朝的孔庙和庙学修建远不能相比，所以谓之为相对繁荣时期。

世宗在位 29 年，修建孔庙和庙学 20 座次。包括大定元年重修滑州文庙（滑州庙学），大定二年和大定十六年 2 次重修潞城县宣圣庙，大定八年重修新乡庙学，大定五年重修清河县庙学，大定十年易址重建保德州庙学（保德州文庙），大定十一年冀氏县重修文宣王庙，大定十二年重建文登县庙学，大定十四年原址重建辽州庙学，大定十六年原址重建章邱县宣圣庙，大定十七年兴修上党儒学，大定二十一年重修博州庙学，大定二十二年重修泰安州宣圣庙，大定二十五年重建涿州文宣王庙、重修曲周县庙学、重建应州庙学，大定二十六年重修增建冀州文庙（冀州庙学）、修建太原府学文庙、重修闻喜县宣圣庙、易址重建夏邑县儒学，大定年间创修襄陵庙学。

章宗统治 21 年间修建孔庙和庙学 25 座次。包括明昌初重修应州庙学，明昌二年重修闻喜县宣圣庙、增建太原府学文庙，明昌四年重修曲阜兖国公庙，明昌五年重修夏邑县儒学，明昌五年增建泰和元年修补增建保德州庙学，明昌五年迁址重建许州宣圣庙，明昌六年重修棣州文庙、重修莱州胶水县宣圣庙，明昌年间和泰和五年后先后 2 次修建郏县文庙（郏县讲堂），承安二年重修曲阜至圣文宣王庙，承安

---

① 《金史》卷 12《章宗本纪》四，中华书局 1975 年版，第 285 页。

② （金）赵秉文：《郏县文庙创建讲堂记》，载阎凤吾主编《全辽金文》，山西古籍出版社 2002 年版，第 2375 页。

三年重修长子县宣圣庙、襄陵庙学、创建济阳宣圣庙，承安四年重修鸡泽县庙学，承安五年易址重建绥德州儒学，泰和元年重修曲沃县庙学，泰和四年重修万全县宣圣庙，泰和六年创建肥乡县文宣王庙、重修滑州文庙（滑州庙学），泰和年间重建赵州文庙、修建冠氏庙学、修建李庄宣圣庙，章宗统治时期重修潞州儒学、增建商水县学庙。

就数量而言，世宗、章宗统治50年，修建孔庙和庙学38座，47次，平均每年修建0.75座，0.96次。此前太祖、太宗、熙宗和海陵王统治48年，共修建孔庙和庙学13座，16次，平均每年修建0.29座，0.34次。此后卫绍王、宣宗和哀宗统治27年，共修建孔庙和庙学10座次，平均每年修建0.37座次。

就建筑规模而言，我们从修建孔庙和庙学所耗经费可见其建筑规模非此前可比。如大定二十一年王遵古倡导重建增建博州庙学，"计其费，无虑五百万，皆赡学之赢也"。[①] 明昌四年增建曲阜衍国公庙，"计营造费用之不轻，系国币泉流而支给，非出于民也"。[②] 明昌六年原址重建棣州文庙，"费当二百万"。[③]

世宗、章宗统治时期修建孔庙及庙学一览表

	名称	时间	修建形式	倡议或修建人	文献出处
世宗统治29年修建孔庙20座次	涿州文宣王庙	大定二十五年	重建	涿州刺史郭预首倡	黄久约《涿州重修文宣王庙碑》，《全辽金文》第1359页
	曲周县庙学	大定二十五年	重修	顾氏兄弟	靳子昭《曲周县重修学记》，《全辽金文》第2016页

　　① 王去非：《博州重修庙学碑》，载阎凤梧主编《全辽金文》，山西古籍出版社2002年版，第1127页。

　　② 穆昌世：《曲阜重修衍国公庙碑》，载阎凤梧主编《全辽金文》，山西古籍出版社2002年版，第2702页。

　　③ 党怀英：《棣州重修庙学碑》，载阎凤梧主编《全辽金文》，山西古籍出版社2002年版，第1507页。

	名称	修建时间	修建形式	倡议或修建人	文献出处
世宗统治29年修建孔庙20座次	冀州文庙冀州庙学	大定二十六年	重修增建	冀州节度使王鲁	路伯达《冀州节度使王公重修庙学碑》,《全辽金文》第1523页
	太原府学文庙	大定二十六年		亚尹张公、漕二杨公	赵沨《太原府学文庙碑》,《全辽金文》第1755页
	保德州庙学 保德州文庙（金与西夏边境,有庙无学）	大定十年	易址重建	保德州刺史高怀贞	高怀贞《保定州创建文庙记》,《全辽金文》第3736页
	冀氏县文宣王庙	大定十一年	重修	令尹及簿公	李忠辅《冀氏县重修文宣王庙碑》,《全辽金文》第1617页
	上党儒学	大定十七年		通守权镇乔侯首议兴修	申良佐《兴学赋并引》,《全辽金文》第1696页
	闻喜县宣圣庙	大定二十六年	重修		王宗儒《解州闻喜县重修宣圣庙记》,《全辽金文》第1872页；张邦彦《闻喜县重修圣庙记》,《辽金元石刻史料全编》第1册第220页
	夏邑县儒学	大定二十六年	易址重建	县令王侯	左容《夏邑县重修儒学》,《全辽金文》第1861页
	襄陵庙学	大定之前庙学在治域西北隅三数里。大定初,改卜城之东南,"寥寥四十余年,莫终其事。"			孔天监《襄陵县创修庙学记》,《全辽金文》第1932页

续表

	名称	修建时间	修建形式	倡议或修建人	文献出处
世宗统治29年修建孔庙20座次	辽州庙学	大定十四年	原址重建	辽州太守赵某倡导，乡贡进士张景华	胡聘之《辽州重修学记》，《辽金元石刻史料汇编》第1册第170页
	泰安州宣圣庙	大定二十二年	重修	郡守徐中宪"以岳庙余材修之"	李守纯《泰安州重修宣圣庙碑》，《全辽金文》第1800页
	博州庙学	大定二十一年	重修	王遵古倡导	王去非《博州重修庙学碑》，《全辽金文》第1125页；王遵古《庙学碑阴》，第1733页；元好问《博州重修学记》，《全辽金文》第3146页
	清河县庙学	大定五年	重修	县丞张格首倡，邑宰刘公	王堪《清河县重修庙学碑》，《全辽金文》第1485页
	文登县庙学	大定十二年	重建	邑宰李大成	郭长倩《文登县庙学碑》，《全辽金文》第1335页
	章邱县宣圣庙	大定十六年	原址重建	县丞尹莘	姜国《章邱县重修宣圣庙碑》，《全辽金文》第1672页；尹莘《重修宣圣庙碑阴》，《全辽金文》第1704页
	滑州文庙滑州庙学	大定元年	重修	镇国上将军、清河张公	赵夷简《滑州修文庙记》《全辽金文》第1545页；靳一玉《滑州重修学记》，《全辽金文》第2130页
	新乡庙学	大定八年	重修	县尹段希颜倡	李詠《新乡县重修庙学碑》，《全辽金文》第1598页

续表

名称	修建时间	修建形式	倡议或修建人	文献出处
应州庙学	大定二十五年	重建	同知张侯	李仲略《应州重建庙学碑》，《全辽金文》第1969页
潞城县宣圣庙	大定二年 大定十六年	重修	县令清河张君，"庀材计傭取于公，羡用补足衰诸士人，而民不知劳，且命山阴周人杰掌其役，君朝夕视之" 赵公作簿斯邑，命进士赵愿总其事，"民不知劳，士无哀"	王著撰《重修县学记》，《辽金元石刻史料全编》第3册第974页；杨植撰《重修县学记》《辽金元石刻史料全编》第3册第975页
鸡泽县庙学	承安四年	重修	县令高首倡，出己俸百千，僚属士庶皆出资出力	黄师中《鸡泽县重修庙学碑》，《全辽金文》第1456页；《鸡泽县文宣王庙碑阴》，《辽金元石刻史料全编》第1册第100页
肥乡县文宣王庙	泰和六年	创建	县主簿张利用倡导	庞云《肥乡县创建文宣王庙碑》，《全辽金文》第2118页
太原府学文庙	明昌二年	增建	府尹张大节	赵渢《太原府学文庙碑》，《全辽金文》第1755页
保德州庙学 保德州文庙	明昌五年 泰和元年	创建 修补增建	郡守张令臣倡导	高怀贞《保定州创建文庙记》，《全辽金文》第3736页；张令臣《保德州重修庙学碑》，《全辽金文》第2095页

世宗统治29年修建孔庙20座次

章宗统治年间21年间修建25座次

续表

	名称	修建时间	修建形式	倡议或修建人	文献出处
章宗统治年间21年间修建25座次	潞州儒学	章宗统治时期	重修	潞州节度使李公	毛麾《潞州儒学碑》，《全辽金文》第1684页
	闻喜县宣圣庙	明昌二年	重修	县宰王靓倡导	王宗儒《觧州闻喜县重修宣圣庙记》，《全辽金文》第1872页；张邦彦《闻喜县重修圣庙记》，《辽金元石刻史料全编》第1册第220页
	夏邑县儒学	明昌五年	重修	士民赵天麟等	左容《夏邑县重修儒学》《全辽金文》第1861页；郭寿卿《创塑先贤先儒像碑》，《全辽金文》第1981页
	长子县宣圣庙	承安三年	重修		史倬《长子县重修宣圣庙碑》，《全辽金文》第2037页
	襄陵庙学	承安三年、泰和九年都有修建、增修，约为贞祐南渡后重修	重修	泰和九年，县宰，丹阳赵公	孔天监《襄陵县创修庙学记》，《全辽金文》第1932页；麻革《重修襄陵庙学碑》，《全辽金文》第2776页
	赵州庙学	泰和年间			元好问《赵州学记》，《全辽金文》第3148页
	曲阜至圣文宣王庙	承安二年	重修	奉旨	《修补孔庙特旨》《续旨》（明昌元年）、党怀英《曲阜重修至圣文宣王庙碑》，《全辽金文》第1504页

续表

	名称	修建时间	修建形式	倡议或修建人	文献出处
章宗统治年间21年间修建25座次	曲阜兖国公庙	明昌四年	重修	官修	穆昌世《曲阜重修兖国公庙碑》,《全辽金文》第2702页;《修颜子庙告成遣官致祭祝文》,《全辽金文》第3907页
	棣州文庙	明昌六年	原址重修	嘉议大夫石玠	党怀英《棣州重修庙学碑》,《全辽金文》第1506页
	滑州文庙滑州庙学	泰和六年	重修	郡守□□□倡导,"各出己俸以为修□之资","郡豪者愿助钱数千贯","又施官窑砖瓦十余万"	赵夷简《滑州修文庙记》,《全辽金文》第1545页;靳一玉《滑州重修学记》,《全辽金文》第2130页
	冠氏庙学	泰和中			元好问《代冠氏学生修庙学壁记》,《全辽金文》第3151页
	郏县文庙(修建)郏县讲堂(创建)	明昌年间泰和五年后	修建、创建	邑士贾麟之率众而修建。主簿李元英倡导,士庶捐资捐物	赵秉文《郏县文庙创建讲堂记》,《全辽金文》第2375页
	许州宣圣庙	明昌五年	迁址重建		白清臣《许州重修宣圣庙碑》,《全辽金文》第2004页

	名称	修建时间	修建形式	倡议或修建人	文献出处
章宗统治年间21年间修建25座次	商水县学庙	"国家承平百年"，"大驾南巡""命内外官举可为县令者，又以六条定其殿最"推为宣宗统治时期。	增建		赵秉文《商水县学记》，《全辽金文》第2287页
	应州庙学	明昌初	重建	节度王公	李仲略《应州重建庙学碑》，《全辽金文》第1969页
	绥德州儒学	承安五年	易址重建	"凡业学以吏者，约割月俸，余亦率私钱以助"	刘忠《绥德州重修儒学碑》，《全辽金文》第2069页
	万全县宣圣庙	泰和四年	重修	河中万全县簿刘从谦	张邦彦《万全县重修宣圣庙碑》，《全辽金文》第1320页
	李庄宣圣庙（潞城东有里曰李庄）	泰和年间		豪族王备、李格建	高不愚《李庄宣圣庙碑》，《辽金元石刻文献全编》第1册第244页
	济阳宣圣庙	承安三年立碑	创建	民建，民众倡议，民众出地、出资、出力，"请于有司，既允"	陈大举《济阳创建宣圣庙碑》，《辽金元石刻文献全编》第1册第659页

续表

	名称	修建时间	修建形式	倡议或修建人	文献出处
章宗统治年间 21 年间修建 25 座次	曲沃县庙学	泰和元年	修建	邑宰张公、主簿翟公	史中和《曲沃县建庙学记》,《全辽金文》第 1291 页;杨普《重修曲沃县学宫记》,《全辽金文》第 2084 页
	莱州胶水县宣圣庙	明昌六年		县主簿祖公倡导	郭璜《金莱州胶水县重修宣圣庙碑》,《辽金元石刻史料全编》第 1 册第 754 页

三　衰落时期

卫绍王、宣宗、哀宗统治 27 年,共修建孔庙 10 座次。金章宗统治时期虽然一代文治蔚为壮观,但章宗统治后期,军政废弛,自然灾害严重,财政匮乏,金国力已经开始由盛转衰,所以其修建文庙的数量反不及世宗统治时期,孔庙和庙学修建已呈下滑趋势。到卫绍王统治时期,政乱于内,兵败于外,蒙古大汗成吉思汗叛金自立,开始进攻金朝的北方,并迅速占领长城以北的广大地区,于 1213 年又突破了长城防线,进入黄河平原,金的衰亡一发不可收拾,这一时期无论中央还是地方各级政府,皆难有余力顾及孔庙和庙学的修建。

卫绍王统治 5 年修建孔庙和庙学 3 座次。大安元年重修行唐县庙学、清丰县宣圣庙,大安三年异地重修钧州至圣文宣王庙。宣宗统治 15 年仅修建孔庙和庙学 5 座次。贞祐南渡后重修襄陵庙学,贞祐四年重修泽州庙学,贞祐初增建冠氏庙学,元光二年创建叶县庙学,宣宗统治时期增建商水县学庙。哀宗统治金朝 7 年修建孔庙和庙学 2 座。正大二年增建裕州庙学,正大七年原址重建邓州宣圣庙。

卫绍王、宣宗、哀宗统治时期修建孔庙及庙学一览表

	名称	时间	修建形式	倡议或修建人	文献出处
卫绍王统治 5 年修建 3 座次	行唐县庙学	大安元年	重修增建	主簿张达夫	王若虚《行唐县重修学记》,《全辽金文》第 2514 页
	清丰县宣圣庙	大安元年	重修	县簿宋鹗、县尉斡勒	张献臣《清丰县重修宣圣庙碑》,《全辽金文》第 2702 页
	钧州至圣文宣王庙	大安三年	异地重修	完颜守信	赵铢撰《钧州重修至圣文宣王庙碑》,《辽金元石刻文献全编》第 1 册第 97 页
宣宗统治 15 年修建 5 座次	襄陵庙学	约为贞祐南渡后	重修	李侯	麻革《重修襄陵庙学碑》,《全辽金文》第 2776 页
	泽州庙学	贞祐四年	重修		李俊民《重修庙学记》,《全辽金文》第 2603 页
	冠氏庙学	贞祐初	增建	知县事鲁仔,主簿折元礼	元好问《代冠氏学生修庙学壁记》,《全辽金文》第 3151 页
	叶县庙学	元光二年①	创建		赵秉文《叶县学记》,《全辽金文》第 2285 页;王庆生《金代文学家年谱》第 10 卷刘从益,第 542 页
	商水县学庙	推为宣宗统治时期	增建		赵秉文《商水县学记》,《全辽金文》第 2287 页

---

① 参见王庆生《金代文学家年谱》第 10 卷刘从益,凤凰出版社 2005 年版,第 542 页。

续表

名称	时间	修建形式	倡议或修建人	文献出处
哀宗统治7年修建2座次 邓州宣圣庙	正大七年	原址重建	节度使行元帅移剌金紫倡导主持，经历房维桢、知事大志、提控刘天山董其役	赵秉文《邓州创建宣圣庙碑》，《全辽金文》第2382页
裕州庙学	正大二年	增建	裕州刺史倡导	赵秉文《裕州学记》，《全辽金文》第2289页

总之，金代孔庙和庙学的发展与金代社会政治总体发展趋势是一致的，与金代中央集权的封建化进程同步。

第二节　经费来源

金朝修建孔庙和庙学的经费来源，有明确文献记载者42座次，大体可以分为三种类型：一是公费修建，二是公私合资修建，三是个人集资修建。其中个人集资修建数量最多，为19座次；公私合资修建13座次；公费修建孔庙的数量最少，为10座次。

一　公费修建

据不完全统计，金代有明确文献记载，公费修建的孔庙和庙学有10座次，其中包括1座颜庙。表格统计显示金朝公费修建孔庙分三种情况：

第一种情况是政府直接出资，包括曲阜至圣文宣王庙、曲阜兖国公庙、博州庙学、许州宣圣庙、夏邑县儒学5座。曲阜至圣文宣王庙，承安二年修建，"有司承召，度材庀工，计所当费，为钱七万六千四百余千，诏并赐之"。① 曲阜兖国公庙，明昌四年增建，"计营造费用之不轻，系国币泉流而支给，非出于民也"。② 博州庙学，大定二十一年修建，"计其费，无虑五百万，皆赡学之赢也"。③ 许州宣圣庙，明昌五年修建，"官为支降省钱"。④ 夏邑县儒学，大定二十六年，易址重建，县令王侯，"力请于漕司"，"许其请"。⑤ 曲阜至圣文宣王庙和曲阜兖国公庙由中央政府出资，博州庙学、许州宣圣庙由州政府出钱，夏邑县儒学则由县令"力请"。

第二种情况是就地取材，或政府提供建筑物资。包括冀州文庙、太原府学文庙、冀氏县文宣王庙、泰安州宣圣庙 4 座次。冀州文庙，天会八年修建，"节度使太师贾公倡导，以城隅观宇改建"。⑥ 太原府学文庙，天会九年耶律公来师是邦，"但取故宫舍余材以成之"。⑦ 冀氏县文宣王庙，大定十一年创建，令尹及簿公"因藉官之遗材"。⑧ 泰安州宣圣庙，大定二十二年修建，郡守徐中宪"以岳庙余材修之"。⑨

第三种情况是通过申请减免税收修建孔庙。曲沃县庙学，皇统元

---

① 党怀英：《曲阜重修至圣文宣王庙碑》，载阎凤梧主编《全辽金文》，山西古籍出版社 2002 年版，第 1504 页。

② 穆昌世：《曲阜重修兖国公庙碑》，载阎凤梧主编《全辽金文》，山西古籍出版社 2002 年版，第 2702 页。

③ 王去非：《博州重修庙学碑》，载阎凤梧主编《全辽金文》，山西古籍出版社 2002 年版，第 1125 页。

④ 白清臣：《许州重修宣圣庙碑》，载阎凤梧主编《全辽金文》，山西古籍出版社 2002 年版，第 2004 页。

⑤ 左容：《夏邑县重修儒学》，载阎凤梧主编《全辽金文》，山西古籍出版社 2002 年版，第 1861 页。

⑥ 张亿：《创建文庙学校碑》，载阎凤梧主编《全辽金文》，山西古籍出版社 2002 年版，第 1223 页。

⑦ 赵沨：《太原府学文庙碑》，载阎凤梧主编《全辽金文》，山西古籍出版社 2002 年版，第 1755 页。

⑧ 李忠辅：《冀氏县重修文宣王庙碑》，载阎凤梧主编《全辽金文》，山西古籍出版社 2002 年版，第 1617 页。

⑨ 李守纯：《泰安州重修宣圣庙碑》，载阎凤梧主编《全辽金文》，山西古籍出版社 2002 年版，第 1800 页。

年原址重建，邑宰宋公"申漕司以消其租"。①

金朝公费修建孔庙及庙学一览表

序号	名称	时间	经费	文献出处
1	冀州文庙	天会八年	"以城隅观宇改建"	张亿《创建文庙学校碑》，《全辽金文》第1223页
2	太原府学文庙	天会九年	"但取故宫舍余材以成之"	赵沨《太原府学文庙碑》，《全辽金文》第1755页
3	冀氏县文宣王庙	大定十一年	"因藉官之遗材"	李忠辅《冀氏县重修文宣王庙碑》，《全辽金文》第1617页
4	夏邑县儒学	大定二十六年	"力请于漕司，""许其请"	左容《夏邑县重修儒学》,《全辽金文》第1861页
5	泰安州宣圣庙	大定二十二年	"以岳庙余材修之"	李守纯《泰安州重修宣圣庙碑》，《全辽金文》第1800页
6	博州庙学	大定二十一年	"计其费，无虑五百万，皆赡学之赢也"	王去非《博州重修庙学碑》，《全辽金文》第1125页；王遵古《庙学碑阴》第1733页；元好问《博州重修学记》，《全辽金文》第3146页
7	曲阜至圣文宣王庙	承安二年	"有司承召，度材庀工，计所当费，为钱七万六千四百余千，诏并赐之"	《修补孔庙特旨》《续旨》（明昌元年）、党怀英《曲阜重修至圣文宣王庙碑》，《全辽金文》第1504页
8	曲阜衮国公庙	明昌四年	"计营造费用之不轻，系国币泉流而支给，非出于民也"	穆昌世《曲阜重修衮国公庙碑》，《全辽金文》第2702页；《修颜子庙告成遣官致祭祝文》，《全辽金文》第3907页

---

① 史中和：《曲沃县建庙学记》，载阎凤梧主编《全辽金文》，山西古籍出版社2002年版，第1291页。

续表

序号	名称	时间	经费	文献出处
9	许州宣圣庙（迁址增建）	明昌五年	"官为支降省钱"	白清臣《许州重修宣圣庙碑》，《全辽金文》第2004页
10	曲沃县庙学	皇统元年	"申漕司以消其租"	史中和《曲沃县建庙学记》，《全辽金文》第1291页

二　公私合资修建

金朝公私合资修建孔庙和庙学13座次，可分为以公费为主、个人助资为辅和个人出资为主、公费只占很少比例两种情况。两者就其数量而言基本平分秋色，以公费为主6座次，个人出资为主7座次；就其修建规模而言，以公费为主所修建孔庙和庙学的费用总数无明确记载，以个人出资修建的孔庙和庙学中，棣州文庙"费当二百万"[1]，莱州胶水县宣圣庙，"计所需一百六十余千"[2]，其规模应不逊于公费为主所修建孔庙和庙学。

以公费为主修建的孔庙和庙学有：渔阳宣圣庙、涿州文宣王庙、威县庙学、京兆府府学、洺州宗城县宣圣庙、潞城县宣圣庙。渔阳宣圣庙，熙宗统治时期重建，儒生刘子元等首倡，"官给其费，所不及者州士人助成之"[3]。涿州文宣王庙，大定二十五年重建，涿州刺史郭预首倡，"诸费除官给外，独用钱四十余万，皆出于众人乐输"[4]。威县庙学，正隆元年易址重建，县簿高元来倡导，"为学用不足，则

---

① 党怀英：《棣州重修庙学碑》，载阎凤梧主编《全辽金文》，山西古籍出版社2002年版，第1506页。

② 郭璵：《金莱州胶水县重修宣圣庙碑》，载国家图书馆善本图书组编《辽金元石刻史料全编》第1册，北京图书馆出版社2003年版，第754页。

③ 施宣生：《渔阳重建庙学碑》，载阎凤梧主编《全辽金文》，山西古籍出版社2002年版，第1109页。

④ 黄久约：《涿州重修文宣王庙碑》，载阎凤梧主编《全辽金文》，山西古籍出版社2002年版，第1359页。

邑中业儒者魏选等廿余人共成之"。① 京兆府府学，正隆二年原址重建，亚尹韩希甫首倡，官费，"韩公又出己俸，重修祭器、俎豆之属"。② 洺州宗城县宣圣庙，正隆元年修建。正隆元年，县簿高元、同事赵居道倡导，"用不足"，"则邑中业儒者魏选等二十余人共成之。"③ 潞城县宣圣庙，大定二年修建，县令清河张君倡导，"庀材计庸取于公，羡用补足裒诸士人，而民不知劳，且命山阴周人杰掌其役，君朝夕视之"。④

以个人出资为主修建的孔庙和庙学有：行唐县庙学、长子县宣圣庙、棣州文庙、密州州学、滑州文庙、莱州胶水县宣圣庙、闻喜县宣圣庙。行唐县庙学，大安元年增建，主簿张达夫"思完葺而谋诸县士之好事者"，"则相与悉力而赴之，物不足而办，役不习而劝"。⑤ 长子县宣圣庙，承安三年重修，官吏、士人"出家赀以佐其费"。⑥ 棣州文庙，明昌六年原址重建，嘉议大夫石玠倡议，"费当二百万"。"有司之吝，七分之数而才得其一"，其余为士庶捐献。⑦ 密州州学，正隆二年，重建，节副张天宇"请于计司，得钱四十万，且捐己俸以倡僚属，而乡士大夫乐助其成，又得钱四十万"。⑧ 滑州文庙，正

---

①　傅慎微：《威县建庙学碑》，载阎凤梧主编《全辽金文》，山西古籍出版社 2002 年版，第 1144 页。

②　《京兆府重修府学碑》，载阎凤梧主编《全辽金文》，山西古籍出版社 2002 年版，第 1470 页。

③　傅慎微：《洺州宗城县新修宣圣庙记》，载国家图书馆善本图书组编《辽金元石刻史料全编》第 2 册，北京图书馆出版社 2003 年版，第 1013 页。

④　王著：《重修县学记》，载国家图书馆善本图书组编《辽金元石刻史料全编》第 3 册，北京图书馆出版社 2003 年版，第 974 页。

⑤　王若虚：《行唐县重修学记》，载阎凤梧主编《全辽金文》，山西古籍出版社 2002 年版，第 2514 页。

⑥　史倬：《长子县重修宣圣庙碑》，载阎凤梧主编《全辽金文》，山西古籍出版社 2002 年版，第 2037 页。

⑦　党怀英：《棣州重修庙学碑》，载阎凤梧主编《全辽金文》，山西古籍出版社 2002 年版，第 1506 页。

⑧　王堪：《密州修学碑》，载阎凤梧主编《全辽金文》，山西古籍出版社 2002 年版，第 1483 页。

隆二年，泰和六年原址重建，郡守□□□倡导，"各出己俸以为修□
之资"，"郡豪者愿助钱数千贯"，"又施官窑砖瓦十余万"。① 莱州胶
水县宣圣庙，明昌六年县主簿祖公倡导，"计所需一百六十余千"，
官给只一十六贯有零，祖公率出己俸，僚属、邑民共成之。② 闻喜县
宣圣庙，大定二十六年，"以乡校请命于州，州以闻诸漕台"，"得钱
一十五万。"明昌二年，县宰王靓倡导，"富者助财，贫者助力"。③

金朝公私合资修建孔庙及庙学一览表

序号	名称	时间	经费	文献出处
1	渔阳宣圣庙	推算约为熙宗统治时期	"官给其费，所不及者州士人助成之"	施宣生《渔阳重建庙学碑》，《全辽金文》第1109页
2	涿州文宣王庙	大定二十五年	"诸费除官给外，独用钱四十余万，皆出于众人乐输"	黄久约《涿州重修文宣王庙碑》，《全辽金文》第1359页
3	威县庙学	正隆元年	"为学用不足，则邑中业儒者魏选等廿余人共成之"	傅慎微《威县建庙学碑》，《全辽金文》第1144页
4	行唐县庙学	大安元年	"思完葺而谋诸县士之好事者"，"则相与悉力而赴之，物不足而办，役不习而劝"	王若虚《行唐县重修学记》，《全辽金文》第2514页

---

① 靳一玉：《滑州重修学记》，载阎凤梧主编《全辽金文》，山西古籍出版社2002年版，第2130页。

② 郭璜：《金莱州胶水县重修宣圣庙碑》，载国家图书馆善本图书组编《辽金元石刻史料全编》第1册，北京图书馆出版社2003年版，第754页。

③ 王宗儒：《解州闻喜县重修宣圣庙记》，载阎凤梧主编《全辽金文》，山西古籍出版社2002年版，第1872页；张邦彦：《闻喜县重修圣庙记》，载国家图书馆善本图书组编《辽金元石刻史料全编》第1册，北京图书馆出版社2003年版，第220页。

续表

序号	名称	时间	经费	文献出处
5	闻喜县宣圣庙	大定二十六年明昌二年	"以乡校请命于州，州以闻诸漕台"，"得钱一十五万"。"富者助财，贫者助力"	王宗儒《解州闻喜县重修宣圣庙记》，《全辽金文》第1872页；张邦彦《闻喜县重修圣庙记》，《辽金元石刻史料全编》第1册第220页
6	长子县宣圣庙	正隆之后两次增修。承安三年	"出家赀以佐其费"	史倬《长子县重修宣圣庙碑》，《全辽金文》第2037页
7	棣州文庙	明昌六年	"费当二百万。""有司之吝，七分之数而才得其一"，其余为士庶捐献	党怀英《棣州重修庙学碑》，《全辽金文》第1506页
8	密州州学	正隆二年	"请于计司，得钱四十万，且捐己俸以倡僚属，而乡士大夫乐助其成，又得钱四十万"	王堪《密州修学碑》，《全辽金文》第1483页
9	滑州文庙滑州庙学	大定元年泰和六年	"各出己俸以为修□之资"，"郡豪者愿助钱数千贯"，"又施官窑砖瓦十余万"	靳一玉《滑州重修学记》，《全辽金文》第2130页
10	京兆府府学	正隆二年	亚尹韩希甫首倡，官费，"韩公又出己俸，重修祭器、俎豆之属"	《京兆府重修府学碑》《全辽金文》第1470页；《京兆府学教养碑》，《辽金元石刻史料全编》第2册第574页；《京兆府提学所碑帖》，《辽金元石刻史料全编》第1册第59页

续表

序号	名称	时间	经费	文献出处
11	洺州宗城县宣圣庙	正隆元年	"用不足"，"则邑中业儒者魏选等二十余人共成之"	傅慎微《洺州宗城县新修宣圣庙记》，《辽金元石刻文献全编》第 2 册第 1013 页
12	潞城县宣圣庙	大定二年 大定十六年	"庀材计傭取于公，夫羡用补足衰诸士人，而民不知劳，且命山阴周人杰掌其役，君朝夕视之"	王著撰《重修县学记》，《辽金元石刻史料全编》第 3 册第 974 页；杨植撰《重修县学记》，《辽金元石刻史料全编》第 3 册第 975 页
13	莱州胶水县宣圣庙	明昌六年	"计所需一百六十余千"，官给只一十六贯有零，祖公率出己俸，僚属、邑民共成之	郭璜《金莱州胶水县重修宣圣庙碑》，《辽金元石刻史料全编》第 1 册第 754 页

三 个人集资修建

金朝个人集资修建孔庙和庙学 19 座，24 次，绝大多数为地方官倡导，率先出资，并主持修建。鸡泽县庙学，承安四年县令高首倡，出己俸百千，僚属士庶皆出资出力修建。[①] 肥乡县文宣王庙，泰和六年县主簿张利用倡导，"县之诸士人与民好事者"，"愿以家赀出助"。[②] 保德州庙学，大定十年易址重建，保德州刺史高怀贞"出己

---

① 参见黄师中《鸡泽县重修庙学碑》，载阎凤梧主编《全辽金文》，山西古籍出版社 2002 年版，第 1456 页。《鸡泽县文宣王庙碑阴》，国家图书馆善本图书组编《辽金元石刻史料全编》第 1 册，北京图书馆出版社 2003 年版，第 100 页。

② 庞云：《肥乡县创建文宣王庙碑》，载阎凤梧主编《全辽金文》，山西古籍出版社 2002 年版，第 2118 页。

俸及军民愿多寡从其所欲而助之"。① 保德州文庙，明昌五年曾经增建，泰和元年又一次修补增建，郡守张令臣倡"僚吏、士庶各输有差布"，总费约 30 万。② 潞州儒学，章宗统治时期重修，潞州节度使李公"捐清俸，请公帑，助工役"。③ 襄陵庙学，泰和九年，县宰、丹阳赵公"首出俸钱二万，米十斛，倡之于前。诸生各输所有，和之于后。暨邑商酒者，不待劝督，亦自愿助所费，建始落成"。④ 约为贞祐南渡后重修襄陵庙学，李侯，"慨然送己钱绨百端"。⑤ 辽州庙学，大定十四年原址重建，辽州太守赵某倡导，乡贡进士张景华"出己俸率先，僚属官民佑用者，不谋而同"。⑥ 兖州宣圣庙，天眷三年，同知泰宁军节度使赵谦牧主倡，"亲出俸入之余，以备费用"。⑦ 清河县庙学，大定五年县丞张格首倡，邑宰刘公"舍私钱二十万助其费"，所用盖 200 万。⑧ 文登县庙学，大定十二年重建，邑宰李大成"首出圭俸，募工鸠役"。⑨ 章邱县宣圣庙，大定十六年原址重建，

①　高怀贞：《保定州创建文庙记》，载阎凤梧主编《全辽金文》，山西古籍出版社 2002 年版，第 3736 页。

②　张令臣：《保德州重修庙学碑》，载阎凤梧主编《全辽金文》，山西古籍出版社 2002 年版，第 2095 页。

③　毛麾：《潞州儒学碑》，载阎凤梧主编《全辽金文》，山西古籍出版社 2002 年版，第 1684 页。

④　孔天监：《襄陵县创修庙学记》，载阎凤梧主编《全辽金文》，山西古籍出版社 2002 年版，第 1932 页。

⑤　麻革：《重修襄陵庙学碑》，载阎凤梧主编《全辽金文》，山西古籍出版社 2002 年版，第 2776 页。

⑥　胡聘之：《辽州重修学记》，载国家图书馆善本图书组编《辽金元石刻史料全编》第 1 册，北京图书馆出版社 2003 年版，第 170 页。

⑦　崔先之：《兖州重修宣圣庙碑》，载阎凤梧主编《全辽金文》，山西古籍出版社 2002 年版，第 1286 页；王堪：《清河县重修庙学碑》，载阎凤梧主编《全辽金文》，山西古籍出版社 2002 年版，第 1485 页。

⑧　王堪：《清河县重修庙学碑》，载阎凤梧主编《全辽金文》，山西古籍出版社 2002 年版，第 1485 页。

⑨　郭长倩：《文登县庙学碑》，载阎凤梧主编《全辽金文》，山西古籍出版社 2002 年版，第 1335 页。

县丞尹莘"出己俸率先，邑人相与鸠工度材"。① 栖霞县学庙，县宰李景道、主簿赵守真、蔚蒲察张奇，"各捐廪粟以助费，不徒而役，不赋而征"。② 新乡庙学，大定八年重建，县尹段希颜倡，"得施镪二十余万"。③ 清丰县宣圣庙，大安元年县簿宋鹗、县尉斡勒"亲破己俸，劝诱进士李山等，补漏完缺，创修斋廊郏厦二十余间，经之营之，不日成之"。④ 郏县讲堂，泰和五年后创建，主簿李元英倡导，士庶捐资捐物。⑤ 绥德州儒学，承安五年易址重建，"凡业学以吏者，约割月俸，余亦率私钱以助"。⑥ 万全县宣圣庙，泰和四年重建，河中万全县簿刘从谦"罄其俸给所余，不问家之有无，一皆出之，以佐经费。于是邑中之民，富者助财，贫者助力"。⑦ 曲沃县庙学，泰和元年修建，邑宰张公、主簿翟公"各捐己俸以倡，邑人从之"。⑧ 金朝个人集资修建孔庙和庙学的另一种情况纯系民间自发行为，民众倡议，民间出资，民间组织修建。只是为数比较少，包括大定二十五年顾氏兄弟重修的曲周县庙学，大定二十四年新建的济阳宣圣庙。关于济阳宣圣庙有这样的记载：

---

① 姜国：《章邱县重修宣圣庙碑》，载阎凤梧主编《全辽金文》，山西古籍出版社2002年版，第1672页；尹莘：《重修宣圣庙碑阴》，载阎凤梧主编《全辽金文》，山西古籍出版社2002年版，第1704页。

② 李纯甫：《栖霞县建学庙碑》，载阎凤梧主编《全辽金文》，山西古籍出版社2002年版，第2622页。

③ 李詠：《新乡县重修庙学碑》，载阎凤梧主编《全辽金文》，山西古籍出版社2002年版，第1598页。

④ 张献臣：《清丰县重修宣圣庙碑》，载阎凤梧主编《全辽金文》，山西古籍出版社2002年版，第2702页。

⑤ 参见赵秉文《郏县文庙创建讲堂记》，载阎凤梧主编《全辽金文》，山西古籍出版社2002年版，第2375页。

⑥ 刘忠：《绥德州重修儒学碑》，载阎凤梧主编《全辽金文》，山西古籍出版社2002年版，第2069页。

⑦ 张邦彦：《万全县重修宣圣庙碑》，载阎凤梧主编《全辽金文》，山西古籍出版社2002年版，第1320页。

⑧ 杨普：《重修曲沃县学宫记》，载阎凤梧主编《全辽金文》，山西古籍出版社2002年版，第2084页。

一日诸文士相谓曰："吾辈尚有阃庐，而先圣先师无奠币献牲之地。彼释老之徒，溺于怪诞，犹知□饰祠宇，丹刻轮奂，无所不至，今吾徒反不如彼，得无衄耶？且十室必有忠信，况万室之邑乎。吾徒苟能倡之以诚，岂无贤达以诚相应者哉。因□诸邑人，得衣冠之族赵氏者愿献地，杨彪者画其位置，愿为殿、为堂、为斋、为庑，□单父商者王彦愿为戟欙门及两庑，进士李仲熊为之倡□，汝翼范师祖、卢守节、马遵古、张炎、李亦颜数人相左右之，请于有司，既允。而后除地于蓬□之聚，鸠财庀工，以大定十四年□□月经始，二十四年八月落成□新。"[1]

由此段记载我们可以看出济阳宣圣庙完全由民间修建，民众自己出地、出钱、出力，仅"请于有司"，得到批准，自发组织修建完成。修建的时间按照碑文记载经始于大定十四年□月，二十四年八月落成，历时十年，常理推断应该是有误，可能是大定二十四年□月经始，八月建成，承安三年立碑。此外文中所述"彼释老之徒，溺于怪诞，犹知□饰祠宇，丹刻轮奂，无所不至，今吾徒反不如彼，得无衄耶？"从另一侧面反映出在金代虽然三教合一有突出表现，但在多数百姓心目中还是视儒学为正宗。

金朝个人集资修建孔庙及庙学一览表

序号	名称	时间	修建者及经费	文献出处
1	曲周县庙学	大定二十五年重修	顾氏兄弟，民间	靳子昭《曲周县重修学记》，《全辽金文》第 2016 页
2	济阳宣圣庙	大定二十四年新建	民建，民众倡议，民众出地、出资、出力，"请于有司，既允"	陈大举《济阳创建宣圣庙碑》，《辽金元石刻文献全编》第 1 册第 659 页

---

[1]　陈大举：《济阳创建宣圣庙碑》，载国家图书馆善本图书组编《辽金元石刻史料全编》第 1 册，北京图书馆出版社 2003 年版，第 659 页。

续表

序号	名称	时间	修建者及经费	文献出处
3	鸡泽县庙学	承安四年	县令高首倡，出己俸百千，僚属士庶皆出资出力	黄师中《鸡泽县重修庙学碑》，《全辽金文》第1456页；《鸡泽县文宣王庙碑阴》，《辽金元石刻史料全编》第1册第100页
4	肥乡县文宣王庙	泰和六年	县主簿张利用倡导，"县之诸士人与民好事者"，"愿以家赀出助"	庞云《肥乡县创建文宣王庙碑》，《全辽金文》第2118页
5	保德州庙学保德州文庙	大定十年易址重建明昌五年增建泰和元年修补增建	保德州刺史高怀贞"出己俸及军民愿多寡从其欲而助之"。郡守张令臣倡"僚吏、士庶各输有差布"，总费约30万	高怀贞《保定州创建文庙记》，《全辽金文》第3736页；张令臣《保德州重修庙学碑》，《全辽金文》第2095页
6	潞州儒学	章宗统治时期重修	潞州节度使李公"捐清俸，请公帑，助工役"	毛麾《潞州儒学碑》，《全辽金文》第1684页
7	襄陵庙学	大定之前庙学在治域西北隅三数里。大定初，改卜城之东南，"寥寥四十余年，莫终其事"。承安三年、泰和九年都有修建、增修，"金际之兵，幸不为所焚荡"。约为贞祐南渡后	泰和九年，县宰，丹阳赵公"首出俸钱二万，米十斛，倡之于前。诸生各输所有，和之于后。暨邑商酒者，不待劝督，亦自愿助所费，建始落成"李侯，"慨然送己钱缗百端"	孔天监《襄陵县创修庙学记》，《全辽金文》第1932页；麻革《重修襄陵庙学碑》，《全辽金文》第2776页

续表

序号	名称	时间	修建者及经费	文献出处
8	辽州庙学	大定十四年原址重建	辽州太守赵某倡导，乡贡进士张景华"出己俸率先，僚属官民佑用者，不谋而同"	胡聘之《辽州重修学记》，《辽金元石刻史料汇编》第1册第170页
9	兖州宣圣庙	天眷三年	同知泰宁军节度使赵谦牧主倡，"亲出俸入之余，以备费用"	崔先之《兖州重修宣圣庙碑》，《全辽金文》第1286页
10	清河县庙学	大定五年	县丞张格首倡，邑宰刘公"舍私钱二十万助其费"，所用盖200万	王堪《清河县重修庙学碑》，《全辽金文》第1485页
11	文登县庙学	大定十二年重建	邑宰李大成"首出圭俸，募工鸠役"	郭长倩《文登县庙学碑》，《全辽金文》第1335页
12	章邱县宣圣庙	大定十六年原址重建	县丞尹莘"出己俸率先，邑人相与鸠工度材"	姜国《章邱县重修宣圣庙碑》，《全辽金文》第1672页；尹莘《重修宣圣庙碑阴》，《全辽金文》第1704页
13	栖霞县学庙	不确定"即今天子嗣位之元年"	县宰李景道、主簿赵守真、蔚蒲察张奇，"各捐廪粟以助费，不徒而役，不赋而征"	李纯甫《栖霞县建学庙碑》，《全辽金文》第2622页
14	新乡庙学	大定八年重建	县尹段希颜倡，"得施镪二十余万"	李詠《新乡县重修庙学碑》，《全辽金文》第1598页

续表

序号	名称	时间	修建者及经费	文献出处
15	清丰县宣圣庙	大安元年	县簿宋鹗、县尉斡勒"亲破己俸,劝诱进士李山等,补漏完缺,创修斋廊郑厦二十余间,经之营之,不日成之"	张献臣《清丰县重修宣圣庙碑》,《全辽金文》第2702页
16	郏县文庙郏县讲堂	明昌年间修建泰和五年后创建	邑士贾麟之率众而修建主簿李元英倡导,士庶捐资捐物	赵秉文《郏县文庙创建讲堂记》,《全辽金文》第2375页
17	绥德州儒学	承安五年易址重建	"凡业学以吏者,约割月俸,余亦率私钱以助"	刘忠《绥德州重修儒学碑》,《全辽金文》第2069页
18	万全县宣圣庙	泰和四年重建	河中万全县簿刘从谦"罄其俸给所余,不问家之有无,一皆出之,以佐经费。于是邑中之民,富者助财,贫者助力"	张邦彦《万全县重修宣圣庙碑》,《全辽金文》第1320页
19	曲沃县庙学	泰和元年修建	邑宰张公、主簿翟公"各捐己俸以倡,邑人从之"	杨普《重修曲沃县学宫记》,《全辽金文》第2084页

总之,金代孔庙与庙学的发展受不同历史时期、不同地域的经济发展制约,综合国力强,经济发展快的历史时期孔庙和庙学修建多,规模大;经济发达、物产丰富的地区较之经济贫困、自然资源贫瘠的地区,其孔庙和庙学修建的数量和规模有天壤之别。

第三节　地域分布

金朝疆域包括今黑龙江、吉林、辽宁、河北、山东、山西的全部、陕西大部、内蒙古、甘肃的东部，俄罗斯东部外兴安岭以南、乌苏里江以东地区，以及蒙古人民共和国东方省的一部分。金与南宋，以淮河和大散关作为分界，其西、北为西夏和萌古（今蒙古的先世）各部。关于金代的孔庙和庙学，有文献记载，可以在《中国历史地图集》查到准确位置的共 47 座，65 次。具体分布如下：

一　以行政区域划分

金朝以路作为地方最高行政区，相当于现在的省。所设的 19 路是：上京路、咸平路、东京路、北京路、中都路、西京路、南京路、河北东路、河北西路、山东东路、山东西路、大名府路、河东北路、河东南路、京兆府路、凤翔路、鄜延路、庆原路、临洮路。路治所在的地方设府，称作总管府；路下设州，州下设县。但是在上京路女真人聚居的地区，相当于州一级的行政区称作路，如渝与路、合懒路、恤品路、胡里改路，比较特殊。金代的孔庙和庙学按路分布，具体为：

河东南路 11 座，19 次。包括冀氏县文宣王庙、上党儒学、潞州儒学、闻喜县宣圣庙 2 次、夏邑县儒学 2 次、长子县宣圣庙 3 次、襄陵庙学 3 次、赵州庙学 2 次、高平县宣圣庙、泽州庙学、潞城县宣圣庙 2 次。

山东西路 6 座，7 次。包括兖州宣圣庙、泰安州宣圣庙、博州庙学 2 次、曲阜至圣文宣王庙、曲阜兖国公庙、棣州文庙。

山东东路 6 座次。包括密州州学、清河县庙学、文登县庙学、章邱县宣圣庙、栖霞县学庙、济阳宣圣庙。

大名府路 5 座，7 次。包括滑州文庙（滑州庙学）2 次、新乡庙学、冠氏庙学 2 次、清丰县宣圣庙、洺州宗城县宣圣庙。

南京路 5 座，6 次。包括郏县文庙（郏县讲堂）2 次、许州宣圣庙、邓州宣圣庙、叶县庙学、商水县学庙。

河北西路 5 座次。威县庙学、曲周县庙学、鸡泽县庙学、肥乡县文宣王庙、行唐县庙学。

河东北路 2 座，7 次。包括太原府学文庙 4 次、保德州庙学（保德州文庙）3 次。

中都路 3 座，4 次。包括大城县庙学、渔阳宣圣庙 2 次、涿州文宣王庙。

河北东路冀州文庙（冀州庙学）1 座，2 次；上京路上京孔庙 1 座次；西京路应州庙学 1 座 2 次；鄜延路绥德州儒学 1 座次；京兆府路京兆府府学 1 座次。

由上可见，诸路中河东南路和山东东路、山东西路最多，而咸平路、东京路、北京路、凤翔路、庆原路、临洮路为空白。

二　以历史沿革划分

金朝疆域按其历史沿革可分成三种情况：

第一种情况是原辽朝统治的东北区域与漠南地区，这是金朝龙兴之地，包括女真各部落的住地，还有契丹、奚、渤海以及五国部、吉里迷、兀的改等各族。金朝建国之初，对此一概搬用生女真旧制，大体为上京路辖区。"天会十五年，齐国废。熙宗即位，兴制度礼乐，立孔子庙于上京。"[1]　上京会宁府是金朝第一个都城，海陵王为了不留有金熙宗奉行君主制的痕迹，完全解除女真皇族反抗势力，以确保自己的皇位，于正隆二年下令毁上京。同年八月，下令撤销上京留守衙门、罢上京称号，只称会宁府。金世宗即位后于大定二年发布诏令，"以会宁府国家兴亡之地，宜就庆元宫址建正殿九间，仍其旧号，以时荐享"。[2]　大定五年，重新修复了太祖庙。大定二十一年，修复宫殿，建城隍庙。从上京的历史变迁可以看出其在金朝政治统治中的重要意义，所以上京路虽然地处东北一隅，受中原文化影响少，但是由于统治者的重视而修建了迄今为止发现的中国封建时代地理位

---

① 《金史》卷 105《孔璠传》，中华书局 1975 年版，第 2311 页。
② 《金史》卷 33《礼六》，中华书局 1975 年版，第 787 页。

置最北的孔庙。

　　第二种情况是辽上京临潢府以南,直到河北、山西等燕云十六州,这里居民主要是汉族,长期以来受异族统治,而金统治下之汉地亦维持汉官制度,大体为咸平路、东京路、北京路、中都路、西京路辖区。这一地域历史上为辽和北宋边界,战争不断,孔庙和庙学修建的历史基础薄弱,与中原地区相较,文化底蕴也显不足,所以金朝的孔庙和庙学修建不多。就现有文献统计,咸平路、东京路、北京路没有孔庙和庙学修建。西京路修建 1 座次。应州庙学,曾历时两次修建,同知张侯大定二十五年修建未完,明昌初节度王公主持修建完成"总费几七十万"。① 中都路乃金朝第二个都城燕京所在地,1153 年海陵王迁都燕京,直至宣宗于 1214 年迁都南京,一直为金朝都城,历时 62 年,是金朝三个都城中时间最长的都城,历经海陵王、世宗、章宗、卫绍王、宣宗 5 位皇帝统治时期,跨越金代孔庙和庙学修建的发展期、相对繁荣期、衰落期,所以中都路是金朝北部地区修建孔庙最多的地区。现有文献统计,中都路修建孔庙和庙学 4 座次,包括大城县庙学、渔阳宣圣庙、涿州文宣王庙。大城县庙学天会十二年修建,邑令姚公主持,经费不详。渔阳宣圣庙,天会年间曾崇修庙貌,太守高通等主持,经费不详。熙宗统治时期,儒生刘子元等首倡重建,"官给其费,所不及者州士人助成之"。涿州文宣王庙,大定二十五年重建,涿州刺史郭预首倡,诸费除官给外,独用钱四十余万,皆出于众人乐输。

　　第三种情况是原宋朝领地的淮河、秦岭以北之地,主要居民也是汉族,由于新受异族统治,大多不愿受金廷管制。先后设置张楚与刘齐等傀儡政权统治,最后由金廷以汉法直接管理,为河北东路、河北西路、山东东路、山东西路、大名府路、河东北路、河东南路、南京路、京兆府路、凤翔路、鄜延路、庆原路、临洮路统辖。这些地区儒家文化底蕴相对北方地区厚重,修建的孔庙和庙学多,总计修建孔庙

---

① 李仲略:《应州重建庙学碑》,载阎凤吾主编《全辽金文》,山西古籍出版社 2002 年版,第 1969 页。

和庙学 42 座次,其中以河东和山东地区最多。河东南路修建孔庙 11 座 17 次,包括冀氏县文宣王庙、上党儒学、潞州儒学、闻喜县宣圣庙、夏邑县儒学、长子县宣圣庙、襄陵庙学、赵州庙学、高平县宣圣庙、泽州庙学、潞城县宣圣庙。其中有的几次修建,如长子县宣圣庙,正隆之后两次增修。明昌年间"官为给钱以缮修",未果。承安三年重修。襄陵庙学,大定之前庙学在治域西北隅三数里。大定初,改卜城之东南,"寥寥四十余年,莫终其事"。承安三年、泰和九年都有修建、增修,"金际之兵,幸不为所焚荡"。约为贞祐南渡后重建。赵州庙学初废于靖康之兵,天会以来郡守赵公某始立庙学,泰和年间土木之功乃备。山东是儒家文化的发源地,陈大举《济阳创建宣圣庙碑》云:"天下十有九路,文风号称郁郁然者莫如山东。"山东西路修建 6 座次,分别为兖州宣圣庙、泰安州宣圣庙、博州庙学、曲阜至圣文宣王庙、曲阜兖国公庙、棣州文庙。山东东路修建 6 座次,分别为密州州学、清河县庙学、文登县庙学、章邱县宣圣庙、栖霞县学庙、济阳宣圣庙。山东两路所修建孔庙和庙学其建筑规模远非其他地区可比。

三 地域分布特点

金代孔庙和庙学的地域分布有以下特点:

其一是南方多北方少。金代统治的北方地区多为原辽统治地区,包括金女真发源地,占金统治地区面积的四分之三,但是只修建孔庙和庙学 5 座次,而金代所修建的孔庙和庙学可以在《中国历史地图集》查到明确位置的 47 座 65 次,北方只占十分之一强。南方原为宋代统治区域,所留孔庙和庙学遗址多,文化底蕴深厚,崇儒重道观念根深蒂固,风气所及,修建孔庙和庙学数量远胜于北方,总数为 42 座次,所占比例近十分之九。

其二是腹地多边疆少。金朝修建的孔庙和庙学多集中于中原腹地,边界地区修建很少。金代 19 路行政区域中,现有资料统计没有修建孔庙和庙学的,除东北地区的东京路、咸平路外,位于中原地区的都为边疆诸路。凤翔路、临洮路、庆原路皆与西夏交界,修建孔庙和庙学为 0。鄜延路与西夏交界,修建孔庙和庙学 1 座次。河东北路与西夏交界，修建孔庙和庙学 2 座次，而其近邻河东南路修建孔庙和庙学的数量 11 座次，为金代之最，究其原因，应与其地处边界，长期处于战备状态有密不可分的关系。

其三是 3 个都城都重视孔庙和庙学的修建。上京路虽然地处金朝的最北部地区，长期为女真族、契丹族统治，但是因为是金代的第一个都城，天会十五年就修建了上京孔庙。中都路为金朝第二个都城燕京所在地，在长期以来所有受异族统治地区中，中都路是修建孔庙和庙学最多的地区 4 座次。南京路为金代第三个都城所在地，虽然处于宋金交界，但是修建孔庙和庙学 5 座次，在金代诸路中属于比较多的。究其原因，一方面是因为作为都城在金代的政治地位和地理位置重要，一方面也与中原文化的长期浸染有直接关系。

金代孔庙与庙学地域分布一览表

序号	地域分布	名称	时间	文献来源
1	河东南路50④3	冀氏县文宣王庙	大定十一年	李忠辅《冀氏县重修文宣王庙碑》，《全辽金文》第 1617 页
2	河东南路50④4	上党儒学	大定十七年	申良佐《兴学赋并引》，《全辽金文》第 1696 页
3	河东南路50④4	潞州儒学	章宗统治时期	毛麾《潞州儒学碑》，《全辽金文》第 1684 页
4	河东南路50⑤2	闻喜县宣圣庙	大定二十六年明昌二年	王宗儒《解州闻喜县重修宣圣庙记》，《全辽金文》第 1872 页；张邦彦《闻喜县重修圣庙记》，《辽金元石刻史料全编》第 1 册第 220 页
5	河东南路50⑤2	夏邑县儒学	大定二十六年，明昌五年	左容《夏邑县重修儒学》，《全辽金文》第 1861 页；郭寿卿《创塑先贤先儒像碑》，《全辽金文》第 1981 页

续表

序号	地域分布	名称	时间	文献来源
6	河东南路 50④3	长子县宣圣庙	正隆之后两次增修 承安三年重修	史倬《长子县重修宣圣庙碑》，《全辽金文》第 2037 页
7	河东南路 50④2	襄陵庙学	承安三年、泰和九年都有修建、增修，约为贞祐南渡后创修	孔天监《襄陵县创修庙学记》，《全辽金文》第 1932 页；麻革《重修襄陵庙学碑》，《全辽金文》第 2776 页
8	河东南路 50④2	赵州庙学	天会以来郡守赵公某始立庙学，泰和年间	元好问《赵州学记》，《全辽金文》第 3148 页
9	河东南路 50⑤3	高平县宣圣庙	时间不详	李俊民《高平县宣圣庙上梁文》，《全辽金文》第 2591 页
10	河东南路 50⑤3	泽州庙学	贞祐四年	李俊民《重修庙学记》，《全辽金文》第 2603 页
11	河东南路 50④4	潞城县宣圣庙	大定二年 大定十六年	王著撰《重修县学记》，《辽金元石刻史料全编》第 3 册第 974 页；杨植撰《重修县学记》，《辽金元石刻史料全编》第 3 册第 975 页
1	山东西路 55—56④3	兖州宣圣庙	天眷三年	崔先之《兖州重修宣圣庙碑》，《全辽金文》第 1286 页
2	山东西路 55—56③4	泰安州宣圣庙	大定二十二年	李守纯《泰安州重修宣圣庙碑》，《全辽金文》第 1800 页
3	山东西路 55—56③2	博州庙学	天眷年间 大定二十一年	王去非《博州重修庙学碑》，《全辽金文》第 1125 页；王遵古《庙学碑阴》第 1733 页；元好问《博州重修学记》，《全辽金文》第 3146 页

续表

序号	地域分布	名称	时间	文献来源
4	山东西路 55④4	曲阜至圣文宣王庙	承安二年	《修补孔庙特旨》《续旨》（明昌元年）、党怀英《曲阜重修至圣文宣王庙碑》，《全辽金文》第1504页
5	山东西路 55④4	曲阜兖国公庙	明昌四年	穆昌世《曲阜重修兖国公庙碑》，《全辽金文》第2702页；《修颜子庙告成遣官致祭祝文》，《全辽金文》第3907页。
6	山东西路 55—56②4	棣州文庙	明昌六年	党怀英《棣州重修庙学碑》，《全辽金文》第1506页
1	山东东路 51—52⑤7	密州州学	正隆二年	王堪《密州修学碑》，《全辽金文》第1483页
2	山东东路 55—56②4	清河县庙学	大定五年	王堪《清河县重修庙学碑》，《全辽金文》第1485页
3	山东东路 55—56②9	文登县庙学	大定十二年	郭长倩《文登县庙学碑》，《全辽金文》第1335页
4	山东东路 55—56③4	章邱县宣圣庙	大定十六年	姜国《章邱县重修宣圣庙碑》，《全辽金文》第1672页；尹莘《重修宣圣庙碑阴》，《全辽金文》第1704页
5	山东东路 55—56②7	栖霞县学庙	时间不详	李纯甫《栖霞县建学庙碑》，《全辽金文》第2622页
6	山东东路 55—56③4	济阳宣圣庙	承安三年立碑新建	陈大举《济阳创建宣圣庙碑》，《辽金元石刻文献全编》第1册第659页

续表

序号	地域分布	名称	时间	文献来源
1	大名府路 44—45⑦2	滑州文庙滑州庙学	大定元年泰和六年	赵夷简《滑州修文庙记》,《全辽金文》第 1545 页 靳一玉《滑州重修学记》,《全辽金文》第 2130 页
2	大名府路 44—45⑦1	新乡庙学	大定八年	李詠《新乡县重修庙学碑》,《全辽金文》第 1598 页
3	大名府路 44—45⑥3	冠氏庙学	贞祐初增建泰和中	元好问《代冠氏学生修庙学壁记》,《全辽金文》第 3151 页
4	大名府路 44—45⑦3	清丰县宣圣庙	大安元年	张献臣《清丰县重修宣圣庙碑》,《全辽金文》第 2702 页
5	大名府路 44—45⑥3	洺州宗城县宣圣庙	正隆元年	傅慎微《洺州宗城县新修宣圣庙记》,《辽金元石刻文献全编》第 2 册第 1013 页
1	南京路 53—54④4	郏县文庙（修建）郏县讲堂（创建）	明昌年间泰和五年后	赵秉文《郏县文庙创建讲堂记》,《全辽金文》第 2375 页
2	南京路 53—54③4	许州宣圣庙（迁址增建）	明昌五年	白清臣《许州重修宣圣庙碑》,《全辽金文》第 2004 页
3	南京路 53—54⑤3	邓州宣圣庙	正大七年	赵秉文《邓州创建宣圣庙碑》,《全辽金文》第 2382 页
4	南京路 53—54④4	叶县庙学	元光二年	赵秉文《叶县学记》,《全辽金文》第 2285 页

续表

序号	地域分布	名称	时间	文献来源
5	南京路 53—54④5	商水县学庙	推为宣宗统治时期	赵秉文《商水县学记》,《全辽金文》第 2287 页
1	河北西路 44—45④2	威县庙学	正隆元年易址重建	傅慎微《威县建庙学碑》,《全辽金文》第 1144 页
2	河北西路 44—45⑥2	曲周县庙学	大定二十五年重修	靳子昭《曲周县重修学记》,《全辽金文》第 2016 页
3	河北西路 44—45⑥2	鸡泽县庙学	承安四年	黄师中《鸡泽县重修庙学碑》,《全辽金文》第 1456 页;《鸡泽县文宣王庙碑阴》,《辽金元石刻史料全编》第 1 册第 100 页
4	河北西路 44—45⑥2	肥乡县文宣王庙	泰和六年	庞云《肥乡县创建文宣王庙碑》,《全辽金文》第 2118 页
5	河北西路 44—45④2	行唐县庙学	大安元年增建	王若虚《行唐县重修学记》,《全辽金文》第 2514 页
1	中都路 44—45④4	大城县庙学	天会十二年修建	刘光国《大城县重建庙学碑》,《全辽金文》第 1259 页
2	中都路 44—45②5	渔阳宣圣庙	天会年间,崇修庙貌"迄今二十余年",推算约为熙宗统治时期,重建	施宣生《渔阳重建庙学碑》,《全辽金文》第 1109 页
3	中都路 44—45③3	涿州文宣王庙	大定二十五年重建	黄久约《涿州重修文宣王庙碑》,《全辽金文》第 1359 页

续表

序号	地域分布	名称	时间	文献来源
1	河北东路 44—45⑤3	冀州文庙 冀州庙学	天会八年 大定二十六年 重修增建	张亿《创建文庙学校碑》,《全辽金文》第 1223 页；路伯达《冀州节度使王公重修庙学碑》《全辽金文》第 1523 页
1	河东北路 50③3	太原府学文庙	天会九年 正隆初 大定二十六年 明昌二年增建	赵沨《太原府学文庙碑》,《全辽金文》第 1755 页
2	河东北路 50①2	保德州庙学 保德州文庙（金与西夏边境，有庙无学）	大定十年 易址重建 明昌五年增建 泰和元年 修补增建	高怀贞《保定州创建文庙记》,《全辽金文》第 3736 页；张令臣《保德洲重修庙学碑》,《全辽金文》第 2095 页
1	西京路 49⑥7	应州庙学	大定二十五年 修建未完 明昌初修建	李仲略《应州重建庙学碑》,《全辽金文》第 1969 页
1	鄜延路 51—52②9	绥德州儒学	承安五年 易址重建	刘忠《绥德州重修儒学碑》,《全辽金文》第 2069 页
1	京兆府路 51—52⑤7	京兆府府学	正隆二年 原址重建	《京兆府重修府学碑》,《全辽金文》第 1470 页；《京兆府学教养碑》,《辽金元石刻史料全编》第 2 册第 574 页；《京兆府提学所碑帖》,《辽金元石刻史料全编》第 1 册第 59 页
1	上京路	上京孔庙	天会十五年	《金史》卷 105《孔璠传》,中华书局 1975 年版,第 2311 页

综上所述，金代孔庙与庙学的发展受多种因素的影响，除以上影响孔庙与庙学历史发展的政治因素、经济因素、地理位置和文化因素以外，影响金代孔庙和庙学修建的还有一个重要因素，就是人为因素，有时地方官的重视程度甚至成为影响一个地区孔庙和庙学修建的决定性因素。以长子县宣圣庙为例，"正隆之后，广威刘公，奉直王公继为邑宰"，"皆有增修，其规制轮换，有加其旧，然功未克终，而具已代去"。明昌年间"官为给钱以缮修焉。然岁比不登，前政亦倦勤，故因循五六年未克就绪"。直至承安二年，由于地方官的重视，官吏、士人"出家赀以佐其费"。"起于岁之初夏，而告成于岁之秋"。① 所以，一方面孔庙的修建往往被地方官视为"不急之务"，因循延置，如王若虚《行唐县重修学记》所载："国家自承平以来，文治蔚兴，下至僻邑，莫不有庙学以为教，其于崇儒重道，不可谓不至。而所在有司或不能推其意，往往安于苟简，而恬不闻焉，则亦名在而实亡。"② 又如赵秉文《裕州学记》云："世远道丧，净佛之祀遍天下，而孔子之祀，虽以时举，吏惰不虔，备故事而已，非所以安圣灵、致崇极之意也。"③ 再如左容《夏邑县重修儒学》云："夏邑旧为剧县，为政者但区区于簿书期会，以舒目前之患，而以学校为不急之务，漫不省视者十之八九。"④ 另一方面只要由重视文教的地方官主事，孔庙和庙学修建就成为迫在眉睫的"急务"，所以金代孔庙和庙学的发展轨迹，在一定程度上也存在偶然性。当然，由于史料所限，也由于个人能力所限，本文所做统计并不全面，金代所修建的孔庙和庙学数量不止于此。管中窥豹，我们或可从中大体了解到金代孔庙和庙学的概貌。

① 史倬：《长子县重修宣圣庙碑》，载《全辽金文》，山西古籍出版社 2002 年版，第2037 页。

② （金）王若虚：《行唐县重修学记》，载《全辽金文》，山西古籍出版社 2002 年版，第 2514 页。

③ （金）赵秉文：《裕州学记》，载《全辽金文》，山西古籍出版社 2002 年版，第2289 页。

④ 左容：《夏邑县重修儒学》，载《全辽金文》，山西古籍出版社 2002 年版，第 1861 页。

第 八 章

金代儒学思想特质

儒学在金女真统治的北方地区长期受到金源地域特有的文化传统浸染，长期受到金朝政治、经济、文化政策的影响，历经百余年的发展演变，形成了金代儒家思想所具有的、彰显金人思想和文化观念的精神气质。

第一节　尚中意识

中庸是儒家哲学的一个重要范畴，最早是由孔子提出来的。20世纪80年代学术界讨论孔子哲学思想的核心问题时，有人提出以"仁"为其核心，有人提出以"礼"为其核心，有人提出以"中庸"为其核心，足见中庸在孔子哲学中的地位。在孔子哲学中，中庸只具有方法论和德性内涵，子思作《中庸》，方赋予了中庸本体论的内涵，后来宋儒对《中庸》中的诚、性、中、和等概念做了创造性的阐释，使中庸思想的内涵得到了极大的丰富。中庸有了三重含义：其一，中庸是方法论。做事和看待事物的标准不偏不倚，执其两端取其适中。其二，中庸是一种境界很高的道德。"中庸之为德，甚至矣乎，民鲜久矣"。其三，中庸具有本体论的内涵。"中者，天下之大本"，"诚者，天之道；诚之者，人之道"。至此，中庸思想可谓形而上与形而下具备，哲学思辨性与现实应用性兼而有之，成为"仁"、

"礼"等皆无从比拟的哲学范畴。也许正是从这个意义上来说，金代儒家学者格外重视中庸思想，赵秉文和李纯甫分别著有《中庸解》和《中庸集解》，尚中意识在金代儒家哲学中有明显的表现。

一　以"中"为核心内容构建其哲学思想体系

金代理学代表人物赵秉文虽然尚未建立起自己完整系统的哲学思想体系，但是从《原教》《性道教说》《中说》《诚说》《庸说》《和说》等的阐释，可以看出他显然在做着这方面的尝试和努力。在他的理学思想体系中，理是本体，中是以理为本体的核心内容。"中"在赵秉文哲学中无所不在。关于天理，他说"方其喜怒哀乐未发之际，无一毫人欲之私，纯是天理而已"。[①] 关于性，他说"性之说难言也"，"人生而静，天之性也"。"中者天下之大本也，此指性之本体也"。[②] 关于圣人，他说"圣人不外乎大中"。圣人"未尝无喜""无怒""无哀""无乐"，只是"中节而已"。他提出了"大中"的概念，认为"天道"是大中"尧舜禹汤文武周孔之道"，是大中，"书曰执厥中"是大中，"易传曰，易有太极"，"极"是大中。他提出"圣人之中"，无所不至，无所不能，"以言乎体，则谓之不动；以言乎纯一，则谓之赤子；以言禀受，则谓之性；以言共由，则谓之道；以言其修，则谓之教；以言不易，则谓之庸；以言无妄，则谓之诚"。[③]

二　以"中"为其儒学思想的重要内容

中庸在现实生活中往往被世俗化为无原则的"骑墙"观望和折衷之义，这显然是对中庸思想世俗化和简单化的理解。中庸诚然是一

---

① （金）赵秉文：《闲闲老人滏水文集》卷1《性道教说》，商务印书馆中华民国二十四年版，第2页。

② 同上。

③ （金）赵秉文：《闲闲老人滏水文集》卷1《中说》，商务印书馆中华民国二十四年版，第5页。

种方法论，但是这种方法论有着内在的道德原则为支撑。不偏不倚，与其说是一种方法和态度，不如说是一种德性和境界，这在金代重要经学代表人物王若虚的儒学思想中有突出体现，"约之中道"既是王若虚恪守不悖的解经原则，也是他所追求的解经境界。王若虚"约之中道"的儒家经学思想具体表现在四个方面：（1）因情。以人情解经是王若虚经学思想的突出特色。儒家中庸思想强调坚守原则，但是这种原则不是硬性规定，它是一种"仁"，与人性相通，中庸所需坚守的原则应该以不违反人性、人情为前提。王若虚"揆以人情"的经学思想显然是符合中庸精神的。（2）称礼。王若虚解经虽重视人情，但皆循礼而行，从不离经叛道，他多次强调"名教"不可违。儒家中庸思想主张"执两用中"，但强调凡事须守中，所谓守中即遵守礼的规定，与礼的规定相适应，不做违反原则规定之事。（3）适度。王若虚解经强调适可而止，不做过分之论，他屡次批评宋儒解经"太过"。子夏劝司马牛以四海之内皆兄弟，林少颖批评子夏的说法近于墨氏兼爱之论，又说"子夏工于谋人而拙于谋己，丧其子而丧其明，何不曰'四海之内皆吾子也'"。王若虚说"林氏既知病其言，则此言不必出，但云'何不以宽牛之意自宽'？则可矣"。① 他显然是认为林少颖之评失之厚道，过分了，有违中庸之道。（4）守权。王若虚在经学解释中最重"事有缓急""权其轻重"，主张根据不同情况，做不同的应对和解释，他对"伯姬之死"和"管仲不死子纠之难"的理解就是很好的说明。中庸思想提倡有经有权，经即原则，权即权变，灵活的处理事情的方式方法。王若虚在其著述中并未对中庸思想有专门阐释，但他显然深通中庸之道，中庸思想的方法论内涵和德性内涵在他的著述中有着很完整的表现。

　　儒家哲学、佛教哲学以及道家、道教哲学皆对"中"有较为深入的论述和阐释，尤其是儒家有中庸说，佛教有中道观。赵秉文《中说》曾将儒释道之"中"加以分别，他说："不断不常，不有不

---

① （金）王若虚：《溏南辨惑》卷 6《论语辨惑三》，上海东大书局中华民国二十一年版，第 3 页。

无，释氏之所谓中也；彼是莫得其偶，谓之道枢，枢始得乎环中，以
应无穷，老氏之所谓中也"。儒家之中道是"天道也，即尧舜禹汤文
武周孔之道。"① 李纯甫的哲学思想儒释道三者兼容，中庸思想自然
成为其思想体系中的重要内容。他曾说："论至此，举足而入道场，
低头而成佛道，洒扫应对，得君子之传，饮食应用，知中庸之味，孰
为儒者，孰为佛者，孰为老者，又孰能辨之哉"。② 在他看来儒释道
三者虽为三种学说，但本质是一致的，无论是儒者、佛者、老者，达
其极致，所共同感知到的是"中庸之味"，由此可见中庸思想在李纯
甫"三教合一"思想体系中的地位相当突出。他还强调说："中之一
字，最难形容，即曹溪所谓不思善、不思恶，正当恁么时，还我明上
坐，本来面目来，才入思维，便成口法。弊然一念，已口多生，何处
著得，敬而无失，学者当自求之。"③ 此外，李纯甫受李翱的《复性
书》影响颇大，《复性书》就其思想内容而言，其学术渊源主要在于
《中庸》和佛教的心性论，《复性书》是对二者的有机融合和阐释，
由此我们不难理解李纯甫对中庸的重视。

三　汉宋兼采的治学理路

　　金代学者汉宋兼采的治学理路也是金代儒学尚中意识的一个重要
表现。金代在相当长的时期一直是以承辽绍唐自任，即便是在金德运
说确定为承继宋朝火德而为土德，从政治上完全肯定了北宋存在的合
法性以后，金代科举制度和教育制度的基本内容依然是汉唐经学，所
以生于金而长于金的儒家学者一直所接受的都是汉唐经学教育。12
世纪末，宋代儒学的传入，以其迥异于汉学的学术研究在金代有识之

士中引起强烈反响,"缙绅之士负高明之资者皆甘心焉"。① 金代的儒家学者既未完全恪守于汉唐经学的治学理念,也未盲从于宋代疑经改经、富于思辨新学风,而是汉学与宋学两者兼采,即在治学方法上义理与考据并重,在学术研究的内容上经学研究与儒学理论探索兼修。从金代的三位主要代表人物来看,赵秉文在经典的注解和诠释中下过大量功夫,他著有《易丛说》《中庸说》《扬子发微》《太玄笺赞》《文中子类说》《删解论语解》《删节孟子解》等,同时他以阐释和发扬道学精神为己任,从"大中说""诚说"入手,努力构建自己的理学思想体系。李纯甫则以经学研究为根基,致力于以佛教为中心,从学理上融合儒释道三家学说,使之实现大道合一的工作。王若虚的学术兴趣不在于哲学思辨,但作为一名杰出的经学大师,他显然吸收了宋代儒者明于义理、富于创新的特征。

第二节　经世致用

经世致用是儒家哲学的基本精神之一。儒家经典大多强调经世致用,儒家学者大多是经世致用主义者。孔子说"力行近乎仁",意思是说一个人如果能够将自己的所学努力付诸实践就比较接近于仁的境界了。《大学》强调"修身、齐家、治国、平天下","修身齐家"是"治国平天下"的必要前提和准备,"治国平天下"是"修身齐家"的目的和结果。《易传》有云,"天行健,君子以自强不息"。要求人们自强不息,努力以自己的实践为社会和人类造福。女真人是马上民族,生性好动,金源文化质朴纯真,最为务实。在女真民族性格和金源文化的浸染下,儒家文化中本有的经世致用品格得到了极大的强化,儒家哲学重视经世致用的基本精神在金代儒学中有着相当突出的表现。

---

① （金）李纯甫:《鸣道集说》卷5,（日）中文出版社景享保四刊本,第143—144页。

一　金代儒学产生伊始即以现实应用为根本目的

金建国之初，百废待兴。女真族自身人才严重不足，新占领的辽宋地区与金女真之间存在明显的文化差异。为了解决自身人才不足的问题，实现对新占领地区的有效统治，金代统治者从辽宋儒士中引入大量人才，参加到金代初期军事活动和国家建设中来，这就是金代儒学产生的时代背景。可以说，金代儒学产生伊始，就是作为一种政治手段而不是一种学说而存在的。这些异代儒士或参与典章制度的制定，或充任谋士建言献策，或任职中枢，或绥靖一方，为金代社会的稳定和政治的发展做出了突出的贡献。一些人充任帝王贵族师、设馆讲学，使儒家文化得到传播，这种传播所起到的作用，主要不是学术思想的传授，而是意识形态的灌输，为北方地区的民族融合做出了重要贡献。

二　金代中期，儒学在金代封建化改革和政治制度的制定中发挥了主体作用

在中国古代历史上，儒学既是一种以伦理道德为主要内容的学说体系，又是一种具有国家意识形态性质的观念体系，它同时具有学术功能、政治功能和社会教化功能。在金统治中期，儒学所具有的政治功能和社会教化功能得到充分的利用和发挥。金熙宗至章宗统治前期，金朝统治者进行了全面的封建化改革，一系列政治和社会制度相继建立和完善起来，儒学在其中发挥了主体思想作用。在科举制度中无论是科举考试科目还是科举考试的具体内容，都与儒学息息相关。在教育制度中，课程设置、教师配备、教材使用，都表现出了明显的儒学化的特点。尤其是礼仪制度的制定，以礼治国是儒家的基本主张，金朝关于祭祀礼仪、朝参、常朝仪、祭孔礼仪的规定，全部以儒家经典和宋朝的礼仪为根据。此外，金代法律等制度的制定也受到儒家思想不同程度的影响。儒学对金代政治制度的全面渗透，一方面是儒学在金代统治中主体地位的确立，一方面是金朝统治者对儒家学说

所具有的政治功能和社会教化功能的充分利用。

三　学术繁荣阶段，金代儒学依然保持着经世致用的基本价值取向

金章宗统治后期，金代儒学步入了学术繁荣的发展阶段，儒家学者在这一时期开始以极大的理论兴趣，对儒学展开了较为深入的学理上的探讨和研究。这一时期，"秕政日多，诛求无艺，民力浸竭。明昌承安，盛极衰始"。[①]金代的政治统治也从"好儒恶吏"逐渐转变为"好吏恶儒"，儒家政治哲学和儒学人才所发挥的现实作用远逊于金统治前期和中期，金代儒学在这一时期凸显出学术化和思辨化的特征。但就其学术研究内容以及学者们所持的观点而言，这一时期金代儒学的主体诣趣依然未脱离经世致用的基本精神内核。

赵秉文将"致知"与"力行"，喻为"车之两轮，鸟之二翼，阙一不可"。作为文坛盟主、儒学大家，他明确表示不希望士君子们"吾求所知而已，而于力行则阙焉"。对那些所谓的"穷深极远，为异学高论者"，视孔孟之学为"家人语尔"的看法，他认为"非惟不知圣人之道"，同时也是"欺人与自欺也"。[②]在阐述自己的哲学思想时，赵秉文也表现出了显而易见的经世致用的特色，他提出，"道"虽然是一个绝对精神的实体，但必须切近于人伦日用。道不远人，远人非道也。他强调道之践履，"虽圣学如天，亦必自近始"，"然则何自而入哉，曰慎独"。他不赞同宋代道学之"穷高极远"，"非道德性命不谈"，倡导"笃厚力行之实"。[③]

王若虚作为一名经学家，其解经的一个突出特色是通经致用。他对宋代理学的过于抽象表示不满，对于宋代历史上主张通经致用追求

①　《金史》卷18《哀宗下》，中华书局1975年版，第403页。

②　（金）赵秉文：《闲闲老人滏水文集》卷15《道学发源引》，商务印书馆中华民国二十四年版，第207页。

③　（金）赵秉文：《闲闲老人滏水文集》卷1《性道教说》，商务印书馆中华民国二十四年版，第3页。

"外王"的观点则深表赞同。欧阳修提出，"圣人不穷性为言，或难言而不究，学者当力修人事之实，而性命非所急"，王若虚认为欧阳修此论对于"名教"有功，但是"众共嗤黜以为不知道"，他表示不能理解。① 苏洵《古史论》曰："善乎，子夏之教人也！始于洒扫应对进退而不急于道，使来者自尽于学，日引月长而道自至。""今世之教者，闻道不明而急于夸世，非性命道德不出于口，虽礼乐刑政有所不信矣，而况乎洒扫应对进退也哉！教人未必知，而学者未必信，矫为大言以相欺，天下之伪，自是而起。"王若虚击节称赞说，"苏氏之言，深切时病"，"予故表而出之。"②

此外，从金代另一位儒家学者刘祁关于魏晋玄学的一段论述，我们也能看出金代儒学研究重经世致用的基本精神。他说，"晋初，天下既一，士无所事，惟以谈论相高，故争尚玄虚，王弼何晏倡于前，王衍、王澄和于后，希高名而无实用，以至误天下国家"。③

第三节　批判精神

儒学是中原王朝的本土文化、原始文化，是中原学者精神归依之所在。但是对于金女真王朝而言，它是一种外来文化和异质文化。金代的汉族儒家学者虽然接受的主要是儒家文化教育，但是由于长期生活在女真人中间，接受女真主体民族统治，受到金源文化的影响和熏陶，所以儒家思想和文化对于他们而言缺少了中原学者那种与生俱来、根深蒂固的内在相融性。他们虽然跻身在儒学文化圈内，多数以儒家道统传人自居，却又自觉不自觉地站在旁观者的角度审视和批评

---

① （金）王若虚：《滹南辨惑》卷5《论语辨惑二》，上海东大书局中华民国二十一年版，第3—4页。

② （金）王若虚：《滹南辨惑》卷7《论语辨惑四》，上海东大书局中华民国二十一年版，第7—8页。

③ （金）刘祁：《归潜志》卷13，中华书局1983年版，第144页。

儒家思想。由于金代儒家学者的特殊身份和独特视角，由于没有深厚的历史积淀，没有先入为主的权威意识的窒固，他们所作的审视和批评往往是非常大胆也是非常可贵的。

一　对儒学发展史上最重要代表人物的批评往往集中而严厉

就批判对象而言，金代的儒家学者对于秦汉以来，不同历史时期的儒家最主要代表人物的批评往往是最集中、也最严厉，诸如汉代的郑玄、隋唐的孔颖达、宋代的二程、朱熹等，尤其是对二程洛学的批评最为突出。宋室南渡以后，洛学在金统治北方地区余绪不绝，学者们对洛学的研习一直没有中断，12 世纪末从南宋传入大量理学著述，使金代洛学研究呈现明显上升之势，所以金代儒家学者对洛学的研究比对宋代其他学派儒家思想的研究更加持久和深入。这种情况一方面使一些学者甘心服膺伊洛之学，如赵秉文、刘从益、刘祁、杜时昇等，成为洛学的忠实信徒；一方面使一些学者通过对洛学的深入了解，进而对之展开更加激烈的批判。如王若虚、李纯甫。李纯甫《鸣道集说》共摘引二程排佛论述 76 条，对之进行了毫不留情的反驳。程颢说"生之谓性，性即气，气即性"。李纯甫批评他说"言性而杂之以气，程氏膏肓之病也"。① 程颢言鬼神，李纯甫认为"其穷性理之学不及康节远矣"。② 程颐言"凡物之散，其气遂尽，无复归本原之理"，李纯甫认为"程氏自以为穷尽物理，常有此等语"，实际上"程子以人之生死以比天地，而不学道，愚矣"。③ 王若虚在《五经辨惑》《论语辨惑》《孟子辨惑》《杂辨》中引征二程观点 21 次，细细考来，其中只有 3 次对二程的解经之说表示了有所保留、不完全的肯定和赞同，4 次客观介绍、无赞无否，其余 14 次全为批评和否定。

---

① （金）李纯甫：《鸣道集说》卷 2，（日）中文出版社景享保四刊本，第 59 页。
② 同上书，第 70 页。
③ （金）李纯甫：《鸣道集说》卷 3，（日）中文出版社景享保四刊本，第 93 页。

二　从不同的学术立场出发，就不同的学术思想展开批判

就批判的内容而言，金代的儒家学者因其各自学术立场和身份的不同，他们所批判的学术思想的内容也有所不同。赵秉文尊崇周程二夫子，学术上归本伊洛，人生修养论坚持"涵养"与"致知"并重，强调经世致用，所以他多次对宋代儒学的空疏抽象有所批评。王若虚作为一名经学家，倡导在经解中崇实求真、约之中道，所以他对历代学者曲解经文、违反人情和常理解经深恶痛绝。汉代儒者恪守师法家法，宋代儒者以"存天理灭人欲"礼法解经，都被他批为"陋儒"；一些学者如杜预以己意解经，甚至曲解经文，被他批为"妄注"。李纯甫学术上主张以佛为主，汇通儒释道以实现大道合而为一。我们知道，宋代理学的形成过程其实也是对释道二者吸收、消化的过程，但是在宋代排斥佛道之说一直是儒学思想的主流。于是对宋儒排佛道之论的批判，就成为李纯甫学术研究的重要任务。他"就伊川、横渠、晦庵诸人所得者而商略之，毫发不相贷，且恨不同时与相诘难也"。①李纯甫对宋儒不遗余力的批评，也成为金代儒学批判精神的一个重要表现。

三　对于一些不占主流地位的少数派学者给予极大关注

金代的儒家学者对于一些最重要代表人物的批评毫不容情，但是对一些不占主流地位的少数派则给予了极大的关注。譬如扬雄，扬雄生于儒家经学盛行的时代，但是却能够突破经学的藩篱，以捍卫和发挥儒家正统学说为己任，勇于用全新的方式阐释自己的观点，重新解释儒学，对推动儒学的发展和更新起到了积极的作用。宋代学者对扬雄的评价前期以肯定为主，后期逐渐成为以否定为主，二苏、张载、二程皆以其学术浅薄，了无心得、不纯正、不地道弃而不取。金代儒家普遍对扬雄持推崇和肯定的态度。赵秉文有诗云："汉儒俗学欺盲

---

① 《元好问全集》卷41，《中州集》"屏山李先生纯甫"，山西古籍出版社2004年版，第870页。

聋，独有一士超樊笼，君家子云晚治易，圣人门户见重重。"① 对于扬雄冲破汉学藩篱，以"玄"解《易》的学术成就给予了高度的评价。

李纯甫则对并不著名的江公望推崇备至。江民表说："性无古今，习通今古，唯通于今古，羊舌鲋之贿死，岂一日之积载，其来有自矣。是以神灵歧嶷，不独私于黄帝，不通乎故，习者未能究之也。"李纯甫评价说："江子之性几尽矣，诸儒皆莫及焉。"② 此外如王通、啖助等人都得到了金代儒家学者的格外青睐，他们这些人普遍的特点是与所处时代的主流学术存在相当分歧，但其学术思想和观点往往起到承前启后、开风气之先的作用。

四　勇于力排众说，提出自己的观点

在学术研究中，"破"与"立"往往是相辅相成的，所谓"不破不立"，只有先"破"而后才能"立"，但若只"破"而不"立"，那么这种对一种学术思想"破"的工作也就失去了其应用的价值。金代的儒家学者对于各种儒学思想的批判过程，也是他们对之深入了解消化吸收的过程，在批判与消化吸收前人和同时代学者学术思想的同时，他们形成了自己的学术观点。赵秉文提出"大中说""诚的五境界说"，王若虚提出"揆以人情约之中道"的解经方法，李纯甫提出以佛为主、三教合一的基本主张。可以说金代的儒家学者，尤其是三位主要代表人物，通过自己的不懈努力，较为圆满地践行了学术研究中"不破不立"的基本法则，也使金代儒学富于批判精神的学术形象从此挺立起来。金代儒学的学术成就和学术影响或许不如以蒙古人为主体民族的元代儒学，但是它所具有的批判精神、创新精神却是元代儒学所不具备的。

---

① （金）赵秉文：《闲闲老人滏水文集》卷9《和杨肖书之美韵四首》，商务印书馆中华民国二十四年版，第129页。

② （金）李纯甫：《鸣道集说》卷5，（日）中文出版社景享保四刊本，第133页。

结　语

　　金代儒学历经 100 余年的发展，在学术上取得了长足的进步，在政治上发挥了重要作用，在社会上产生了深远的影响。就其学术价值而言，在中国儒学发展史上，金代儒学除了显而易见的承前启后的传承之功外，其学术研究本身有着不容忽视的学术价值。首先，金代的儒学产生了自己的代表人物，他们提出了一些独到的学术见解，如"大中说""诚之五境界说""揆以人情约之中道"的经学解释原则，"以佛为主，大道合一"的思想主张等。其次，王若虚的经学思想和经学成就在中国经学史上应有一席之地。最后，李纯甫的"以佛为主、大道合一"之说，在中国学术思想史上不容忽视。当然，即便金代儒学取得了以上学术成绩，金代儒学的学术价值依然无法与先秦儒学、汉唐儒学、宋明清时期儒学相提并论，甚至与元代儒学也无法相比。究其原因，一是南宋理学北传时间过短。南宋理学 12 世纪 90 年代传入北方，金亡于 1234 年，前后仅三四十年的时间，社会又动荡不安，必然对金代理学的发展产生相当的滞碍。二是儒学积淀不足。儒学在北方属外来文化，缺乏根深蒂固的基础和血溶于水的内在亲和力。三是金代重视词赋的传统风气也阻碍了金代儒学的发展。"重赋轻经义"是金代科举考试的明显特征，官方学术导向对金代儒学发展的影响是非常重大的。但不可否认的是，金代儒学主要代表人物的儒学著作多数亡佚，在客观上影响了我们对金代儒学的评价。此外，中原儒学传入北方后，与金源地域文化相结合形成了金代儒学的基本精神，这是非常可贵的。但也恰恰因其本身所独具的特色所在，诸如三教合一、不囿成说的大胆批判精神，不为中原学者所认可和接受，这在主观上影响了我们对金代儒学的正确评价，这两种因素我们也不应忽略。

就其政治地位和作用而言，儒学是金代占统治地位的主体思想，自太祖太宗时期，金代即确立了以儒治国的基本国策。儒学在金朝建国之初，对其政权的建立和巩固起到了积极作用，在金代中期的封建化改革进程中发挥了主体作用。终金一代，其主要政治制度的制定皆以儒家思想和文化为主导思想，或受到其深刻影响；同时其各项政治制度的实施和落实，皆有赖于儒学人才的承担和推进。完全可以说，金朝不同历史时期的政治兴衰和荣辱，皆在不同角度上显示出与儒学不同程度上的犀通。历史上有过"金以儒亡"的观点，这种说法至今影响犹在，多数的专家学者认为将金代覆亡的责任归之于儒学是不符合历史事实的，笔者亦然。事实上，恰恰是由于金晚期统治者恶儒而好吏，疏远儒臣，悖离了儒家治国的基本理念，才使金代政治统治渐趋黑暗和腐败。奉行儒化政策，以儒治国是金朝统治者顺应社会发展潮流和历史发展大趋所作出的明智和必然选择。金代最终走向覆亡，有其自身和外在的多重原因，与尊孔崇儒并无必然联系。儒学在金朝政治生活中所发挥的显著的积极作用不容忽视和抹杀。

就其社会影响而言，金朝通过以儒学为主要内容的教育、科举、礼仪等制度的推进，使金代臣民受到了儒家思想和文化的教育与规范，一方面使金人的整体文化水平有了显著的提高，另一方面使儒家文化和思想观念深入人心，对于金人思想观念的转变、文化心理的形成、民族性格的更新产生了深刻的影响。庞朴先生曾将文化划分为"物质的—制度的—心理的"三个层次，他指出，"文化的物质层面，是最表层的；而审美趣味、价值观念、道德规范、宗教信养、思维方式等，属于最深层；介乎二者之间的，是种种制度和理论体系"。①

---

① 庞朴：《文化的民族性与时代性》，中国和平出版社1988年版，序。

一般而言，物质文化和制度文化比较容易改变，而心理层面的文化往往依靠历史的惯性维持自身的稳定。所以儒学作为一种外来文化，对于金代社会的深层次影响还存在着一定的有限性。

参考文献

一 著作

《老子道德经》，中华书局 1989 年版。

《庄子》，中华书局 1989 年版。

（汉）班固：《汉书》，中华书局 1962 年版。

（汉）范晔：《后汉书》，中华书局 1965 年版。

（汉）司马迁：《史记》，中华书局点校本。

（汉）扬雄著，郑万耕校释：《太玄校释》，北京师范大学出版社 1989 年版。

（隋）王通：《文中子中说》，《四库全书》文渊阁本。

（晋）陈寿：《三国志》中华书局 1975 年版。

（后晋）刘昫等：《旧唐书》，中华书局 1975 年版。

（宋）晁公武撰，孙猛校正：《郡斋读书志校正》，上海古籍出版社 1990 年版。

（宋）陈振孙：《直斋书录解题》，台湾"商务印书馆" 1986 年版。

（宋）程颢、程颐：《二程集》，中华书局 1981 年版。

（宋）洪皓：《松漠记闻》，《辽海丛书》第 1 册，辽沈书社影印本 1984 年版。

（宋）洪迈：《容斋随笔》，上海古籍出版社 1978 年版。

（宋）黎敬德编：《朱子语类》，中华书局 1986 年版。

（宋）李焘：《续资治通鉴长编》，中华书局 1979 年版。

（宋）陆九渊：《陆九渊集》，中华书局 1980 年版。

（宋）吕祖谦：《吕东莱文集》，中华书局 1985 年版。

（宋）罗大经：《鹤林玉露》，中华书局 1983 年版。

（宋）确庵、耐庵编纂：《靖康稗史》，中华书局 1988 年版。

（宋）邵伯温：《邵氏闻见录》，中华书局 1983 年版。

（宋）司马光编著：《资治通鉴》，中华书局点校本。

（宋）苏轼：《苏东坡全集》，中华书局 1986 年版。

（宋）苏洵著，曾春庆、金成礼笺注：《嘉祐集笺注》，上海古籍出版
　社 1993 年版。

（宋）苏辙：《栾城集》，上海古籍出版社 1987 年版。

（宋）王安石：《临川先生文集》，中华书局 1959 年版

（宋）谢良佐：《上蔡先生语录》，中华书局 1985 年版。

（宋）徐梦莘：《三朝北盟会编》，上海古籍出版社 1987 年版。

（宋）杨时：《杨龟山集》，中华书局 1985 年版。

（宋）叶隆礼：《契丹国志》，上海古籍出版社 1985 年版。

（宋）尹焞：《尹和靖集》，中华书局 1985 年版。

（宋）宇文懋昭：《大金国志》，中华书局 1986 年版。

（宋）张载：《张载集》，中华书局 1978 年版。

（宋）周敦颐：《周敦颐集》，中华书局 1990 年版。

（宋）朱熹：《四书章句集注》，中华书局 1983 年版。

（金）孔元措：《孔氏祖庭广记》，丛书集成初编本。

（金）李纯甫：《鸣道集说》，（日）中文出版社景享保四刊本。

（金）李俊民：《庄靖集》，《四库全书》台北影印本。

（金）刘祁：《归潜志》，中华书局 1983 年版。

（金）王若虚：《滹南辨惑》，上海大东书局中华民国二十一年版。

（金）王若虚：《滹南遗老集》，商务印书馆中华民国版。

（金）张暐等：《大金集札》，国家图书馆出版社 2011 年版。

（金）赵秉文：《闲闲老人滏水文集》，商务印书馆中华民国二十四
　年版。

（元）郝经：《陵川集》，山西古籍出版社 2006 年版。

（元）马端临：《文献通考》，中华书局重印，商务印书馆十通本，
　1986 年版。

（元）念常编：《佛祖历代通载》，上海古籍出版社 1987 年版。

（元）苏天爵：《元文类》，商务印书馆 1936 年版，1958 年重印。

（元）苏天爵：《滋溪文稿》，中华书局 1997 年版。

（元）脱脱等：《金史》，中华书局 1975 年版。

（元）脱脱等：《辽史》，中华书局 1974 年版。

（元）脱脱等：《宋史》，中华书局 1977 年版。

（元）脱脱等：《元史》，中华书局 1976 年版。

（元）王寂：《鸭绿江行部志》，黑龙江人民出版社 1984 年版。

（元）王寂著，阮逸注本：《辽东行部志》，黑龙江人民出版社 1984
　年版。

（元）王应麟：《困学纪闻》，商务印书馆 1935 年版，1959 年重印。

（元）耶律楚材：《湛然居士文集》，《四库全书》文渊阁本。

（元）元好问：《续夷坚志》，中华书局 1986 年版。

（元）元好问：《中州集》，中华书局 1959 年版。

（元）袁桷：《清容居士集》，中华书局 1985 年版。

（清）黄宗羲：《宋元学案》，中华书局 1986 年版。

（清）纪昀：《四库全书总目》，中华书局 1965 年版。

（清）倪灿等：《辽金元艺文志》，商务印书馆 1958 年版。

（清）皮锡瑞：《经学历史》，中华书局 1959 年版。

（清）皮锡瑞：《经学通论》，中华书局 1959 年版。

（清）阮元校刻：《十三经注疏》，中华书局影印本 1980 年版。

（清）汪宝荣：《法言义疏》，中华书局 1987 年版。

（清）王昶：《金石萃编》，中国书店影印本 1985 年版。

（清）永瑢等：《四库全书总目提要》，中华书局 1965 年版。

（清）张金吾纂集：《金文最》，中华书局点校本 1990 年版。

（清）赵翼著，王树民校正本：《廿十二史札记》，中华书局 1984

年版。

（清）庄仲方编：《金文雅》，成文出版社中华民国五十六年版。

《辽海丛书》全四册，辽沈书社1984年影印本。

白寿彝总主编，陈振主编：《中国通史》第7卷，上海人民出版社1999年版。

蔡春编：《历代教育笔记资料》，中国劳动出版社1991年版。

蔡方鹿：《程颢程颐与中国文化》，贵州人民出版社1996年版。

蔡方鹿：《朱熹与中国文化》，贵州人民出版社2001年版。

蔡美彪等：《中国通史》第6册，人民出版社1979年版。

陈谷嘉：《儒家伦理哲学》，人民出版社1996年版。

陈谷嘉：《宋代理学伦理思想研究》，河南大学出版社2006年。

陈鼓应：《易传与道家思想》，三联书店1996年版。

陈俊民：《张载哲学思想及关学学派》，人民出版社1986年版。

陈来：《古代宗教与伦理——儒家思想的根源》，三联书店1996年版。

陈来：《宋明理学》，辽宁教育出版社1992年版。

陈来：《中国近世思想史研究》，商务印书馆2003年版。

陈来：《朱熹哲学研究》，华东师范大学出版社2000年版。

陈荣捷：《朱子新探索》，台湾学生书局1989年版。

陈戍国：《中国礼制史》宋辽金夏卷，湖南教育出版社2001年版。

陈述：《金拾补五种》，科学出版社1960年版。

陈述主编：《辽金史论集》第1辑，上海古籍出版社1987年版。

陈述主编：《辽金史论集》第2辑，书目文献出版社1987年版。

陈述主编：《辽金史论集》第3辑，书目文献出版社1987年版。

陈相伟等校注：《金碑汇释》，吉林文史出版社1989年版。

程方平：《辽金元教育史》，重庆出版社1993年版。

程妮娜：《金代政治制度研究》，吉林大学出版社1999年版。

崔大华：《儒学引论》，人民出版社2001年版。

邓广铭：《邓广铭学术论著自选集》，首都师范大学出版社1994

年版。

邓广铭：《王安石》，人民出版社 1975 年版。

丁传靖辑：《宋人轶事汇编》，中华书局 1981 年版。

范寿康：《朱子及其哲学》，中华书局 1983 年版。

方立天：《中国佛教哲学要义》，中国人民大学出版社 2005 年版。

冯契：《中国古代哲学的逻辑发展》，上海人民出版社 1984 年版。

冯友兰：《中国哲学史》，中华书局 1961 年重印。

冯友兰：《中国哲学史史料学》，江苏教育出版社 2006 年版。

冯友兰：《中国哲学史新编》（上、中、下），人民出版社 2001 年版。

傅朗云编注：《金史辑佚》，吉林文史出版社 1990 年版。

干春松：《制度化儒家及其解体》，中国人民大学出版社 2003 年版。

高亨：《周易大传今注》，齐鲁书社 1979 年版。

郭君铭：《扬雄〈法言〉思想研究》，巴蜀书社 2006 年版。

国家图书馆善本图书组编：《辽金元石刻史料全编》，北京图书馆出版社 2003 年版。

韩钟文：《中国儒学史》宋元卷，广东教育出版社 1998 年版。

侯外庐：《中国思想通史》，人民出版社 1984 年版。

胡务：《元代庙学——无法割舍的儒学教育链》，巴蜀书社 2005 年版。

姜广辉：《理学与中国文化》，上海人民出版社 1994 年版。

姜广辉主编：《中国经学思想史》第 3、4 卷，中国社会科学出版社 2010 年版。

姜广辉主编：《中国经学思想史》第 1、2 卷，中国社会科学出版社 2003 年版。

金毓黻：《东北通史》，重庆五十年代出版社 1946 年版。

金毓黻：《宋辽金史》，上海商务印书馆 1946 年版。

柯大课：《中国宋辽金夏习俗史》，人民出版社 1994 年版。

孔令宏：《宋代理学与道家、道教》（上、下册），中华书局 2006 年版。

赖永海：《中国佛教与哲学》，宗教文化出版社 2004 年版。

李国钧总主编：《中国教育制度通史》（四册），山东教育出版社
　　2000 年版。

李景林：《教化的哲学》，黑龙江人民出版社 2006 年版。

李景林：《教养的本原》，辽宁教育出版社 1998 年版。

李仁群、程梅花、夏当英：《道家与中国哲学》宋代卷，人民出版社
　　2004 年版。

李锡厚、白滨、周峰：《辽西夏金史研究》，福建人民出版社 2005
　　年版。

李修生主编：《全元文》，江苏古籍出版社 1999 年版。

李洵等主编：《清代全史》第 1 卷，辽宁人民出版社 1991 年版。

刘复生：《北宋中期儒学复兴运动》，台湾文津出版社 1991 年版。

刘浦江：《辽金史论》，辽宁大学出版社 1997 年版。

吕思勉：《隋唐五代史》，中华书局 1959 年版。

罗立纲：《宋元之际的哲学与文学》，复旦大学出版社 1999 年版。

罗斯宁选注：《辽金元诗三百首》，岳麓书社 1990 年版。

麻天祥：《中国宗教哲学史》，人民出版社 2006 年版。

马斗成：《宋代眉山苏氏家族研究》，中国社会科学出版社 2005
　　年版。

马宗霍：《中国经学史》，上海书店 1984 年版。

孟广耀：《儒家文化——辽皇朝之魂》，黑龙江人民出版社 1994
　　年版。

穆鸿利、黄凤歧主编：《辽金史论集》第 7 辑，中州古籍出版社 1996
　　年版。

潘富恩、徐余庆：《吕祖谦评传》，南京大学出版社 1992 年版。

庞朴：《文化的民族性与时代性》，中国和平出版社 1988 年版。

庞朴主编：《中国儒学》（四卷），东方出版中心 1997 年版。

漆侠：《宋学的发展和演变》，河北人民出版社 2002 年版。

齐红深：《满族的教育文化》，辽宁大学出版社 1993 年版。

钱穆：《国史大纲》，商务印书馆1996年版。

钱穆：《国学概论》，商务印书馆1997年版。

钱穆：《宋明理学概述》，台湾学生书局1977年版。

钱穆：《朱子新学案》（上、中、下），巴蜀书社1986年版。

任继愈：《汉唐佛教思想论集》，人民出版社1998年版。

任继愈：《中国哲学史》，人民出版社1996年版。

上海古籍出版社本社编：《宋元笔记小说大观》，上海古籍出版社2001
　　年版。

邵汉明：《儒道人生哲学》，吉林教育出版社1983年版。

邵汉明等：《儒家哲学智慧》，吉林人民出版社2005年版。

邵汉明主编：《中国文化精神》，商务印书馆2000年版。

宋德金等编：《辽金西夏史研究》，天津古籍出版社1997年版。

粟品孝：《朱熹与宋代蜀学》，高等教育出版社1998年版。

孙进己：《东北各民族文化交流史》，春风文艺出版社1992年版。

孙进己等：《女真史》，吉林文史出版社1987年版。

王德朋：《金代汉族士人研究》，中国社会科学出版社2006年版。

王可宾：《女真国俗》，吉林大学出版社1988年版。

王庆生：《金代文学家年谱》，凤凰出版社2005年版。

魏明、尹协理：《王通论》，中国社会科学出版社1984年版。

吴雁南等主编：《中国经学史》，福建人民出版社2005年版。

武玉环：《辽制研究》，吉林大学出版社2001年版。

徐复观：《徐复观文集》，湖北人民出版社2002年版。

徐复观：《中国经学史的基础》，台湾学生书局1996年版。

徐复观：《中国思想史论集》，台湾学生书局1983年版。

徐洪兴：《思想的转型——理学发生过程研究》，上海人民出版社1996
　　年版。

徐远和：《洛学源流》，齐鲁书社1987年版。

徐振清主编：《金史国际学术研讨会专集》，中州古籍出版社1996
　　年版。

薛瑞兆:《金代科举》,中国社会科学出版社 2004 年版。

薛瑞兆、郭明志编纂:《全金诗》,南开大学出版社 1995 年版。

阎凤梧主编:《全辽金文》,山西古籍出版社 2002 年版。

杨树森、穆鸿利:《辽宋夏金元史》,辽宁教育出版社 1986 年版。

杨新勋:《宋代疑经研究》,中华书局 2007 年版。

姚奠中主编,李正民增订:《元好问全集》增订本,山西古籍出版社
　2004 年版。

余敦康:《内圣外王的贯通——北宋易学的现代阐释》,学林出版社
　1997 年版。

张博泉:《金代经济史略》,辽宁人民出版社 1978 年版。

张博泉:《金史简编》,辽宁人民出版社 1984 年版。

张博泉:《金史论稿》第 2 集,吉林文史出版社 1992 年版。

张博泉:《金史论稿》第 1 集,吉林文史出版社 1986 年版。

张畅耕主编:《辽金史论集》第 6 辑,社会科学文献出版社 2001
　年版。

张立文:《宋明理学研究》,中国人民大学出版社 1985 年版。

张立文:《朱熹思想研究》,中国社会科学出版社 1981 年版。

张鸣岐主编:《辽金元教育论著选》,人民教育出版社 1991 年版。

张跃:《唐代后期儒学》,上海人民出版社 1994 年版。

赵吉惠等主编:《中国儒学史》,中州古籍出版社 1991 年版。

赵永春辑著:《奉使辽金行程录》,吉林文史出版社 1995 年版。

周惠泉:《金代文学学发凡》,东北师范大学出版社 1993 年版。

朱瑞熙等:《辽宋西夏金社会生活史》,中国社会科学出版社 1998
　年版。

祝瑞开主编:《宋明思想和中华文明》,学林出版社 1995 年版。

二　论文

[美]田浩:《金代的儒教——道学在北部中国的印迹》,《中国哲
　学》第 14 辑,人民出版社 1988 年版。

安丽春：《试论金代礼制的渊源、特点和历史作用》，《辽金史论集》第 8 辑，于志耿、王可宾主编，吉林文史出版社 1994 年版。

陈来：《略论诸儒鸣道集》，《北京大学学报》1986 年第 1 期。

陈良中：《论王若虚〈尚书义粹〉的解经特色》，《重庆师范大学学报》2011 年第 1 期。

陈良中：《张金吾辑录王若虚〈尚书义粹〉校读记》，《图书情报工作》2010 年第 4 期。

程妮娜：《论金世宗、章宗时期宰执的任用政策》，《史学集刊》1998 年第 1 期。

东梁：《李纯甫的"三教合一"论》，《辽金契丹女真史研究动态》1984 年第 3、4 期合刊。

董克昌：《大金统一思想研究》，《黑龙江民族丛刊》1996 年第 1 期。

董克昌：《大金统治思想主体的儒家化论》，《辽金史论集》第五辑，陈述主编，文津出版社 1991 年版。

都兴智：《金朝教育述论》，《辽宁师范大学学报》1988 年第 2 期。

都兴智：《金初女真人与辽宋儒士》，《辽宁师范大学学报》1991 年第 6 期。

都兴智：《金代科举制度的特点》，《北方文物》1988 年第 2 期。

都兴智：《金代女真人与佛教》，《北方文物》1997 年第 3 期。

范寿琨：《金史史料学述略》，《图书馆学研究》1984 年第 2 期。

范寿琨：《论金代的孔庙建置及其作用》，《社会科学辑刊》1993 年第 2 期。

方旭东：《儒耶佛耶：赵秉文思想考论》，《学术月刊》2008 年第 6 期。

封树礼：《李纯甫佛学思想初探》，《辽宁工程技术大学学报》2009 年第 5 期。

付柏臣：《略论金世宗的吏治思想和举措》，《社会科学战线》2005 年第 4 期。

葛兆光：《金代史学与王若虚》，《扬州师范学院学报》1988 年第

4 期。

郭松康：《辽金对中原典籍的收求》，《北方文物》2000 年第 1 期。

胡传志：《"苏学盛于北"的历史考察》，《文学遗产》1998 年第 5 期。

胡传志：《李纯甫考论》，《社会科学战线》2000 年第 2 期。

胡蓉：《论金代王若虚之批评观》，《大众文艺》2012 年第 1 期。贾祥恩：《试论金代的民族政策》，《辽金史论集》第 8 辑，于志秋、王可宾主编，吉林文史出版社 1994 年版。

孔凡礼：《南宋著述入金述略》，《文史知识》1993 年第 7 期。

李定乾：《王若虚著述考》，《文献》2007 年第 1 期。

李广良：《近代儒佛关系述略》，《学术月刊》2000 年第 2 期。

李旭：《略论辽金礼制汉化问题》，《史学月刊》1992 年第 1 期。

李玉年：《金代科举沿革初探》，《东南文化》1998 年第 1 期。

刘达科：《金朝的儒学与文学》，《江苏大学学报》2008 年第 5 期

刘嘉逵：《金代女真汉化探徽》，《北方民族》1992 年第 1 期。

刘洁：《李纯甫的诗学观念及其禅学渊源》，《北方论丛》2010 年第 4 期。

孟东风：《金代女真人的汉化与民族融合》，《东北师大学报》1994 年第 6 期。

孟繁清：《赵秉文著〈道德真经集解〉与金后期的三教融合趋势》，《河北师范大学学报》2003 年第 11 期。

漆侠：《苏轼"蜀学"与程颐"洛学"在思想领域中的对立》，《河北学刊》2001 年第 9 期。

任万平：《论金代文化区域结构》，《辽金史论集》第 5 辑，陈述主编，文津出版社 1991 年版。

师道刚：《金元之际儒学与全真教的关系》，《山西大学学报》1992 年第 4 期。

舒焚：《金初女真族知识分子群》，《北方文物》1986 年第 1 期。

宋德金：《辽金文化比较研究》，《北方论丛》2001 年第 1 期。

宋德金：《正统观与金代文化》，《历史研究》1990 年第 1 期。

宋馥香：《论金代女真族的"双化"教育》，《松辽学刊》1998 年第 3 期。

苏利国：《不事雕篆取法自然——论王若虚文论中的"理"》，《赤峰学院学报》2009 年第 3 期。

王德厚：《金世宗与女真人的"汉化"》，《黑龙江民族丛刊》1991 年第 4 期。

王德朋：《近二十年来金代儒学研究述评》，《东北史地》2009 年第 1 期。

王德忠：《金朝宗室与汉文化》，《北方民族文化》1992 年增刊。

王可宾：《社会变革时期女真心态特点》，《辽金史论集》第 5 辑，陈述主编，文津出版社 1991 年版。

王其秀：《论王若虚的校勘实践》，《安徽工业大学学报》2010 年第 5 期。

王其秀：《王若虚校勘方法论析》，《东岳论丛》2011 年第 6 期。

王其秀：《王若虚校勘失误例析》，《安徽工业大学学报》2011 年第 5 期。

王树林：《金人别集传世版本叙考》，《南通师范学院学报》2004 年第 9 期。

王文东：《试论金代女真人对儒家伦理的吸收》，《满族研究》2003 年第 1 期。

王昕：《金儒赵秉文与宋儒叶适的比较研究》，《文艺评论》2011 年第 1 期。

王昕：《赵秉文研究》，博士学位论文，黑龙江大学，2011 年。

王颖：《金代儒学的传统复归——以王若虚及其〈滹南遗老集〉为例》，《保定学院学报》2009 年第 6 期。

王颖：《王若虚〈论语辨惑〉研究》，硕士学位论文，上海师范大学，2010 年。

许满贵：《金代礼部尚书赵秉文书般若波罗密多心经》，《东方收藏》

2010 第 6 期。

王永：《〈滹南遗老集〉版本源流考》，《古籍整理研究学刊》2010 年第 1 期。

魏崇武：《金代理学发展初探》，《历史研究》2000 年第 3 期。

魏崇武：《金代儒学发展略谈》，《赣南师范学院学报》1995 年第 5 期。

吴凤霞：《金代文教政策探析》，《辽宁师范大学学报》2005 年第 3 期。

吴凤霞：《金士巨擘——赵秉文》，《社科辑刊》1991 年第 2 期。

武玉环：《金朝中央官制的改革》，《北方文物》1987 年第 2 期。

武玉环：《女真人的宗教信仰与宗教政策》，《史学集刊》1992 年第 2 期。

武玉环：《元好问的诗与金代社会》，《忻州师专学报》1986 年第 1 期。

武玉环：《元好问的诗与金代文化》，《东北亚历史与文化》，辽沈书社 1991 年版。

夏宇旭：《试论赵秉文的儒家思想及实践》，《松辽学刊》2002 年第 1 期。

夏宇旭：《试论赵秉文的治世思想》，《北方文物》2003 年第 4 期。

徐远和：《金元之际北方理学发展的特点及社会作用》，《晋阳学刊》1986 年第 4 期。

许总：《理学弛张与文学盛衰》，《天津社会科学》1999 年第 5 期。

晏选军：《金代理学发展路向考》，《北京师范大学学报》2004 年第 6 期。

姚大力：《金末元初理学在北方的传播》，《元史论辑》第 2 辑，中华书局 1983 年版。

曾贻芬：《略谈辽金时代的历史文献》，《史学史研究》1994 年第 3 期。

张博泉：《金代礼制初论》，《北方文物》1988 年第 4 期。

张博泉：《金代文化发展的特点》，《社会科学战线》1986 年第 1 期。

张博泉：《略论金代的儒家思想》，《社会科学辑刊》1999 年第 5 期。

张博泉：《论金代文化的发展及其历史地位》，《社会科学战线》1987 年第 1 期。

张晶：《论金代教育的儒学化倾向及其文化功能》，《教育研究》1994 年第 3 期。

张晶：《试论金代女真文化与汉文化的融合与排拒》，《社会科学辑刊》1991 年第 2 期。

张敏杰：《金代孔庙修建及其在民族融合中的作用》，《北方论丛》1998 年第 6 期。

张荣铮：《论金代民族融合》，《天津师大学报》1984 年第 3 期。

张玉璞：《三教融摄与宋代士人的处世心态及文学表现》，《孔子研究》2005 年第 3 期。

赵永春：《洪皓使金及其对文化交流的贡献》，《松辽学刊》1997 年第 1 期。

赵永春：《论金代土风》，《松辽学刊》1999 年第 5 期。

赵永春：《宋人使辽金"语录"及其史料价值》，《北方民族》1996 年第 2 期。

周怀宇：《金王朝科举制考论》，《安庆师院社会科学学报》1995 年第 4 期。

周惠泉：《金代文集保存整理述要》，《东北师大学报》1999 年第 5 期。

周腊生：《金代贡举考略》，《四川大学学报》1997 年第 4 期。

后　记

　　本书系我所承担的国家社会科学基金项目"金代儒家思想研究"的结项成果（项目编号：08BZX042），以我的博士论文为基础补充完善而成。蒙专家厚爱，结项鉴定等级为优秀。这是我独立完成的第一部学术专著。追溯到2004年承担吉林省社会科学院规划项目"金代儒学初探"，到今年此书出版已历时13载有余。13年里，这部书稿几经修改，几度增删，可谓我人生和学术成长历程的见证。在个人生活方面，我经历了初为人母的喜悦，也承受了丧父之痛；在学术发展方面，我由助理研究员、副研究员，成长为研究员。由衷感谢我的单位吉林省社会科学院领导老师的培养和扶持，感谢我的博士生指导老师吉林大学历史系武玉环教授的悉心指导，感谢吉林省社科规划办的认真负责、严格把关，感谢中国社会科学出版社刘志兵老师的辛苦付出。应该说，金代儒学研究是一个学界关注较少的领域，多项研究属探索和开创性的，可资借鉴讨论的资料有限，文献资料本身又少，我本人也存在功力不足的问题。虽多次努力完善，依然深感遗憾多多。一些问题如金代的儒学与佛学、道学，金代的朱子学等，都需拓展和深入研究。好在就我而言，金代儒学研究还将继续下去，它会伴随我学术生涯之始终，这诸多的遗憾和不足，相信可以在后续研究中得到弥补。

作者